高校通识课程建设研究

李苗苗 尹亮亮 著

吉林大学出版社

·长春·

图书在版编目（ＣＩＰ）数据

高校通识课程建设研究 / 李苗苗，尹亮亮著 .-- 长春：吉林大学出版社，2022.8
ISBN 978-7-5768-1135-3

Ⅰ.①高… Ⅱ.①李… ②尹… Ⅲ.①通识教育－课程建设－教学研究－高等学校 Ⅳ.①G40-012

中国版本图书馆 CIP 数据核字（2022）第 226025 号

书　　名　高校通识课程建设研究
　　　　　GAOXIAO TONGSHI KECHENG JIANSHE YANJIU

作　　者：李苗苗　尹亮亮
策划编辑：矫正
责任编辑：矫正
责任校对：甄志忠
装帧设计：久利图文
出版发行：吉林大学出版社
社　　址：长春市人民大街 4059 号
邮政编码：130021
发行电话：0431-89580028/29/21
网　　址：http://www.jlup.com.cn
电子邮箱：jdcbs@jlu.edu.cn
印　　刷：天津和萱印刷有限公司
开　　本：787mm×1092mm　　1/16
印　　张：13.75
字　　数：200 千字
版　　次：2023年6月　　　第 1 版
印　　次：2023年6月　　　第 1 次
书　　号：ISBN 978-7-5768-1135-3
定　　价：78.00 元

前　言

通识教育是英文"General Education"的译名，亦可称之为"普通教育""一般教育""通才教育"。作为一种教育理念与实践活动，"通识教育源自古希腊时期，中兴于文艺复兴时期，振兴于工业革命时期，成型于 20 世纪 20 年代的美国，发展于当下"[①]。20 世纪 80 年代，随着素质教育呼声日益高涨，通识教育逐渐被我国的高等教育界所关注，但对于究竟什么是通识教育？目前理论界并没有形成完全一致的界定，但通识教育的目标是培养具有博雅精神、通融识见和健康情感的完整的人，已形成共识。

2016 年 1 月，世界经济论坛发表的《职业未来》报告认为，第四次工业革命包括人工智能和机器学习、机器人技术、纳米技术、3D 打印，以及遗传学和生物技术等先进领域的发展，不仅会导致商业模式广泛中断，还会导致劳动力市场未来五年所需技能组合将发生巨大变化。在 2015 年，前三项能力分别为复杂程序解决、与他人协调和人员管理，到 2020 年，前三项能力变为复杂程序解决、审辩性思维和创造力，这都是未来发展中与思考相关的核心技能。为了应对时代发展变化和未来社会的发展需要，全世界都在研究如何进行课程改革以适应 21 世纪的变化，培养什么样的学生才能适应 21 世纪的社会发展，符合 21 世纪信息社会、全球化、可持续发展特征的人才需求。未来学家约翰·奈斯比特（John Naisbitt）指出：在信息时代，我们最需要的技能是学习如何思考、如何学习及如何创造，全世界都应从"知识"转向"能力"。

2017 年，我国本科毕业生接近 400 万人，本科生培养质量直接影响着

[①] 李继兵. 通识教育论 [M]. 北京：高等教育出版社，2012：11.

高等教育整体质量。在 2018 年 6 月 21 日召开的全国高等学校本科教育工作会议上，教育部部长陈宝生强调：高教大计、本科为本，本科不牢、地动山摇。《国家中长期教育改革和发展规划纲要（2010—2020 年）》明确提出，要提高高校教育质量，促进创新人才培养。在经济全球化时代，国家竞争就是人才竞争，人才竞争主要是创新型人才竞争，而创新型人才的培养需要在教育中实现。2016 年，国家"十三五"规划纲要中明确提出"探索通识教育与专业教育相结合的人才培养方式，推行模块化通识教育，促进文理交融"，这意味着我国已将通识教育的重要性提高到国家意志层面，通识教育是我国高校课程体系的重要组成部分，构建具有中国特色的大学人才培养模式要以通识教育模式为基础进行研究和发展。

北京大学 2000 年开始在学生中推行通识教育选修课模式的尝试，现已得到我国高校认可并广泛发展。此后，复旦大学复旦学院、中山大学博雅学院、武汉大学和清华大学等成立了通识教育的专门机构，负责通识教育课程的规划、考核和评价等。我国的通识教育课程现已形成通识教育选修课、核心课程、大类培养、书院制、经典阅读等多种模式。

虽然我国高校越来越关注通识教育，并正在努力积极地推行通识教育，但我国高校由于起步较晚，经验不足，具体的通识教育课程建设与实施仍困难重重。经过十几年的实践，我们发现过去践行或正在进行的通识教育课程并没有达到预期目的。重新审视我国高校的通识教育课程开设的理念及管理，并借鉴国外高校先进的办学经验，将使我国的通识教育课程走出困境，走向理性与科学。

本书采用文献分析法、理论论证法及案例分析法等，以高等教育本科阶段的通识教育课程为研究对象，以通识教育相关概念界定与内涵阐释为开端，对高校通识教育和高校通识教育课程建设进行了全面的概述，深刻解读了马克思人的全面发展思想和西方通识教育的重要理论等与高校通识课程建设相关的理论渊源；在此基础上，剖析了高校通识课程建设的现状，着重剖析高校通识课程建设存在的问题及其原因；进而探讨国内外部分高校通识课程建设的实践经验，为我国高校通识课程建设发展提供借鉴指导；最后从构建科学的通识课程体系和创新高校通识课程的建设路径两个方面提出了高校通识课程建设的理论指导策略和实践探索路径。

通识教育课程是一个复杂的课程体系，本书虽对此问题做了一些探索性的研究，为高校通识课程建设提供了一定的参考，但由于笔者研究能力有限、理论水平浅薄，以及受客观条件的限制，收集到的个案材料范围不是很大，因此本书尚存在诸多不足，需要在以后的研究中加以弥补。

目　录

第一章　高校通识教育及其课程建设概述

进入 21 世纪，科技发展日新月异，全球竞争日趋激烈，我国要成为社会主义现代化强国，立于世界潮头，实现科技进步是当务之急。邓小平曾指出，科学技术是第一生产力，而生产力得以快速发展的前提和保证是人才。高质量的高等教育在科技创新和人才培育中都发挥着重大作用。大学培养出的人才是推动科技成果转化成社会生产力的重要力量，是理论转化为实践的关键。而课程又是教育实施的关键，大学课程的设置对培养综合性与专业性兼备的优秀人才至关重要。

通识教育是一种教育理念和课程实施模式的结合体，反对教育的功利化和职业化，旨在培养人格健全的、完整的人。随着我国高等教育改革的不断发展，许多高校越来越重视通识教育。而通识教育的根本，取决于通识教育的课程设置，通识教育的课程设置是通识教育从理念转化为实践的关键。通识教育课程是实现通识教育目标的主要途径，是提高通识教育水平的重要环节。

本章以通识教育相关概念界定与内涵阐释为开端，对高校通识教育和高校通识教育课程建设进行全面的概述。首先厘清通识教育与自由教育、素质教育、通才教育、专业教育的概念与区别，突出高校通识教育与思想政治教育的关系，进而阐述通识教育的历史演变，强调通识教育的地位与作用；在此基础上，阐明通识教育课程的含义与特点，并对通识教育课程模式类型进行划分，从人才培养的角度论述了高校通识教育及其课程建设的重要意义，为全书的研究做了理论铺垫。

第一节　高校通识教育概述

一、相关概念界定及内涵阐释

（一）通识教育

通识教育（General Education），国内外还将其翻译为"通才教育""博雅教育""一般教育"和"普通教育"，一般认为通识教育起源于古希腊。柏拉图的《第七封信》中提出"自由的教育"，被认为是通识教育早期的雏形。在古希腊，用理性来区分自由人和奴隶，认为自由人具有理性，而奴隶没有理性，这在亚里士多德提出的"自由教育"（Liberal Education）中有所体现，就是针对人为了生活谋生学习实用职业技能的"非自由教育"，其"课程主要包括一些读、写、音乐、绘画、哲学等以陶冶心智的科目"①。

将通识教育与大学课程相联系的是 19 世纪的帕卡德（Packard）教授。对于通识教育，他认为："我们学院预计给青年一种'General Education'，一种古典的、文学和科学的、一种尽可能综合的教育。它是学生进行任何专业学习的准备，为学生提供所有知识分支教学。这将使得学生在致力于学习一种特殊的专门知识之前，对知识总体有一个全面了解。"②

1945 年，哈佛大学委员会发布了被称为在美国高等教育史上具有时代意义的《自由社会中的通识教育》，明确了通识教育的目标是培养学生进行有效思考、思想沟通，进行恰当判断，对各种价值进行分辨的能力。在19 世纪 70 年代，哈佛大学的通识教育得到发展，时任哈佛大学文理学院院长的亨利·罗索夫斯基（Henry Rosovsky）提出要让学生达到五项标准。

---

① 杨颉. 大学通识教育课程研究——日本通识教育的历史与模式 [D]. 上海：华东师范大学，2003.

② PACKARD.The Substance of Two Reports of the Faculty of Amherst College to the Board of Trustees with the Doings of the Board Thrtron[J]. North American Review, 1829（63）:294-311.

1978 年，哈佛大学推出了核心课程，《哈佛大学核心课程报告书》中明确了本科教育目标：引导哈佛大学每一位学生，使他们朝着具有良好的专业知识、智力技巧和思维习惯的方向发展。① 核心课程设计模式现已成为当今世界高校的主要选择模式。哈佛大学通识教育理念目标主要有以下四个方面能力：培养学生公民参与能力；培养学生对传统艺术、思维和价值观的理解能力；培养学生审辩性和建设性思维能力；培养学生辨别伦理是非的能力。②

中华人民共和国成立后，我国高等教育采用苏联的分科分专业教学模式，随着时代发展，其与个人全面发展和社会发展不相适应，主要体现在强调专业教育，忽视学生人文素质教育，把专业之间进行强行分隔，尤其是在文理科之间造成人为的分科，不利于学生综合素质的养成。目前，我国正在实现伟大的中国梦和共建"一带一路"的关键时期，需要高校在人才培养方面要与世界一流大学接轨，而创新能力和审辩性思维方面仍存在着明显差距，迫使我们需要在提高本科生教育质量上下功夫。在 20 世纪 80 年代，我国学者开始关注通识教育，90 年代通识教育的理论被应用在文化素质教育中，解决了文化素质教育与课程设计、教学安排等"两张皮"的问题，并取得了一定的成果。目前，全国高校正在进行"双一流"建设和提高本科培养质量及为了培养德、智、体、美、劳全面发展的社会主义建设者和接班人而进行的教育改革，对通识教育如何发挥在人才培养中的作用，已有部分大学开始进行研究和探索。

台湾学者黄俊杰将通识教育概括为："一种建立人的主体性教育，也就是一种完成人之解放的教育。"③ 香港学者何秀煌则认为："事实上，通识教育并没有什么实质或本质可以加以界定，无论是大学通识教育的内容是否一贯，它并不是一个单一的系统。我们应该把它视为（或发展成为）一个结构严谨、执行灵活的多元教育系统。"④ 张寿松博士对"通识教育"

---

① 刘隽颖. 哈佛大学本科生通识教育改革之路评析 [J]. 大学教育，2013（18）：23.

② 汪霞，钱铭. 世界一流大学通识课程研究：以美国大学为例 [M]. 南京：南京大学出版社，2017：33.

③ 黄俊杰. 大学通识教育的理念与实践 [M]. 武汉：华中师范大学出版社，2001：41.

④ 何秀煌. 从通识教育的观点看：文明教育和人性教育的反思 [M]. 香港：海啸出版事业公司，1998：45.

概念从 11 个方面给出解释后提出："通识教育是通识教育理念和通识教育实践的统一体，是高等教育的重要组成部分，是人人都必须接受的职业性和专业以外的那部分教育，它的内容是一种广泛的、非专业性的、非功利性的基本知识、能力、态度和价值的教育，它的目的是把学生培养成健全的个人和负责的公民，它的实质是'和谐发展的人'的培养。"[①] 黄坤锦认为，通识教育概念是针对目前大学教育存在过度重视专门教育（Special Education），轻视一般教育内容问题而提出，同"自由教育"（Iiberal Education）一样，通识教育也意在追求从人类生命的主体出发，探索心灵、解放精神，授课方式上采取共同科目（Common Required）。所以，通识教育是大学本科各院系专业教育必不可少的一个部分，大学专业教育（Professional Education）天然地包含了专门教育和通识教育，各科系所开设专门科目必须加上"通识科目"，合起来才配称作"专业"。[②] 李曼丽对中外 19 世纪初至 20 世纪末的 50 多种通识教育内涵进行分析后，用一种理想的方法将通识教育的概念内涵表述为："就其性质而言，通识教育是高等教育的组成部分，是所有大学生都应接受的非专业性教育；就其目的而言，通识教育旨在培养积极参与社会生活的、有社会责任感的、全面发展的社会的人和国家的公民；就其内容而言，通识教育是一种广泛的、非专业性的、非功利性的基本知识、技能和态度的教育。"[③] 她从通识教育性质、目的、内容进行了概括。

从目前的研究来看，通识教育概念还没有一个统一的界定，在不同历史发展过程中有着不同的时代特征，从不同角度会有不同认知，但是通过对以上专家有关通识教育的概念进行梳理，为厘清了解通识教育的内涵奠定了基础。

关于通识教育的性质，早在 1945 年哈佛大学发布的《自由社会中的通识教育》一书已明确指出，通识教育首先是高等教育的一部分，是面向全体学生必须接受的那部分教育。在 1985 年，美国教育研究委员会报告指出

---

① 张寿松. 大学通识教育课程论稿 [M]. 北京：北京大学出版社，2005：6.

② 黄坤锦. 大学通识教育的基本理念和课程规划 [J]. 北京大学教育评论，2006（3）：26-37；189.

③ 李曼丽. 通识教育：一种大学教育观 [M]. 北京：清华大学出版社，1999：17.

通识教育是非职业化、非技能化和非功利化的教育，旨在让学生培养基本能力及素养。鲁洁认为："通识教育是一种教育理念，是一种价值目标，而不是指某一项教育的具体措施，不是简单地增加几门课程，改变某种方法等。"① 刘振夫、杨雅文认为："通识教育是人类精神发展的高峰。登上这座高峰，意味着人类真正占有世界和自身，真正实现理想和超越"，而高等教育"应当使人养成善于求真的习惯，反思与批判的精神，辩证的人生态度，高瞻远瞩的眼界，高举远慕的心态，追求完善的境界"②。庞海芍认为通识教育理念并不是大学或某类学校的专利，而是面向所有人的教育理念。③

从通识教育的目的而言，通识教育是培养公民的一种教育理念，培养全面发展有价值的人，而不是专业教育和职业教育。哈佛大学在《自由社会中的通识教育》中指出："广义地说，教育可以被分成两个部分：通识教育和专业教育。前者旨在培养学生成为一个负责任的人和公民，后者旨在培养学生将来从事某种职业所需的能力，这两方面不能割裂或对立。"④ 罗索夫斯基在《美国校园文化》中说："通识教育是描述某些大学学院教育的一种方式，其目的在于确保知识的广度和平衡，使个人获得全面发展。""在于给学生灌输关于好公民的态度和理解。"香港通识教育的理念是全人教育、完整教育，目的是在于扩大学生视野，培养独立思考能力，对自身和社会有深刻的认识。⑤

就通识教育的内容而言，要能够根据培养人才的目标要求培养具有各个领域知识的适应未来社会发展的、复合型的专业人才。通识教育是一种使学生熟悉知识主要领域内的事实和思想的教育类型，如自然科学、文学、历史和其他社会科学、语言和艺术，与任何与职业有关的目的无关。不同的国家和地区、不同高等学校在通识教育内容方面都有自己的特色。

① 鲁洁. 通识教育与人格陶冶 [J]. 教育研究，1997（4）：4.

② 何秀煌. 大学通识教育再思考——华工地区大学通识教育的理念·制度·课程与教学 [C]// 刘国强，王启义，郑汉文，等. 华人地区大学通识教育学术研讨会与会论文集. 香港：香港中文大学通识教育办公室，1997：157.

③ 庞海芍. 通识教育：困境与希望 [M]. 北京：北京理工大学出版社，2009：25.

④ 哈佛委员会. 哈佛通识教育红皮书 [M]. 李曼丽，译. 北京：北京大学出版社，2010：39-40.

⑤ 马早明. 港澳台科技大学通识教育模式研究 [M]. 广州：中山大学出版社，2017：6.

通识教育概念问题没有形成共识，但在进行通识教育的目的上有共识，即让学生具有融通能力，在各个学科之间能够贯通来解决问题，达到与人沟通、合作顺利、畅通的目的。高等学校通识教育与专业教育并不矛盾，它们不是两个不同类型的教育，而是高校教育的两个方面，共同组成高校教育活动。总之，通识教育的目的是培养全面发展的人、健全的人、完整的人、"全人"，是一种教育理念，是实现教育目标的一种有效途径。

笔者认为，通识教育分为狭义与广义。狭义的通识教育是指不为学生将来某方面的发展或活动做准备（如工作规划、职业技能等）的那部分非专业性教育，而广义的通识教育是指一种教育理念和思想，给学生提供一种旨在帮助学生全方面发展的教育，通过科学的方法与人文的沟通，将受教育者塑造成视野开阔、心智健全、综合素质优秀的现代公民。

（二）高校通识教育

从通识教育实施的范围来讲，分为广义的通识教育和狭义的通识教育。广义的通识教育通常指的是在学校范围内开展的通识教育，我们通常称之为"学校通识教育"，这其中包括了在中小学、职业学校、高等院校开展的通识教育。狭义的通识教育是指某个具体实施通识教育的更明确的范围，如以下要界定的高校通识教育。经过对多个文献的梳理，笔者总结出：高校通识教育是指在高等学校针对大学生群体开展的非专业的、对受教育者综合素质提升有一定帮助的文化、认知或技能方面的教育。

（三）通识教育与其相关概念的辨析

1. 通识教育与专业教育

中华人民共和国成立后，我国在苏联高等教育模式的熏陶下，专业教育的实施各有侧重。什么是专业教育？它是为学生将来从事需要受过专门训练的职业打好基础，是指一种专门化的、系统的知识和培训。所以，专业教育就是体现现代高等教育显著特征的一种教育，是社会分工的细化和学科知识体系分化的必然产物。和通识教育相比，概念虽截然不同，但两者之间却存在着并不简单的关系。

在阐述通识教育与专业教育的关系时，季诚钧认为有如下3点。第一，通识教育是专业教育的延伸与深化，可以理解为专业教育概念凌驾于通识教育概念之上。也就是说，可以通过通识教育发展专业教育。第二，就是通识教育是专业教育的纠正与补充，这可以理解为两者是并列关系。也就是说，除扎实掌握专业知识外，学生还可以学习专业之外的技能和知识。第三，可以理解为专业教育概念在通识教育的下面，即通识教育统领专业教育。①

在对高校学生进行教育时，除要求其掌握专业知识以外，还要实施通识教育这种人才培养方式，培养学生在社会中的适应能力、社会责任感、道德观和价值观等，作为专业教育的补充。通过上述分析，我们不难看出专业教育和通识教育并不冲突。国内外很多教育学家是这样认为的，在现代高等教育中，通识教育和专业教育这两种教育一个都不能少。虽然有关通识教育的培养是一种有深度也有广度的培养模式，但在这种模式培养下的人才也需要有扎实过硬的专业技能，这样，培养出的全面发展的人才才能够适应当今社会中的不同工作岗位。

2. 通识教育与通才教育

"通才"包括两种，即从高等教育学意义上讲的"通才"和从哲学意义上讲的"通才"。高等教育学意义上的"通才"属于高级专门人才，与"专才"相似，但是，在职业适应面和知识面这一层次上，要比一般意义上的"专才"涉及面更广。亚里士多德、康德、洛克等，他们就是哲学意义上讲的"通才"，指的是"他们对于知识范围的掌握也许涵盖了当时人类所累积下来的全部知识的大多部分或者是主要的部分，他们的才智也许在很多不一样的学科和专业，甚至在很多完全不同的领域都有卓越的成绩，这是一种才艺多多、百科全书式的'全才'"②。

"通才"的"通"主要指人才的智能结构问题。通才最终可获得广泛的职业适应能力，那是因为它有解决各种问题的一般方法和概括性较强的基础理论知识，并形成普遍性较大的一般能力。而高等教育意义上的通才正是本书所侧重的，它属于高等教育目标范畴的概念。而通识教育主要指人才全方面发展的问题，包括人的素养、知识、能力等因素的发展。通识教育的"通"则是高等教育性质和内容范畴的概念。

通识教育，是实施通才教育的途径之一。经研究发现，通才教育区别

---

① 季诚钧. 试论大学专业教育与通识教育的关系 [J]. 中国高教研究，2002（3）：48-50.

② 胡建华. 高等教育学新论 [M]. 南京：江苏教育出版社，1995：236.

于通识教育，属于不同的概念范畴。通才教育的内容包括通识教育和专业教育两种教育的实施。在实施通才教育时，如果在专业知识、技能存在不完善的情况下，便可以靠自己的一般方法和能力及基础理论，很快掌握该专业的相关技能和知识，并能够顺利完成工作。

3. 通识教育与文化素质教育

有关文化素质教育的提出，是由于狭隘的专业教育只注重理科而忽略文科，注重智力的发展而忽略德行的发展。"文化素质教育是中国的高等教育发展的结果，是茁壮生长于中国的高等教育'本土'上的。"[①]它提倡学生全面而又有个性地发展自我，包括发展自身的知识、能力、情感、态度、价值观等方面，从而着重培养学生的实践能力和创新精神。如何理解文化素质教育，可以在以下三个方面有所体现：第一是对学生进行民族责任感和创新能力的培养是文化素质教育的重点；第二是重点针对人文教育，即文化素质教育；第三是科学教育与人文教育的交融是文化素质教育的核心。由此可知，文化素质教育的目的是让学生在精神、灵魂、品德和态度上学会如何正确为人处世。

通过对文化素质教育的了解，我们可以看出文化素质教育与通识教育虽然不完全相同，但是两者确实相通。通识教育是文化素质教育的上位概念，通识教育中的一个目标应该是提高学生文化素质，但通识教育侧重的目标并不是仅此一个。通识教育是对知识的"通"与"识"的教育，是一种教育观念和对人才的培养模式，既注重教育过程，也注重全面发展人才素质。通识教育要求对学生的人格进行完美的塑造，还要对其进行专业教育，使其成为有教养的人。而文化素质教育，除了重视素质教育的过程，也重视其结果。大学生要想在大学时期获得广泛而全面的文化知识，就要注重大学生素质的培养与提升，并注重知识交流和共享，使其形成新的知识模式，改变学生对新知识的认知，帮助学生理解知识和支持他们创新。文化素质教育要求学生在身体心理、思想道德、劳动技能及文化科学这四个方面提高自身素质；同时，文化素质教育还是全面提高大学生综合能力和素质的教育，以马克思关于人的全面发展的理念为核心。

---

① 杨叔子，余东升. 高等学校文化素质教育的今日审视 [J]. 中国高教研究，2008（3）：3-7.

4. 通识教育与自由教育

关于通识教育与自由教育（Liberal Education），两者在内涵上是有相似之处的，而且它们的历史发展也是具有连续性的，但两者的概念、培养目标、所处的历史环境却不一样。亚里士多德第一个提出了自由教育的说法。他认为：自由教育的核心，就是解放心智，目的在于人类自身素质的发展。自由教育的内容以"广"和"博"为妙，然而知识本身的价值也是被自由教育所肯定的。像文艺复兴时期的古典人文学科或"自由七艺"，都包含了现代教育中的理科和文科。典型的精英教育是自由教育的特征，其目的是培养绅士，专门为统治阶级而设立。梁美仪认为："西方教育发展史上一直对其有着重要的影响的是自由教育思想，尽管具体的学制与教学内容会随着不同的社会历史条件变化，但始终不变的是以个人身心自由的发展为理想。"[①] 而通识教育是为学校培养既有专业知识基础又能全面发展的人才，在西方发达国家，通识教育是为社会不同阶层的学生服务的，是大众化的高等教育。所以说，在培养目标这方面，自由教育和通识教育是不同的，因为两者产生于不同的历史阶段，但是，两者却并不相互对立和排斥。如上所述，通识教育是一种人才培养模式，它侧重于学生在社会中自我价值和社会价值的实现，要求学生既要有扎实的专业知识基础，还能为了在社会中生存而适应随时变化的职业需要。通识教育重视的是人才的有用性。通识教育是对自由教育的超越和发展，它并不像自由教育那样为少数统治阶层服务，而是以个人身心自由发展为目标。它是一种与专业培养相结合的，为大众、为社会服务的教育模式。

二、高校通识教育与思想政治教育的关系

通识教育与思想政治教育在高等教育体系中既有区别又有联系。

1. 高校通识教育与思想政治教育的区别

高校通识教育与思想政治教育的区别主要表现在两者对所要解决问题的角度和出发点不同。通识教育思想源于欧美，从角度和出发点来说，是针对狭窄的专业教育而提出的以促进人的全面发展为目标的非专业性教育。

---

① 梁美仪. 香港中文大学的大学通识教育 [J]. 国家教育行政学院学报, 2005（10）: 70-76.

早在 19 世纪中叶，西方的一些高校出现了高等教育过于专业化的倾向，同时其弊端也被充分地暴露出来：过分强调知识的工具价值，使大学成为某种意义上的职业训练所，忽略人文素养和价值理性的培养，使学生走向片面发展的道路。正如伟大的科学家爱因斯坦所说，用专业知识教育人是不够的。通过专业教育，学生可能成为一种有用的机器，但是不能成为一个全面发展的人。要使学生对价值有所理解并产生热烈的激情，那是最基本的。学生必须获得对美和道德上的善的鲜明的辨别力。否则，学生连同他的专业知识就更像一只受过很好训练的狗，而不像一个和谐发展的人。正因为如此，人们开始对专业教育进行反思。于是，美国和欧洲国家的一些有识之士提出了能够促进大学生全面发展的通识教育思想。

而思想政治教育是相对于科学文化知识教育，对大学生进行政治教育、思想道德教育的中国特色的意识形态教育；通过用马克思列宁主义、毛泽东思想、邓小平理论、"三个代表"重要思想、科学发展观和习近平新时代中国特色社会主义思想等来提高大学生的思想政治素质，影响大学生的政治立场、观点、态度，以培养有觉悟、有道德、有文化、有纪律的社会主义建设者和接班人。

由此可知，通识教育是从非专业的角度对大学生进行的基本知识和共同精神基础教育，而思想政治教育是相对于培养大学生的科学文化素质和身体素质而着力于培养大学生的思想政治素质的实践活动，两者的出发点和角度不同。

2. 高校通识教育与思想政治教育的联系

（1）高校通识教育具有思想政治教育的功能

通过通识教育，学生使用同样的语言，对学习知识怀有同样的兴趣，还意味着他们具有共同的基本思想。这种"共同的基本思想"正是通识教育的思想政治教育功能之所在。高校通识教育的思想政治教育功能主要体现在以下几个方面。

①高校通识教育具有价值导向功能。高校通识教育从目的和内容上来讲，其本身就是一种培养共同精神的教育。这种共同精神教育从本质上来说就是一种意识形态教育。在通识教育的过程中，通过学生对自身文化传统的认知，对国家和民族精神的颂扬，旨在传递一定的政治思想，提高学

生对于整个国家、民族及一定政党和社会制度的认同感，帮助学生形成一个国家所推崇的价值观和政治信仰，直接或间接地达到对学生意识形态方面内容的教育。

②高校通识教育具有社会责任教育和道德教育的功能。社会责任教育是通识教育的重要内容。通过通识教育的一系列正式课程和非正式课程，对学生进行公民教育，帮助学生认清自身作为公民的权利和义务，形成正确的公民观。在知识与理解、技能与态度、价值与性向等各个方面培养学生，鼓励学生积极参与学校和社会的活动，使学生在未来的生活中能够真正履行公民的职责。另外，通识教育还具有道德教育的功能。通过通识教育的道德推理、道德判断等一系列显性课程及大量的隐性课程，不断提高学生的道德觉悟和认识，陶冶道德情感，锻炼道德意志，树立道德信念，培养道德品质，养成良好的道德习惯，最终使学生形成社会所要求的道德观。

③高校通识教育具有培养学生个性的功能。大学生的世界观初步形成，对世界和人生已经有了较稳定、较系统的看法。他们关心并能够认识自己的主观世界，已经有了自己的主观愿望和发展需求，并且开始主动地根据自身需求和社会要求去锻炼自己。通识教育坚持"以生为本"的教育理念，正视学生的不同特点和不同发展需求，开发出一系列丰富多彩的通识课程，满足学生的不同个性需要。在选读方式上，允许学生根据自身兴趣和发展需要，在一定课程领域内选择自身喜爱的课程，从而满足学生的不同需求，培养学生的个性。

（2）高校通识教育是思想政治教育的途径

长期以来，我国高校思想政治教育主要通过思想政治理论课（如马克思主义基本原理、毛泽东思想和中国特色社会主义理论体系概论、中国近现代史纲要、思想道德与法治等课程）对大学生进行思想政治教育，取得了一定的成绩和效果。但是，仅仅通过几门思想政治理论课程进行思想政治教育，致使思想政治教育的渠道偏窄，并且思想政治教育容易受到思想政治课程教学方法、教学内容的制约，致使思想政治教育效果欠佳。

纵观欧美发达国家，思想政治教育的渠道宽广。其主要以高校通识教育作为思想政治教育的途径，通过整个通识教育课程体系进行思想政治教育，取得了良好的效果。通识教育致力于培养一个完整的人必须具有的人文素质、道德素质、科学素质等，其非常注重对学生的思想政治素质和道德素质的培养。尤其在美国，通识教育的功能和目的被认为是：使学生对美国民族文化能够总体把握；使学生感触和体会深受文化影响的心智运行过程。通识教育通过教授学生在人类文明传承中不可或缺的知识、技能，传递一定的政治观念和价值观念，让学生逐步建立起社会所要求的世界观与价值观。通过整个通识教育课程体系中一系列科学类课程、社会类课程、文化类课程及实践课程，进行渗透性的思想政治教育，不断拓宽思想政治教育的渠道。

三、通识教育的兴起与发展

（一）国外通识教育的兴起与发展

1. 从"自由教育"到"通识教育"

众所周知，西方的"自由教育"是"通识教育"的源泉。从"自由教育"的形成、延伸、发展到"通识教育"，经历了以下几个变化阶段。

（1）"自由教育"的出现及变化发展

公元前 6 世纪，雅典建立了以工商奴隶主为主要政治力量的政权。在这一过程中，古希腊逐步形成两种不同的教育。一种是以斯巴达为代表的教育，其特点是培养忠贞爱国的战士，非常重视军事和体育教育；另一种是以雅典为代表的教育，它是既能发展人的身体又能发展人的心灵的教育。雅典理想的教育是培养集道德、智慧、健康、美诸品质于一身的公民教育。[①]这种教育价值观直接影响了自由教育理念的形成。

"自由教育"一词源自古罗马哲学家马尔库斯·图利乌斯·西赛罗（Marcus Tullius Cicero）提出的"cultura animi"一词，原意为耕作土地、养育万物之意，后演变为心灵或灵魂的耕作，意为精神的教化。在教育方面，首次提出"自由科目"概念的是罗马时代的学者马尔库斯·铁伦堤乌斯·瓦罗（Marcus Terentiux Varro）。在《自由学科 IX》（*Disciplinarum Libri IX*）中，瓦罗将自由艺术课程划分为三类：第一类包括文法、修辞和辩证法；第二类包括几何、算术、天文和音乐；第三类包括医学和建筑学。公元 5 世纪

---

① 戴本博. 外国教育史（上）[M]. 北京：人民教育出版社，1989：66.

前半叶，在马丁纳斯·卡佩拉（Martianus Capella）主编的《百科全书》中，有关"自由科目"的论述仅收入上述第一类和第二类中的七种科目，属于第三类的医学和建筑学并没有包括在内。自卡佩拉的《百科全书》问世，文法、修辞、辩证法、算术、数学、几何和天文正式被称为"自由科目"或"七种自由艺术"（Seven Liberal Arts），简称"七艺"。在当时，只有享有自由身份和公民权利的少数上层社会子弟才有机会接受教育，这种"自由教育"其实就是一种以培养绅士、君子为目的的精英教育。

13世纪初期，以巴黎大学和波隆亚大学为典型代表的欧洲中世纪大学出现。古罗马时代遗留下来的"三艺"和部分"四艺"内容构成了巴黎大学文学部的主要科目，合称为"七艺"。

13世纪之后，巴黎大学的部分师生在英国建立了牛津大学和剑桥大学。古希腊的自由教育理念成为英国培养绅士等社会精英阶层教育的主要理论基础。大学教育的核心内容主要包括部分"七艺"内容和古典著作学习、宗教及道德教育等。

欧洲文艺复兴运动的兴起使西欧人重新重视古代西方的文明，特别是追求古希腊和古罗马时期的教育理想，成为欧洲文艺复兴时期教育改革的重要内容。为了准确了解和掌握古希腊和古罗马文明精髓，恢复古希腊和古罗马文化的教育传统，学习古希腊语和古典拉丁语成为当时教育的重要内容之一。此外，在古典语言学习中，有关古代西方的历史、诗歌和哲学等，也成为文艺复兴时期大学教育的基本学习内容。在此背景下，古希腊和古罗马的"自由教育"演变为人文主义教育，18世纪后在德国演变为新人文主义运动，在极大程度上影响了德国近代大学的创立。

（2）"通识教育"的出现及发展

19世纪中期开始，在美国，除按照英国古典大学模式建立的少数传统大学，如哈佛大学和耶鲁大学之外，在州政府支持下，美国许多州还创立了许多新型教育机构，如主要传授农工技术的公立"赠地学院"、受法国专门学院影响创立的军事和技术性学院及受德国柏林大学影响产生的研究型大学等。工业化和社会近代化的浪潮促使高等教育结构趋于多样化。17世纪从英国引入的"自由教育"理念和课程显然难以满足社会变化的需要。在新的社会发展需求下，美国不少学者和教育家陆续提出，要用一种新的教育理念取代欧洲传统的自由教育，同时也有不少教育家开始在大学着手这方面的实践。19世纪后期，以欧洲自由学科为基础形成的自由教育（Liberal Education）在美国演变为通识教育（General Education）（也称"一般教育"），因此，有学者认为通识教育是美国大学的发明。通识教育主张大学教育不应仅仅局限于培养绅士或少量社会精英阶层，它应是全民的、民主的教育，应该培养有责任感的公民和民主制度的捍卫者。但"General Education"一词直到20世纪才被广泛使用。1945年，哈佛大学的《自由社会中的通识教育》的出现才真正确立了通识教育思想在美国的地位。该书应对高等教育专业化所引致的知识的偏狭主义和教条主义，提出通识教育的目的是培养"完整的人、全人"。它是针对日趋专门化的专业教育（Professional Education）而提出的，其目的是使学生打破专门化的狭窄，培养"整合经验与整合判断能力"。1978年，哈佛大学发动了"学术界平静的革命"，文理学院的教授以182对65票通过决议，用"共同基础课程"代替原先的"普通课程"。所谓共同基础课程，就是综合传统独立学科中的基本部分内容，以向所有学生提供共同知识背景为目的的一种课程设置。

（3）"通识教育"和"自由教育"的关系

通识教育是在自由教育的基础上逐渐演变、完善的结果，是带有普遍意义的人生教育，目的是使学生得到健康的发展，造就勇于探索、善于批判、敢于创新、乐于奉献的"全人"。它不仅是对自由教育的继承，而且是自由教育的发展和延伸。

我们可以看到，在"自由教育"演变到"通识教育"的漫长过程中，从教育对象来看，它是从局限于特定社会阶层扩大到面向一般市民的大众教育演变过程；从教育目的来看，它是从培养国家统治者和少数社会精英阶层转向培养具有社会责任感的一般公民的过程；从课程内容来看，它是从单纯注重思维训练的"七艺"涵盖到传授广博人文、社会和自然科学知识及培养多种能力的变化过程；从课程结构来看，它是从作为专业教育的附属逐步上升到本科教育核心地位的过程。

2. 美国通识教育运动

19世纪至20世纪，通识教育主要在美国提出、发展和成熟。在20世纪，美国大学引领了世界高等教育的潮流，其成功点主要在两个方面：一是教学与研究相结合，形成研究型大学的教育模式；二是广泛开展通识教育，建立了普遍认可的通识教育模式。回顾历史，通识教育是在探索、争论的过程中发展到现在的。

（1）通识教育的产生

为适应工业革命的需要。18世纪末至19世纪初，美国高等教育学习德国的经验，弗吉尼亚大学、哈佛大学等相继实行选修制改革（学生完全自由选修），提出并实施了"平行""部分"课程制。由于当时整个社会条件发展还不成熟，传统古典人文教育思想根深蒂固，上述少数美国大学所进行的选修制改革收效甚微。

另外，每个学生都可以根据自己的兴趣、职业等选择不同的选修课，导致大学课程的困惑。19世纪，帕卡德教授提到，北美的北美复习写作课程中应该有一个共同的课程，即他所提到的普通的教育——一种全面的教育。这是教育史上第一次明确提出一般教育的概念，从那时起，普通教育逐渐走上了教育阶段。一般教育虽然在19世纪初开始兴起，但在那个时期，帕卡德倡导的是"特殊"的大学教育，所以他提出的普通教育观念还没有引起人们的广泛关注。

（2）20世纪二三十年代：美国第一次通识教育运动

美国在19世纪60年代初爆发的内战，使社会生产力得到空前解放，也得到了空前的发展，科技创新在生产力发展的作用下，社会地位得到了提升，科学发展促进了人们思想的转变，科学教育和人文教育逐渐达到了平等的地位，甚至开始挤压人文教育。查尔斯·威廉·艾略特（Charles William Eliot）被选为哈佛大学校长，在就职演说中宣布："我们将不断努力建立、完善选修制度。"到19世纪下半叶，美国已经引入了选修制度，大多数美国大学生被允许选择选修课程。

直到20世纪初，美国院校才直面实行自由选修制所造成大学课程混乱和学生本身知识过早专门化与缺乏系统性的不良后果，通识教育也因此才得到应有的重视，从而触发了美国第一次通识教育运动。在这一阶段，美国大学开展通识教育的理念主要表现为对自由教育价值的回归，其主要形式是推行分类必修制度，并新设了综览概论性科目，恢复大纲性质的综合性、整体性课程，以纠正自由选修制导致的课程的无系统性或过分专业化，增加学生对社会问题、价值观、伦理观等的认识和判断。这类课程的设计，注重事件的逻辑而非科目的逻辑，重点是在使学生对不同科目有广泛的初步了解之外，对人类经验形成完整性的认识。

当然，美国20世纪二三十年代的第一次通识教育高潮，就美国全国大学而言，还只是少数院校参与的一次改革，开设通识教育课程也还只是少数大学的试点内容。这次由少数著名院校倡导的课程改革运动有非常重要的作用和影响，标志着通识教育成为美国高等院校本科课程结构的一部分，哈佛大学的"集中与分配制"、芝加哥大学的"分组必修制"、哥伦比亚大学的"现代文明导论"等共同必修课，芝加哥大学、圣约翰学院的"名著课程"等，形成通识教育的初步模式。

由于通识教育在这一时期主要是针对自由选课制度的缺陷而进行的，主要目的是纠正，从而在一定程度上阻碍了人们从广阔的社会背景、从通识教育的发展需要对其进行更深刻的认识。

（3）20世纪40~60年代：美国第二次通识教育运动

第二次通识教育运动主要发生在第二次世界大战时期，也是美国高等教育适应社会发展需要的结果。

第二次世界大战期间，美国科学技术迅速发展，许多专家进一步认识到，在新时代下，学校不能仅培养具有某项专业技能的人，这会导致学生只能从事某一行业的工作，不足以应付技术生产对其提出的新挑战，因此要培养具有宽厚知识基础的学生。

20世纪初兴起的通识教育，由于理念模糊和师资不足，效果较差，学生知识和能力结构过于单一的问题仍然存在。1943年，哈佛大学校长科南特（Conant）因此组织了一个专门委员会来规划哈佛大学的本科教育，详细阐述了通识教育的概念，并于1945年出版《自由社会中的通识教育》一书，提出在规定的时间哈佛大学毕业本科生应学习16门通识教育课程，包括人文科学、自然科学、社会科学三大类。该书是关于通识教育的第一个系统性文件，是第二次世界大战期间各类高校开展通识教育的纲领性文件。

（4）20世纪70年代至今：美国第三次通识教育运动

美国大学全面开展通识教育后，由于社会动乱和经济危机，通识教育的发展曾一度很不景气。通识教育的授课质量仍然不高，这更加剧了学生对通识教育课程的反感情绪。直到 20 世纪 70 年代中期，高校财务状况有所好转，通识教育才又一次发展起来。正是在这一背景下，哈佛大学文理学院院长罗索夫斯基开展了核心课程改革。

随着社会的不断发展，核心课程也不是开展通识教育的"宝典"。2004—2006 年，哈佛大学通识教育委员会全面启动了新一轮的通识教育课程改革，重新界定了"通识教育"。

（二）国内通识教育的兴起与发展

1. "通才教育"思想的出现及发展

中国古代教育是以人的完善人格为主要培养目的，重视道德教育，轻视有关生产、生活实际经验知识的学习，重"做人"而轻"治事"。孔子的"六艺"（礼、乐、射、御、书、数）之教以道德修养统领，以造就君子人格。孔子之后的《大学》的教育追求更明示为"大学之道，在明明德，在亲民，在止于至善"。也就是说，中国古代教育注重的是以文化教育为重点的人文精神，培养多才多艺、有理想、有品格、有道德的人才，不以专业性为目的，主张博学、通达。从这点意义上来说，中国古代教育与西方通识教育起源的自由教育在观念上有相同或相近的地方。

中国高等教育发展到近代，担负着富国强兵、民族自强这样直接的责任，因而具有强烈的国家功利主义色彩。这种强烈的功利主义价值观直接体现在大学的培养目标上，便造成了与自由主义价值的冲突。"专才"作为"通才"的对立面出现，反映了人们对西学器物层面的认同接纳和对传统中学的批判扬弃。然而，即使在这样的时代，众多的知识分子并没有丧失对教育和科学理性的认识。在教育目标上，他们大都支持培养"通才"的教育目标，并将之与儒家知识分子的"士"加以结合。1912 年，蔡元培主持制定了《大学令》，提出"大学以教授高深学术，养成硕学闳材，应国家需要为宗旨"。1912 年的《教育宗旨》提出："注重道德教育，以实利教育、军国民教育辅之，更以美感教育完成其道德。"这个教育宗旨基本上反映了当时的教育思想，即包括国民教育、实利主义教育、公民道德教育、世界观教育和美育的"完全人格"的教育。

2. 素质教育的出现及发展

中华人民共和国成立以后，由于政治、经济、外交上的原因，文化教育上向苏联学习。在高等教育方面，转向以专才教育为主导。因为那时我国经济建设、社会发展刚刚起步，可以说是百废待兴，各行各业都极其缺乏专业人才，大学作为高等教育机构，如不以专才教育为主，在短时间内培养出专业性强的顶尖人才投入社会，就满足不了当时社会发展的需求，应该说专才教育是时代教育的产物。然而，到了20世纪80年代初期，我国高等教育过分专业化的弊端开始显露出来。专业划分越来越细，专业口径越来越窄，知识被分割得支离破碎。道德教育、理想教育、心理健康教育、生活教育等受到不同程度的忽视。人们只关心个人的需要而缺少共同的责任感，学生走向片面的发展，出现了过强的功利主义、过窄的专业设置和过弱的文化底蕴等问题。

于是20世纪90年代中期，在一批重点大学的推动下，我国大学开始了以素质教育为指导思想的教育教学改革探索，它旨在提高人的全面素质，特别强调人文精神的培养，强调在专业教育中渗透人文教育，其基本内容为"厚基础、宽口径、增强适应性"。1995年，原国家教委开始有计划、有组织地在52所高等学校开展加强大学生文化素质教育试点工作，成立了"加强高等学校文化素质教育试点工作协作组"，先后多次召开了加强文化素质教育工作的专题研讨会、报告会和经验交流会。加强文化素质教育，就是要使大学生在学好本专业的同时，具备专业以外的人文社会科学、自然科学及文化艺术等有关基础知识和基本素养，它有利于大学生良好综合素质的养成和人才培养模式的改革。在试点工作的推动下，大学文化教育取得了令人瞩目的成就。各学校在加强文化素质教育的重要性、文化素质教育的基本内容与方法等方面达成了初步共识，并开始启动人才培养模式的变革。试点工作的成功，使高等学校文化素质教育很快被深化和推广，对于促进教育思想和教育观念的转变，推动高校人才培养模式、课程体系和教学内容的改革，培养适应21世纪需要的高质量人才，具有重要意义。但人们寄希望于解决这些弊端的素质教育在实践中也存在不少问题，主要表现为：其一，素质教育脱离高等教育本身，始终在外围作战，似乎是在高等教育之外附加的一种教育；其二，素质教育与人才培养方案、教学计划没有实现从理论到实践上的融合，特别是在课程方面的融合；其三，素质教育演化成为培养业余兴趣、爱好的一种活动；其四，素质教育成为课外活动的代名词，甚至被理解为课外活动。

3. 通识教育的发展

进入 21 世纪，我国大学针对前期素质教育出现的问题进行进一步的反思和改革，有学者称这是"中国高教界告别'苏联教育模式'，向以'自由、通才'为特征的西方教育模式全面转型"。一些高校在借鉴国外通识教育做法的基础上开始了自己的理论与实践探索。例如，北京大学对哈佛大学核心课程的效仿，对本科教育理念的调整，复旦大学、南京大学、武汉大学、华中科技大学等诸多高校都纷纷在本科教学改革中提到进行通识教育，从此通识教育作为承接"素质教育"的一种具体实现形式在我国高校迅速展开。

事实上，随着科教兴国、人才强国战略的提出与实施，加快高等教育管理体制改革已成为国家、政府、人民关注的大事。为了更好地培养适应国家、社会所需的优秀人才，促进青年学生的全面发展，高校纷纷开始探索适合中国国情与本校实际的本科人才培养模式与管理体制。2012 年 9 月，复旦大学对本校教育资源进行整合，并在原复旦学院的基础上重新组建了新的复旦学院，借鉴西方经验，全面推行住宿书院制度。为了进一步推进本科人才培养模式与管理体制改革，北京大学第十二届委员会于 2014 年 11 月审议通过《北京大学综合改革方案》，决定推进"通识教育核心课程"的建设。此外，地方普通本科院校与高职高专院校对通识教育的探索热情也逐渐高涨，纷纷探索适合自身发展的通识教育建设之路，如宁波大学通识教育核心课程体系的构建、广东顺德职业技术学院"通专结合"人才培养模式的探索与实施都颇具代表性。[①]

2015 年 5 月，国务院办公厅印发的《关于深化高等学校创新创业教育改革的实施意见》中提出，各高校应将创新创业教育改革作为高校教育教学改革的重中之重，设置面向全体学生的创新创业课程，并纳入通识教育的范畴。在教育部网站上公布的《教育部 2017 年工作要点》中也同样强调深化人才培养模式改革与管理体制改革仍是当前高等教育发展的关键所在。通识教育作为高等教育的重要组成部分，只有不断地从理论和实践方面进行深入的探讨、研究，完善当前通识教育体系，才能更好地培养出适应当

---

① 王洪才，解德渤. 中国通识教育 20 年：进展、困境与出路[J]. 厦门大学学报（哲学社会科学版），2015（6）：21-28.

前社会、国家发展所需的人才。

四、高校通识教育的地位与本质属性

1. 高校通识教育的地位

目前，大学通识教育的重要性日益为学者所注意。然而，审视我国大学实施通识教育的状况，还存在诸多方面的问题，既有理论认识上的误区，也有实践上的种种困惑。通过以上对大学理念的分析及对我国教育方针的回顾，笔者认为在我国高等教育改革中，对通识教育重要地位的认识是更好地实施通识教育的前提，只有认识问题解决了，才可能有正确的方向和有力的措施。

通识教育应该提升为一种大学教育理念，是大学教育的灵魂。在此基础上，才能保证正确有效地实施通识教育。综观通识教育在现实中实施不力的主要原因，就是没有将通识教育提升到现代大学教育理念的高度来认识其地位。

通识教育理念有助于全面实施我国的教育政策，中华人民共和国成立以来，我国的教育政策虽然几经变革，但其核心理念并没有改变，是发展"德、智、体、美等全方位发展的劳动者"。道德、智力、体育、美育等全方位的发展是抽象的、有原则的。

在相当长的一段历史时期，我国对教育方针的贯彻，基本上采取的是简单分解的做法，即对"德、智、体、美"教育采取一一对应的方式开设相关的课程，这种做法对教育方针的理解过于简单，甚至有违教育的内在规律。从教育目的的角度看，我们要从道德、智力、身体、美感、和谐发展等方面来考虑，而不是"德＋智＋体＋美"，否则就是一个简单的不和谐的组合；从经济学角度来看，这一简化不利于充分利用课程资源，加大了教育投入成本，降低了教育效率。深刻理解教育政策对我们有重要作用，虽然它关注的是德、智、体、美等方面的差异，但更多的是从它们之间接触的角度来认识教育政策的实施，即教育是培养和谐发展、具有完整的人格的人。

2. 高校通识教育实施的本质属性

（1）基础性

大学通识教育承担着高等教育中专业教育与人文教育失衡纠偏的责任，当今的教育背离人的发展，恰恰体现了教育对人的影响的支离破碎，大学通识教育正好弥补这一经典教育缺陷。大学通识教育是"成人"教育，它在于培养人的基础素质，不是培养精致利己主义者的温床。通识教育的基础性体现为从人的基本素质要求去培养人，而不是培养专业"机器人"。专业随时在发生变化，而人的基础性素质具有连贯性和永恒性，大学不是赋予特定学习者特定资格的讲习所，大学的根本目的在于培养一个普通人、一个拥有基本素质的完整的人，在于培养一个具有高贵精神的人，而不是世俗的文凭训练场所，大学对人的培养在于基础性。以美国哈佛大学为例，哈佛大学对于大学的基础性要求远远高于专业性要求，比尔·盖茨（Bill Gates）在哈佛大学法学院读书，但是哈佛大学给予盖茨的教育不仅仅是法学知识，盖茨的大部分时间游弋在计算机和信息技术的课堂中。正是由于哈佛大学的通识教育的基础性，盖茨才创造了微软帝国，可见通识教育的本质就在于其基础性素质的培养。

（2）系统性

相对于专业教育的单一性特点，大学通识教育具有系统性特点，通识教育的系统性在于其不局限于特定学科开设课程，而是依据知识本身的系统性开设课程。大学的教育按照专业进行，往往容易使得系统性知识碎片化，这种碎片化使得大学专业教育逼仄化。通识教育不仅仅局限于特定知识，还基于知识的系统性需求建构大学的课程，这种课程设置范围广泛，其虽然具有一定的应用性，但不是为了达到某种目的而专门开设的课程，而是基于学生需求的本质建构大学的课程。大学通识教育依据系统性设置课程实现教育的目标，这是专业教育所不能承载的任务。

（3）公共性（普适性）

大学教育的责任和使命在于为社会需要培养高级专门人才，普适性是大学课程开设的基本任务，这种普适性在于大学的通识课程必须适合全体学生学习，并且没有先修课程的需求。因为作为公共教育，面对的教育对象是最大范围的受教育者，大学通识教育必须做到能够适应所有学生的需求，这也对通识教育提出了同质性要求，这种同质性不是没有特色，而是必须具有公共性的特征。大学通识教育涉及人文素养、艺术素养、体育精神、自然科学思维等，但是这种课程体系的设置不是以职业素养的要求来培养大学生，只是要求学生具备这种基本公共素养。例如，大学的音乐教育目标不是培养学生成为专业歌唱演员或者演奏人员，而是基于公共性需求培养学生成为具有艺术素养的通才。一些西方国家的金融机构在招聘人才的时候特别注重大学生公共素质状况。大学通识教育对人文素养的要求还在于培养大学生成为具有独立思维的公共性人才，它是不受任何思想偏见左右的，在这种课程体系下，学生的发展是自由的，且能适应社会的需求，这也是大学通识教育的"初心"。

第二节　高校通识教育课程建设概述

一、通识课程的内涵与特点

1. 通识课程的内涵

（1）课程

课程在教育学中的定义非常广，到目前为止，国内外专家对于课程概念还没有取得一致意见，美国学者鲁尔（Ruhr）在其博士论文《课程含义的哲学探索》中提到的课程定义达到 119 种之多。[1]

西方学者早从词源学对课程进行了研究，源于拉丁文"currere"，原指"race-course"：跑道、种族经验，隐喻着教育进程。斯宾塞（Spencer）在其著作《什么知识最有价值》中提出"课程"一词，很快被西方学者采用。

我国"课程"一词最早出现在唐朝《五经正义》中为《诗经·小雅·巧言》中的"奕奕寝庙，君子作之"句作疏："维护课程，必君子监之，乃得依法制也。"[2]这是我国历史上迄今为止所能见到的"课程"的最早使用。这时"课

---

[1] 比彻姆. 课程理论 [M]. 黄明皖，译. 北京：人民教育出版社，1989：169.

[2] 丁念金. 课程论 [M]. 福州：福建教育出版社，2007：13.

程"主要指要遵守的制度，与现在的意义相差较远。南宋朱熹在《朱子全书·论学》中频频提及课程，如"宽着期限，紧着课程""小立课程，大作功夫"等。朱熹的课程主要指"功课及其进程"，与今天日常用语中"课程"的意义极为相近。[1] 在这里，课程是学习内容与安排次序和规定，很少涉及功课及进程，因此称作"学程"。[2]

施良方教授归纳了典型课程定义有6种：教学科目、有计划的教学活动、预期的学习效果、学习经验、社会文化的再生产和社会改造[3]。张华教授归纳了课程为：作为学科、作为目标或计划、作为学习的经验或体验[4]。

我国教育界和广大教师常常会把课程理解为学习方案或具体学习科目，也是最普遍、最传统和最一般的课程含义。我们经常把课程与具体科目联系起来，如英语课程、语文课程等，带有强烈的学科中心主义色彩，也是我们传统所认为的，凡是课堂就是传授知识，也便于与其他学科进行区分。把学习内容或知识内容定义为课程，是学校教育的主要内容，这有较为明显的学科中心主义倾向，也就是我们平时所说的狭义课程。广义上所讲的课程改革、课程教学是指总体意义上的所有科目。

教育社会学学者把课程看成学校或教师选择社会文化的过程，并强调社会对于课程知识的选择、传递、评价的作用。[5] 实际上，每一种课程定义都隐含着某种哲学假设和价值取向，隐含着某种意识形态及对教育和某种信念，从而表明了这种课程最关注哪些方面。[6] 本书"课程"是指对于学生思维能力提升、理性主义哲学取向有着预期目标的学习活动，实际上就是通过独立课程或其他教学方式来提升学生能力的学习体系。

（2）通识课程

通识课程要体现通识教育的要求，为现代社会培养理性的、有责任感、具有创新精神的国家的建设者和接班人。

---

① 张华. 课程与教学论 [M]. 上海：上海教育出版社，2000：66.

② 崔允漷. 课程与教学 [J]. 华东师范大学学报（教育科学版），1997（1）：54.

③ 施良方. 课程理论：课程的基础、原理与问题 [M]. 北京：教育科学出版社，1996：3-7.

④ 张华. 课程与教学论 [M]. 上海：上海教育出版社，2000：67-68.

⑤ 吴永军. 课程社会学 [M]. 南京：南京师范大学出版社，1999：28.

⑥ 施良方. 课程理论：课程的基础、原理与问题 [M]. 北京：教育科学出版社，1996：3-7.

在人才的培养上，通识教育的理念通过课程在人才培养中得以实现，通识课程是什么样的一种课程体系？与专业课程理论知识点在哪里不相同？在通识课程理念下，它是通过一门课程还是几门课程来实现的？它与专业课程不一样，一定要借助学科知识，不然设计就无从谈起。设计审辩性思维通识课程，通过课程提高学生的思维能力，使学生养成一种思维倾向，运用一定标准去进行合理、理性的判断。在这个过程中，学生不断地去学习、体验、感受和应用，从而提高自己的思维水平。

课程目标是有预设的，运用各种形式进行课程教学都是为了实现课程目标。我们会给课程赋予结果指向，即提高学生审辩性思维，按照设定课程体系上课就可以了，但如果这样会有所偏差的。课程实施不一定达到预期的效果，因为存在不能控制的变量，如学生的性格特征不同等。

经验、活动、目标、计划等都不能体现通识课程内涵本质，因为这些都是从课程的不同方面来进行的，我们只看到了其课程的某一方面，没有究其全貌。无论开设哪种形式的课程，在育人方面都要有指向性和计划性。课程设计者就是将知识和经验进行系统选择，让学生获得对于自身成长有好处的知识。研究审辩性思维课程设计就是为培养学生综合发展而服务的，力争让学生成为社会需要的人才。

通识教育是培养学生在未来工作和生活中进行审视判断的知识、能力和情感的教育，是非专业性和非功利性的，不能直接为未来就业提供帮助，但它具有系统知识的基础性和通识性，对未来工作、生活起积极的作用。学生在学习通识课程以后判断一件事情，不再只是感性判断，而是基于一定理论进行分析、推理、理性选择。通识教育更倾向于培养学生个性心理品质，提升学生运用知识分析和解决问题的能力。

张华教授在分析多种课程定义后大致归纳了 3 种，即课程作为学科，课程作为目标或计划，课程作为经验或体验，并且其内涵发展呈现了以下趋势。从强调学科内容到强调学习者的经验和体验，从强调目标、计划到强调过程本身的价值，从强调教材的单因素到强调教师、学生、教材、环境四因素的整合，从只强调显性课程到强调显性课程与隐性课程并重，从强调"实际课程"到强调"实际课程"与"空无课程"并重，从只强调学校课程到强调学校课程与校外课程的整合。[1]

通识课程也是一门课程，有自己的特点或者自身性质。无论是知识、经验、活动、学科等，都有"通识"特点。整体来说，通识教育具有导向性，让学生有意识去运用，形成一种无意识状态，不断促使自己全面发展；基础性也是通识教育的一个特点，无论你是哪一个角色，还是在一个什么样的背景下，社会公民都应该具有基本知识和能力；包容和和谐性，是指一个人处于不断成长的过程中，不断去发现自己的不足，不断去排除自己自我为中心、先验、错觉等的心理，具有同理心、理解等包容心理，在与人相处、与自然相处中发现美，增进与人之间、与社会之间的亲和度。

对于通识教育审辩性思维课程，我们可以向美国及其他国家学习和借鉴。例如，美国高校通识课程是对非专业学生开设，本院系教师可以联系别的院系教师进行授课，对于其内容不要求是知识堆积，而是学生通过上课提升某方面的能力或认识。例如，美国缅因大学通识课程目标为：①理解人类文化与自然世界之间的相互关系；②分析语境和对复杂问题的综合思考；③使用多种表达形式进行有效沟通；④批判性反思，明智的行动；⑤培养道德行为有助于当地社会和环境。

所有的分项目课程中都会包含这5种通识教育目标，教师所开课程目标要与学校培养目标相一致，同时与现代人才培养相一致，进行复合型和综合型的人才培养；对于课程学习，可以通过教学方法如案例教学法、讨论法、小组学习法、翻转教学法等，学习方法如项目学习法、联想法、设计展示法等，去发现不同学科知识或不同学科之间的应用与联系，使学生养成思考的全局性、整体性；通识课程还强调国际性和民族性，如美国通识课程不但重视写作能力、语言表达能力，还会强调文化多元性，很多通识课程涉及环境、国际关系和国际政治的重大事件，运用审辩性思维去分析，能让学生看世界的视野更宽广。

美国大学学院联合会以"卓越原则"提出了21世纪大学生应具备以下几个基本素养。换言之，大学通识教育的培养目标基本对应以下几个"必要学习结果"："通过通识教育，学生不仅要建立人文、社科、自然等学

---

① 张华. 课程与教学论 [M]. 上海：上海教育出版社，2000：71-72.

科知识体系；还要对人类科学、人类社会，文化、社会价值，全球的相互依赖，全球化的经济，人类尊严与自由等进行关注；当代的大学生应具有全球视野能力、审辩性思维能力、沟通能力、信息能力、团队能力，具备世界公民的基本道德与价值观，能进行跨学科学习和迁移。"①

我国学者彭寿清通过进一步分析，对通识课程的含义给出了以下几点规定：第一，通识课程呈现知识领域的人文经验的体验性、综合性、系统性特征；第二，通识教育课程的存在就是有着育人的目的场景性、生存性、指向性和计划组织性；第三，通识课程是不直接为职业做准备的，具有广博性、通识性、基础性的自然学科和人文社会学科的基础知识，它是非功利性的、非专业的。②

我国高校中，必修课程和文化素质教育的选修课程组成了通识课程。校方统一要求和举行考试的学生必须掌握的课程叫作"必修课程"，如外语课程、计算机课程、体育课程、政治理论课程等。而为了加强学生的文化素质而开设的课程就是教育选修课程。我国高校对于这类课程通常采用任意选择或限制选择的方式面向学生，如社会科学类、语言类、艺术类、自然和人文科学类、数学和基本技能等课程。那么，在了解了这些以后，对于上述通识课程的含义可以获得以下指标：从内容限定方面看，通识课程不是目标体系，也不是完全个体意义上的体验，而是一种系统的经验、知识；从性质方面看，通识课程不是利用人的主观性自我观念或意识，也不是一种活动所获得的结果，而是一种有明确方向性的、有目的的有意教育。

2. 通识课程的特点

（1）通识课程的综合性

有关通识教育的目的，其中一点是要培养具有综合能力和知识的人。这一点要通过扎实的专业学习和越多越好的其他学科的学习来达成。课程被认为是实现通识教育目的的一种工具，在选择课程时，要加强社会、理工、人文、管理科学和信息之间的相互促进，要展现学科之间的相互综合、渗透，并注重科技、科学和社会间的紧密联系。

---

① 苏庆伟. 基于国际化素养的通识课程设计研究 [D]. 上海：上海师范大学，2017.
② 彭寿清. 大学通识教育课程设计研究 [D]. 重庆：西南大学，2006.

（2）通识课程的多样性

通识课程多样性的含义可分为三点：具有广泛的课程分布范围和领域是其第一点；具有灵活性的通识课程类型是其第二点，有讲座、社会服务、阅读名著这样的非正式课程，当然还有系统性、综合性的正式课程；具有多样性的通识课程层次是其第三点，其课程层次有系级、院级、校级的。

（3）通识课程的通识性

随着社会人才需求的发展，高校只重视专业化课程已经无法满足社会需求，出现了种种弊端，通识教育课程就是对此而提出的。知识的通识性，其内容包括了人的主要知识领域，可以将人从孤僻怪诞的知识理解领入自由的知识理解。要知道，如果一个人的知识理解和存储的普遍性和通识性是成正比的，那他对知识的观点和选择就会越来越自由。所以说，使人获得自由和解放是通识教育一直寻求的目标，如果想实现此目标，就要注重通识教育课程内容的适用性、普遍性、道德性、基础性和广泛性。

（4）通识课程的国际性和民族性

无论是国内还是国外，都非常注重通识教育课程选择的国际性和民族性。有关对世界文明和对西方文明的教育及能源、环境、政治等一些国际性问题的重视，常常是对国际性重视的重要表现。而重视民族性往往体现在进行本民族的优秀传统文化教育，有关本国的文化和历史，要对学生进行重点培养。

二、我国高校通识课程教学的特点

1. 学生学习的自主意识

有教有学，才组成了"教学"。而在"教"与"学"中，"学"是最为根本的过程。对于高校教育来说，学生是学习的主体，所以学生的主体地位在通识教育课程的制定、开课、选课及评教环节中都要给予考虑。自主学习正是被通识教育课程教学的"学"所强调的，以学生的自主学习为学习的中心是很有必要的。那么有关通识课程教学，教师要培养学生懂得怎样才能独立学习，从而锻炼学生的自主学习意识。在教学中，一定要避免以教师为主体的知识灌输式和单一的讲授式教学方法，要将其转变为以学生为主体的问题参与讨论式的教学方法。这样，学生的自主学习能力就能得到锻炼，在今后的各种研究、学习中，在没有教师的帮助和指导下，他们才能够自主完成各项学习和工作任务。因此，在通识教育的课堂上，教师要在多方面着重培养学生的自主学习能力，并尽可能地为学生营造自主学习的环境，多采取课堂讨论、小组讨论的教学方式，在自主学习能力培养方面，让学生得到充分锻炼。

2. 教学的跨学科模式

通识教育课程的教学也需要跨学科教学的模式，从它的教育目的就能得出此结论。实施跨学科的教学模式要求培养学生的多方面能力，如高水平批判思维能力、问题解决能力与促进合作与对话能力等。而且，跨学科教学的方法多倾向于以学生为中心。很明显，如此教学模式下，对任课教师的要求就会非常高，任课教师在跨学科教学前，最重要的是要明白跨学科教学的思路是什么，然后找出本学科与其他学科的交融部分在哪里。除此之外，通识教育课程的任课教师要对自己所学的专业十分清楚，能够进一步探讨学科的问题，还要知晓有关学科的知识结构和发展方向。通识教育课程的教师除教授自己的专业课程以外，还要能够胜任这些跨学科课程的教授。这项教学任务对于单个教师来说是非常困难的。目前，我国高等教育采用了各系各学科不同的教师轮番上课的协同教学和团队教学的方式来达到跨学科教学的要求。

三、高校通识教育课程模式类型划分

不同学者根据不同标准将通识教育课程划分为不同类型。其中，莱文（Levine）的课程类型分类法最为通用，也符合多数大学实施通识教育的实际情况。他把通识教育课程分成四种类型：经典名著课程、自由选修课程、核心课程和分布必修课程。下面笔者分别就这四种类型做以简要介绍。

1. 经典名著课程

经典名著课程，也称"巨著课程"或"名著课程"，是美国若干高等学校为实施通识教育制订的一种本科阶段的教学计划。设立该课程的思想最早于20世纪20年代提出，以研读一系列人文科学、社会科学、自然科学的经典著作为课程。哥伦比亚大学于1917年开设这种课程，该校教授约翰·厄斯金（John Erskine）开了一门经典选读课程，要求学生在最后的两年中，每周阅读一本体现西方文化的重要名著，接着再花几周时间进行讨论。厄斯金的目的是试图通过经典文化名著的选读，提高学生的人文素养，以平衡当时美国大学教育偏重职业训练的倾向。1937年，在安那波利斯的圣约翰学院开始实施这种课程计划，要求学生在四年内按成书年代依次研读自荷马的《伊利亚特》《奥德赛》至爱因斯坦的《相对论》等100余部经典名著。[1]

经典名著课程的特点如下。[2]

（1）重视经典名著的研习，内容涉及广泛

不论是哥伦比亚大学厄斯金时代的经典名著课程，还是芝加哥大学赫钦斯（Robert Maynard Hutchins）时代经典名著课程，又或者是后来唯一坚持这样做的圣约翰学院的经典名著课程，它们的共同特点是极其重视对经典名著的研习和讨论，内容涉及文、史、哲、社会科学、自然科学、宗教、艺术等方面，远至亚里士多德、柏拉图，近至爱因斯坦、弗洛伊德，接触到的名家学者有数十乃至上百人。作品也是上百种，实属教育史上的壮观之笔。在当时的哥伦比亚大学经典名著课程是两年的通识课程；芝加哥大学赫钦斯将之发展为四年的通识课程，不过没有彻底实施；在圣约翰学院，"名著计划"对学生没有主修要求，是100％的通识教育，这也是经典名著课程不同凡响的地方，尽管目前实施这一课程的唯此一家，但我们还是要为之振臂高呼。

（2）经典名著课程目的明确，但实施难度很大

经典名著课程的目的是实施自由教育，是使学生成为一个"受过自由教育的人"。因为名著具有很高的精神陶冶价值，它能帮助学生学会思考世界中重要的问题，发展他们的理智能力。但要修习这些经典名著，却是一件相当枯燥和困难的事情，面对喧嚣繁杂的社会，生活在物欲横流的时代，要静静地坐下来修习如此庞大而高深的"经典名著"，需要多么大的定力，可想而知。另外，笔者认为，一部部经典名著之间缺乏内在的逻辑联系，

---

[1] 顾明远. 教育大辞典：增订合编本（上）[M]. 上海：上海教育出版社，1998：838.

[2] 张寿松. 大学通识教育课程论稿 [M]. 北京：北京大学出版社，2005：169.

是经典名著课程最为致命的缺陷，并且这一缺陷是无法弥补的，是固化难解的，因为每一部"经典名著"都是一个"独立体"，它们之间很难形成一个系的统逻辑体系。

尽管经典名著课程从总体上说，不可能成为通识教育实践的方向，但它却给人以很好的启迪，若具备一个恰当的环境，又有一批对"名著精神"有独到见解的学者，还有一位推崇并倡导"名著精神"的校长，要实施"名著课程"也并不是一件不可能的事情。

（3）经典名著课程的教育哲学

经典名著课程的教育哲学是以赫钦斯为代表的永恒主义哲学。永恒主义强调官能心理学和形式训练，认为大学是高级心智的培养，排斥职业训练，注重经典名著的永恒价值，因而主张学生要修读各类基本科目，不主张任学生自由选修，所设科目几乎全为必修。其背后的哲学依据是"人性本懒""人性贪玩"，如果任学生自由选择，定会趋易避难，而学生又是未成熟的人，不知自己该修什么、不该修什么，但教师是成熟的权威者，由教师和学校为学生做安排是最妥当的。

2. 自由选修课程 ①

自由选修课程，就是指大学开设一系列的选修课程，没有特别的规定，学生可以根据自己的兴趣爱好自行确定自己的通识教育课程计划。选修制毫无疑问是个性化经验的有机构成，是支撑个性化发展的必要条件。自由选修课的哲学基础是以约翰·杜威（John Dewey）为代表的进步主义。他认为社会是动态发展的，没有永恒不变的东西，要重视个人需要的差异，尊重学生的意识和意愿，因此主张自由选修课程。

赞成自由选修课程的人认为，通识教育的最终目的是培养"自由人"，由学校对通识教育作出了种种规定和限制是实施通识教育的一种不民主、不自由的方式，本身就与此项教育目的相违背，以一种"不民主""不自由"的方式和手段试图培养"自由人"，那岂不是自相矛盾的事情吗？因此，他们主张通识课程应实行自由选修的方式，任学生自由选择才符合通识教育的本意和最终目的。

---

① 张寿松. 大学通识教育课程论稿 [M]. 北京：北京大学出版社，2005：183-185.

目前，完全以自由选修课程来实施的学校是很少的，美国的阿姆赫斯特学院和布朗大学是实施这类课程的典型代表。尤其是在布朗大学，几乎没有必修科目的规定，认为大学生是成年人，自己喜欢什么，欠缺什么，让学生自由选择，修满规定学分即可，也就是兴趣型教育。这种课程又被形象地称之为"自助餐式"教育计划。[①]

3. 核心课程

核心课程是指一组为全校学生接受通识教育而设置的课程，它与专业课程相对独立存在，而且多数课程是跨学科课程，所以有些课程需要不同科系的教师相互合作来完成教学。

（1）哲学基础

核心课程模式是在要素主义课程范式和基本框架中确立的。要素主义者真理或者与客观的物质世界的事实相符合，或者与精神宇宙的先定的理念相一致。知识的获得过程即真理的发现与接受过程。由于真理是永恒的，所以知识也是恒久不变的。[②]

美国著名的要素主义者威廉·巴格莱（William Bagley）认为知识具有工具价值和背景价值，前者考虑知识的功利性效用，后者则能对人的意识和行为产生深刻的、广泛的影响。由于知识是永恒的并具有背景价值，所以教育"要使每一代拥有足以代表人类遗产最宝贵的要素的各种观念、意义、谅解和理解的共同核心"[③]。核心课程正是基于此种理论建立起来的。

（2）课程结构

核心课程与分布必修在课程设置上有一定的相似之处，两者都把学生必须修习的课程分成若干个领域，在各个领域下又会设置很多相应的课程。但是，核心课程与分布必修在课程设置上的不同点在于，核心课程不是按照传统的以学科来设置课程的模式，它重在强调课程的设置要有利于培养学生有关方面的基本技能，重点不在于让学生掌握某一学科的系统知识，跨学科性的内容分量较大，比较重视加强有关道德、文化、艺术等方面的内容；而分布必修中的通识教育课程通常是按照学科设置的，其目的在于

① 李曼丽. 通识教育：一种大学教育观 [M]. 北京：清华大学出版社，1999：102-103.

② 张华，石伟平，马庆发. 课程流派研究 [M]. 济南：山东教育出版社，2000：92.

③ 张华，石伟平，马庆发. 课程流派研究 [M]. 济南：山东教育出版社，2000：94-95.

让学生掌握某一学科的较为系统的入门性知识。

在课程内容的选择、教学方法等方面，核心课程教学的教师都严格要求实施通识教育目标和哲学。这些教师往往是有着深厚的理论基础和通融见识的优秀教师。课堂讲座和研讨会并存于核心课程教学中。每个学生根据自己的主修差异在有关领域选择主修或者免修，同时可以通过在其他领域的休息来达成通识教育课程的学分要求。因此，学生可以在毕业前 1 年的时间学完通识教育课程。

（3）主要特征

核心课程提供的是关于自然、社会和人文的广泛知识，这对目前高等教育过分专业化有一定的抑制作用，使学生能够打破专业的束缚，以跨学科、文理综合的角度观察和认识世界，并且核心课程对于学生的道德观、价值观和理性的培养，有助于其形成一个符合社会道德标准的人，这正是当前处理和解决各种实际问题所必要的。同时，核心课程着眼于对学生能力的培养，有助于提高学生的学习能力和创造能力，符合学习社会化的趋势及终身学习的思想，有助于学生更能够适应当今社会中岗位的变动和职业的变迁。

由于一定的条件限制和特定的要求，因此核心课程模式并不适合所有学校。因为开设这类课程要求有能胜任的教师，成本较高，并不是每一所大学都能够承担的，再者其对学生自身也有一定的要求。根据多项资料的调查显示，核心课程比较适合学生知识背景同质性高以及智力水准较高的学校。

4. 分布必修课程

分布必修课程是指学生必须修习的学科领域，一般为自然科学、社会科学和人文学科，以及在各领域内至少应修习的课程门数（或最低学分数）作出规定的通识教育课程计划。[①] 分布必修课程设置"分布"在几个知识领域的内容，以防止学生学习的过分专业化，给学生提供宽广的知识及各种技能的训练。这种通识课程设计模式，最早可以追溯到 20 世纪初哈佛大学的"集中与分配制"和耶鲁大学的"分组必修制"，这两种形式的课程设

---

① 李曼丽. 通识教育：一种大学教育观 [M]. 北京：清华大学出版社，1999：77.

计经过多年的实践和修整逐渐形成"分布必修制"的课程设计模式。分布必修课程是目前最主要的通识教育实践形式。

分布必修课程的特点如下：

① 目标明确。分布必修型通识课程的直接目的是拓宽学生的知识面，以加强不同学科之间、不同领域之间的沟通和联系。因此，设计通识课程之前均有明确而清晰的课程目标构建。尽管学校所构建的课程内容不尽相同，但所反映的目标是一致的，达到了"围绕目标—百花齐放—殊途同归"的效果。

② 内容多元。不同性质的大学均有不同的课程内容选择，呈现不同性质与追求的特色，如斯坦福大学 CIV 学程、麻省理工学院的重视自然科学和实验、国内某些大学的综合知识系列，都呈现了各自的追求和特色。相比较而言，国内大学的课程内容呈现重视"政治理论"学习的统一性的特点，几乎所有的国内大学都在开设"马克思主义原理""马克思主义经济学""邓小平理论""中国革命史""毛泽东思想概论"等课程，甚至许多学校的教材也是一致的。这些课程占据相当的比例和课时，这种普遍的一致性，既是优点，也是缺点。从某种意义上说，它较大程度地限制了通识课程的多元开发。

③ 形式多样。课程的组织和教学形式多样化。

④ 分布必修课程是为了防止自由选修课程的支离破碎和学生所学知识的过分专业而提出来的，是被作为防止过分专业化的一种"策略"而发展起来的，它的教育哲学是有广博的见识才有更好的专业建树。

四、高校通识教育及其课程建设的重要意义

近年来，通识教育越来越受到世界各国教育学者的重视。通识教育在欧美已经倡导了百余年，对此人们有过各种观点和争议，而它本身也面临着挑战和改革，但也因此得到了更多的关注，本身获得全面发展而进一步得到广泛的认可。我国高等教育发展已进入大众化阶段，目前的重心已经转移到调整结构、提高质量的轨道上来，提高人才培养质量是顺应时代需求、符合人们意志的重大战略选择。然而，我国高校目前存在专业教育过窄、

人文修养过弱、创新能力不强等问题，不适于全球化背景下我国经济社会发展对人才规格的要求，同时也远离了大学教育的本质。通识教育人才培养模式是我国进入高等教育大众化阶段后重新审视人才培养理念的重要选择，提高对通识教育的认识，强化通识课程建设，对于深化我国高等教育改革有着重要的意义。

1. 是人的全面发展的需要

蔡元培先生主张培养全面发展的人，提倡"崇尚自然，发展个性"，他认为教育的功能应使人"养成健全的人格"。爱因斯坦也曾经指出："用专业知识教育人是不够的。通过专业教育，他可能成为一种有用的机器，但是不能成为一个全面发展的人。要使学生对价值有所理解并产生热烈的激情，那是最基本的。他必须获得对美和道德上的鲜明的辨别力。"①

这些大师的话也体现出了他们自己所追求的办学理念：大学教育应该注重人的综合素质的培养，争取在道德、学识、体质、才能方面协调一致，实现人的全面和谐发展，不能以在短时间内迅速把人培养成工程师、建筑师、音乐家、画家为目标。大学教育的首要目标是提升人的精神品格。先做人后做事，大学教育亦是如此，首先要教人如何做人，学会做人的道理，做一个高尚的人，一个完善的人，其次才是教人如何做事。做人更为根本，做人是人进行其他一切社会活动的基础。尤其是高等教育进入大众化阶段，它的目的是提高整个社会的思想格调，提高公众的智力、陶冶国民的情趣、完善国民的人格。

而通识教育重视学生作为一个社会的"人"和国家"公民"生活的需要，力图提供一种合理的知识结构和能力结构，以促使学生在生理与心理、智力与情感、道德与意志方面的全面、协调发展。因此，通识教育是对高等教育专业化导致人的片面发展的一种矫正。在高等院校开展通识教育，其目的不在于仅仅向学生传播和灌输某些人文社会科学知识，而在于实现人的全面发展与综合素质的提高，直接体现在学生的学习能力、工作能力、道德素质、社会关系与个体素质的提高上。

另外，高等教育大众化是经济社会发展到一定阶段的产物，在这个阶段，人们对于自身全面发展的需要越来越迫切，过度专业化和功利性倾向

---

① 爱因斯坦. 爱因斯坦文集：第3卷[M]. 北京：商务印书馆，1979：310.

已经不符合人的全面发展需要。而通识教育是"通""宽""全"式的教育，旨在克服专业教育的狭隘与偏见，努力造就知识宽广、基础扎实、博学多才、素质全面、能对不同学科和专业进行融会贯通的人才，正符合人们对自身全面发展的需要。

2. 是高等教育大众化条件下实现人才培养目标的需要

人才培养是高校的基本任务，人才培养质量是高校的生命线。尤其是在大众化条件下，人才培养质量更是决定高校生死存亡的一个重要因素。中华人民共和国成立之初，当时社会生产力发展的要求下产生的行业化办学、高度专业化办学，也为社会主义建设培养了大批急需的人才，满足了国家工业化对科技人才的要求。但是，改革开放以后，十一届三中全会召开以来，我国确立了实事求是的思想路线，我国的经济冲破了计划经济体制的束缚，市场经济体制开始形成和发展，各项事业都得到推动，社会对人才各方面的要求越来越高，越来越需要全面型的人才，因此高度专业化培养模式的弊端也越来越显露。高度专业化培养模式已经不能适应社会发展的要求，其中的矛盾在市场经济深入发展、知识创新不断加速、社会竞争日趋激烈的条件下表现得尤为突出。这种专业化教育下的学科单一性、专业单一性的人才结构模式已经不利于解决各种各样的综合问题，只能在某些方面进行深入的研究。

这个现象也可以从教育的外部关系来分析。从外部关系来看，教育同社会是有密切联系的，而目前我们培养的人才与社会需要之间却出现了供求不协调的状况。大学是培养专业人才的，但是社会发展瞬息万变，大学专业培养不可能随着社会发展要求而过快地变化发展，如几年前的热门专业现在却有可能成了供过于求的专业，这样不但造成了专业人才的浪费，也增加了大学生的就业压力。因此，当高等学校的人才培养不能很好地适应社会的需要，即不能很好地为社会的经济、政治、文化发展服务时，需要及时对现行的人才培养模式进行调整。

在这个意义上，应当大力提倡通识教育。人才培养要首先适应社会发展的需要，前提是要培养出合格的社会公民，关键的是要培养学生的品格、能力和智慧。而通识教育的一个重要的目的是使学生在融会贯通中汲取智慧，从而不断提升自己的心智，形成正确的人生观、道德观、价值观，能够理性对待社会中出现的各种问题，从而更加适应社会的需求。

3. 是培养创新型人才的基础和途径

通识教育可以成为培养创新型人才的基础。首先，是因为现代意义上的创新不再仅仅表现为表面上的简单的创新和突破，而是表现为一种集成式的创新。通识教育的目标在于培养学生全面的素质，构筑合理的知识和能力结构，拓展知识背景和能力基础，为发展创造性思维能力奠定基础，通识也为人才跨学科、跨领域创新及进行新领域开发研究提供条件。其次，通识教育也有利于培养本科生的创新意识和潜能。本科生的教育目标不可能实现人人都成为创新人才，而是立足于基础知识的培养、终身学习能力的培养和创新潜能的培养。本科教育是为学生搭建可塑性的知识框架，强调知识体系的完善、系统和科学性，强调以通识为基础的深厚的专业理论基础、宽广的专业知识面和较强的科学创造能力，增强人才的社会适应性，为人才发展提供一种知识和能力的前期储备。可见，通识教育的目标是与本科教育的基本要求和原则相符合的。

通识教育是培养创新型人才的有效途径。通识教育的目标不是培养通才，而是在于通"识"，在于让受教育者形成开阔的视野。有许多事例可以证明，真正具有创造力的大师级人物，大多具有多个领域的深厚修养和造诣。爱因斯坦不仅是一个伟大的科学家，同时也是一个非常出色的小提琴家。复旦大学原校长苏步青的古典诗词和书法造诣也独树一帜，受到多方推崇。李政道、杨振宁都有着很好的文化修养和艺术修养，他们在很多大学讲授过科学与艺术方面的课程。通识教育在增强学生的知识、能力的综合性，提高人文素养，促进人的全面发展方面起着十分重要的作用。把通识教育与专业教育加以融合，实现在通识教育课程设计上的统一和渗透，无疑是实施通识教育培养创新型人才的最佳途径。

第二章　高校通识课程建设的理论渊源

　　通识教育作为一种教育理念和教育模式，不仅有其特定的时代和社会背景，而且有其深刻的思想理论基础。在中西方教育思想的历史星空里，无数教育思想都曾在所处时代发出过耀眼的光芒和烙下深深的印记……一次一次时空的转换和岁月的更迭，教育思想在历史沧桑中重塑金身，从孔孟主张行"仁义"之道到蔡元培大开"学术"与"自由"之风，从苏格拉底的"产婆术"和"问答法"到马克思追求人的自由全面发展。沿着教育历史的足迹，我们去探寻丰富的历史积淀，发掘坚实的理论基础，教育研究者最终发现：要寻找支撑通识教育的理论基础需要再次将目光投向马克思主义理论，尤其是马克思主义关于人的自由而全面发展思想，因为通识教育是一种回归人本身的教育理念，其终极目的就是要培养一个"完整的人"，造就一个"完整的人"，而马克思主义关于人的自由全面发展思想正是人们通向人类"自由王国"的理论指南；众所周知，通识教育始于西方并在西方已形成内容丰富、结构完整的通识教育理论体系，这是我们研究中国高校通识教育不可忽视的宝贵资源，必须将这些内容纳入中国高校通识教育研究的理论视野之中，以资借鉴、为我所用。

　　总之，立足全球化的宏大视野，解决中国高校通识课程建设面临的时代性问题，把握中国高校通识教育未来的发展趋势，需要我们深刻解读马克思的人的全面发展思想，系统梳理西方通识教育的重要理论及高校实践通识教育的社会基础。据此，本章将从理论基础和现实依据两个方面进行深入探讨。

第一节　理论基础

一、马克思主义人的全面发展思想

1. 马克思、恩格斯关于人的全面发展思想

马克思、恩格斯在教育史上的一个重要贡献是提出了关于人的全面发展学说，它是马克思主义的最高命题或根本命题，它像一根红线贯穿整个马克思主义理论体系，指引着中国高等教育事业的发展。马克思关于"人的自由全面发展"理论是从现实的、完整的人出发，通过批判异化的人和人的异化，以消除人的异化了的生存状态，最终实现人的自由而全面发展，这种发展表现为人的活动全面发展、社会关系全面丰富、个性自由发展等多方面规定性，是人的自由发展、人的全面发展、人的充分发展的辩证统一。

（1）人的自由发展

人的自由发展是指人能够自觉自愿地发展自己的才能、发挥自己的力量。马克思尤为重视人的自由发展，如全部才能的自由发展、不受阻碍的发展、个人的独创的和自由的发展等，对于资本主义制度条件下异化劳动造成的工人不自由、片面发展的情形，马克思曾在《1844 年经济学哲学手稿》中进行了生动描述："在自己的劳动中不是肯定自己，而是否定自己，不是感到幸福，而是感到不幸，不是自由地发挥自己的体力和智力，而是使自己的肉体受折磨、精神遭摧残。"① 所以，在资本主义社会里人的发展离马克思所描述的自由相距甚远。具体而言，马克思关于人的自由发展主要包括以下几点。

①自由是自然、社会和人自身的统一。人类从猿到人、从原始社会到当代工业革命和科学技术革命，再到共产主义社会的最终实现，其实就是人们追求从必然王国到自由王国的一种历史过程。恩格斯在《社会主义从

---

① 中共中央马克思恩格斯列宁斯大林著作编译局编译. 马克思恩格斯选集：第 1 卷 [M]. 北京：
　人民出版社，1995：43.

空想到科学的发展》中概括性地阐述："一旦社会占有了生产资料，商品
生产就将被消除，而产品对生产者的统治也将随之消除。社会生产内部的
无政府状态将为有计划的自觉的组织所代替。个体生存斗争停止了。于是，
人在一定意义上才最终地脱离了动物界，从动物的生存条件进入真正人的
生存条件。人们周围的、至今统治着人们的生活条件，现在受人们的支配
和控制，人们第一次成为自然界的自觉的和真正的主人，因为他们已经成
为自身的社会结合的主人了。人们自己的社会行动的规律，这些一直作为
异己的、支配着人们的自然规律而同人们相对立的规律，那时就将被人们
熟练地运用，因而将听从人们的支配。人们自身的社会结合一直是作为自
然界和历史强加于他们的东西而同他们相对立的，现在则变成他们自己的
自由行动了。至今一直统治着历史的客观的异己的力量，现在处于人们自
己的控制之下了。只是从这时起，人们才完全自觉地自己创造自己的历史；
只是从这时起，由人们使之起作用的社会原因才大部分并且越来越多地达
到他们所预期的结果。这是人类从必然王国进入自由王国的飞跃。"①

②自由是真、善、美的统一。从自由的本意来说涵盖"从心所欲"和"摆
脱束缚"肯否两种意味，如果能将"从心所欲"的内在尺度和"摆脱束缚"
的外在尺度有机结合起来形成主客体之间的统一，也就达到了完整的自由。
正如冯契在其著作《人的自由和真善美》中指出："人类的自由，就在于
达到真、善、美的统一。"②一方面，我们对待自然界要从物质的角度进行
理解并尊重其自身规律，否则如恩格斯所言："但是我们不要过分陶醉于
我们人类对自然界的胜利。对于每一次这样的胜利，自然界都对我们进行
报复。"③另一方面，在自然界深受人类价值观影响的今天，我们理应善待
自然界、美化自然界，以人的本性来解读自然界。马克思指出，与人发生
联系的自然界可能成为科学的认识对象，经过实践改造了的自然界是人自
身本质力量的体现，如果把工业看成人的本质力量的公开的展示，那么自

---

① 中共中央马克思恩格斯列宁斯大林著作编译局编译. 马克思恩格斯选集：第 3 卷 [M]. 北京：
人民出版社，1995：757-758.

② 冯契. 人的自由和真善美 [M]. 上海：华东师范大学出版社，1996：1-2.

③ 中共中央马克思恩格斯列宁斯大林著作编译局编译. 马克思恩格斯选集：第 4 卷 [M]. 北京：
人民出版社，1995：383-384.

然界的人的本质，或者人的自然界的本质，也就可以理解了……所以，马克思说，在共产主义社会，"作为完成了的自然主义＝人道主义，而作为完成了的人道主义＝自然主义"①，在实现人的自由中达成真、善、美的统一。

③自由是权利和义务的统一。自由是人所拥有的最根本权利。人在行使自己的权利时其行动必然会对自己、社会乃至自然界产生影响，恰如马克思所言："人创造环境，同样环境也创造人。"②所以，人在对自己行为结果负责的同时要对他人负责，这种责任和义务不仅是人与动物的根本区别，也是实现自由的现实手段，"因为作为社会一员的个体，只有在尽义务过程中，他的价值、尊严和权利才得以实现，也因此而获得真正的自由。"③与此同时，人还应对自然界负责。人在自然界活动时往往留下自身的意志印记，如果人性的缺陷导致对自然疯狂的掠夺，造成生态环境的极大破坏甚至生态"危机"，这就表明了人对自然界没有尽到义务。所以，人只有在尽义务的过程中才能实现其权利，自由是权利和义务的统一。

（2）人的全面发展

马克思指出："人以一种全面的方式，就是说，作为一个总体的人，占有自己的全面的本质。"④人的全面发展就是人的本质力量的全面发展，人的本质决定了人的全面发展内容十分丰富，在马克思这里主要包含以下内容。

①人的需要的全面满足。人的需要是人全部活动的内在动力，在此促动之下人通过实践活动一边不断满足自身需要，一边推动着人自身的发展，人的需要越呈现丰富性、多样性，反映着人的发展越趋于全面性。正如马克思在《哥达纲领批判》中所描述的："在劳动已经不仅仅是谋生的手段，而且本身成了生活的第一需要之后；在随着个人的全面发展，他们的生产力也增长起来，而集体财富的一切源泉都充分涌流之后，……社会才能在

① 中共中央马克思恩格斯列宁斯大林著作编译局编译. 马克思恩格斯全集：第3卷[M]. 北京：人民出版社，2002：297.

② 中共中央马克思恩格斯列宁斯大林著作编译局编译. 马克思恩格斯选集：第1卷[M]. 北京：人民出版社，1995：92.

③ 陈小鸿. 论人的自由全面发展[M]. 北京：人民出版社，2004：303.

④ 中共中央马克思恩格斯列宁斯大林著作编译局编译. 马克思恩格斯全集：第3卷[M]. 北京：人民出版社，2002：303.

自己的旗帜上写上：各尽所能，按需分配！"①

②人的能力的全面发展。人的能力是人本质力量的体现，包括体力、智力、社会交往能力、物质精神生产能力等。马克思曾经指出："任何人的职责、使命、任务就是全面地发展自己的一切能力……"②在《资本论》中，马克思批评了资本主义的分工迫使人只能从事机械单调、局部功能的动作，导致人的片面畸形地发展，"由于分工，艺术天才完全集中在个别人身上，因而广大群众的艺术天才受到压抑"。③随着社会生产力的发展，社会必要劳动时间逐渐减少和闲暇时间不断增多，人能够拥有更多的自由时间充分发展自己的各方面能力。例如，画家可以拥有更多闲暇时间发展自己的才能，广大人民也将拥有更多条件充分发展自我。就像马克思所描绘的一样："劳动组织者根本没有像桑乔所想像的那样认为每个人应当完成拉斐尔的作品，他们只是认为，每一个有拉斐尔才能的人都应当有不受阻碍地发展的可能。"④"每个人都能成为出色的画家，但是这决不排斥每一个人也成为独创的画家的可能性……"⑤

③人的社会关系的全面发展。人不是抽象的、孤立的个体，而是存在于社会关系中。社会关系的发展程度严重影响着人的全面发展。随着商品经济充分发展，人们之间的相互依存从自然依存发展到以物为媒介的人的活动之间的依存，使人的发展摆脱血缘关系的束缚，冲破了狭窄的范围和孤立的地点，通过自己的产品丰富了对方的本质，全面提高了人的素质、能力等。尤其在科技进步、因特网技术的推动下，人们之间的自由交往更为便捷、更为广泛，与客观性的相互联系增强是文化和主观性的交流的频繁，人们要摆脱个体、地域和民族的狭隘性，只有在全面交往中"各个单独的

① 中共中央马克思恩格斯列宁斯大林著作编译局编译. 马克思恩格斯选集：第3卷[M]. 北京：人民出版社，1995：305-306.

② 中共中央马克思恩格斯列宁斯大林著作编译局编译. 马克思恩格斯全集：第3卷[M]. 北京：人民出版社，1960：330.

③ 中共中央马克思恩格斯列宁斯大林著作编译局编译. 马克思恩格斯全集：第3卷[M]. 北京：人民出版社，1960：460.

④ 中共中央马克思恩格斯列宁斯大林著作编译局编译. 马克思恩格斯全集：第3卷[M]. 北京：人民出版社，1960：458-459.

⑤ 中共中央马克思恩格斯列宁斯大林著作编译局编译. 马克思恩格斯全集：第3卷[M]. 北京：人民出版社，1960：460.

个人才能摆脱各种不同的民族局限和地域局限，而同整个世界的生产也包括精神的生产发生实际联系，并且可能有力量利用全球的这种全面的生产，人们所创造的一切"①。因此，人们必须积极主动参与丰富而全面的社会交往活动，不断开拓视野、完善和发展自我，形成更加广泛的社会关系和丰富的个性，逐渐从片面发展走向全面发展。

（3）人的充分发展

任何事物的发展都是一个不断完善的过程，就人的发展而言，人总是向着更高程度来不断发展自我、完善自我。马克思曾在其著作中多次提到人的充分发展，如体力和智力获得充分的自由的发展和运用、自由而充分的发展、全面的活动因而使我们一切天赋得到充分的发挥。尤其是，当人通过劳动实践活动"作用于他身外的自然并改变自然时，也就同时改变他自身的自然。他使自身的自然中蕴藏着的潜力发挥出来，并且使这种力的活动受他自己控制"②。人的充分发展不仅包括体力和智力、潜力和现实能力、自然力和社会能力等各方面才能的协调发展，尤其指人的全部才能不受异己力量的强制或压迫，能够自主自愿地发展自己想要发展的素质和能力。事实上，大脑就像一个蕴藏着无穷智慧和潜力的库等着人类去发掘和利用，美国心理学家、哲学家威廉·詹姆斯（William James）在 1908 年的《人类的力量》一书中讲到，我们"正在利用的脑力和生理资源只占可利用资源的一小部分"，甚至连世界上最伟大的科学家爱因斯坦的大脑利用率也低于 10 %，这从科学的角度为人的充分发展揭示出更为广阔的前景。

2. 列宁关于人的全面发展思想

列宁主义理论是帝国主义和无产阶级革命时代的马克思主义理论。列宁在领导俄国革命和建设的实践中，从苏维埃国家的实际出发，继承并发展了马克思、恩格斯关于人的全面发展的思想，提出了关于苏维埃国家的领导干部应掌握国家建设中所需的知识和技术，学会管理和善于商业经营，造就全面发展的社会主义新人等思想。

---

① 中共中央马克思恩格斯列宁斯大林著作编译局编译. 马克思恩格斯全集：第 3 卷 [M]. 北京：人民出版社，1960：42.

② 中共中央马克思恩格斯列宁斯大林著作编译局编译. 马克思恩格斯全集：第 2 卷 [M]. 北京：人民出版社，1995：177.

（1）人的培养与国内实际需要相结合

第一，要认清国情。列宁指出，苏维埃国家饱经磨难而穷困不堪，恢复经济并建立新的经济基础是国家面临的重要任务，列宁强调"现在我们主要的政治应当是：从事国家的经济建设，收获更多的粮食，开采更多的煤炭……消除饥荒，这就是我们的政治"①，"从必须赶快学会做经济工作这个角度来看，任何懈怠都是极大的犯罪"②。由于缺乏高度发达的技术和工业，各种教育教学、培养训练的性质及任务都要适应和平建设任务，如果"没有各种学术、技术和实际工作领域的专家的指导，向社会主义过渡是不可能的，因为社会主义要求广大群众自觉地在资本主义已经达到的基础上向高于资本主义的劳动生产率迈进"③。第二，要看到差距。列宁认为，俄罗斯民族与先进民族相比较，工作方法的落后致使生产效率较低，因此应采用一切有价值的科技成果，推动国家迅速发展。尤其是要想同强大的世界资产阶级进行斗争，必须利用工人阶级在斗争中形成的良好风气、理想信念，并结合军事、思想、教育等多种方法，对全体劳动者进行教育，提高他们的能力和素质。列宁曾针对工人、农民的发展状况无法适应建设新生社会主义国家的要求，不得不以高额薪金聘用资产阶级专家、知识分子的情况指出："如果觉悟的先进的工人和贫苦农民在苏维埃机关帮助之下，能够在一年内组织起来，有了纪律，振奋起精神，建立起强有力的劳动纪律，那么，一年以后我们便能免除这项'贡赋'，甚至在这之前，随着我们工人农民的劳动纪律和组织性的提高，就能缩减这种'贡赋'。我们工人农民通过利用资产阶级专家，自己愈快地学会最好的劳动记录和高级劳动技术，我们就能愈快地免除向这些专家交纳的一切'贡赋'。"④

① 中共中央马克思恩格斯列宁斯大林著作编译局编译. 列宁全集: 第4卷[M]. 北京: 人民出版社, 2012: 308-309.
② 中共中央马克思恩格斯列宁斯大林著作编译局编译. 列宁全集: 第4卷[M]. 北京: 人民出版社, 1995: 584.
③ 中共中央马克思恩格斯列宁斯大林著作编译局编译. 列宁全集: 第3卷[M]. 北京: 人民出版社, 1995: 482.
④ 中共中央马克思恩格斯列宁斯大林著作编译局编译. 列宁全集: 第34卷[M]. 北京: 人民出版社, 2017: 163.

（2）综合技术教育是人的全面发展的重要组成部分

列宁在尖锐批判资本主义分工条件带给劳动者健康摧残的同时主张实施综合技术教育，继承和发展了马克思、恩格斯关于人的全面发展的过程中教育与生产劳动相结合的思想。列宁曾指出："资本主义工场手工业的分工，使工人（包括局部'手工业者'）变成畸形和残废。在分工中出现了能工巧匠和残废者。前者人数极少，他们使调查者惊叹不已；后者大批出现，他们是肺部不健康、双手过分发达、'驼背'等等的'手工业者'。"①因此，他坚决主张社会主义国家应通过综合技术教育培养人们成为多面手，并把综合技术教育为劳动做全面准备当作社会主义国家纲领加以实施，在《关于综合技术教育》中列宁明确指出："大家都应当成为细木工、钳工等，但是同时必须具有最基本的普通知识和综合技术知识。"②

列宁还强调综合技术教育的学校应避免过早地专业化，即使是职业技术学校也应增加普通课程或基本原理课程，否则不利于学生的全面发展。他甚至还对如何实施综合技术教育提出了具体方案，他指出，综合技术的见识和综合技术教育的基本（初步）知识是："关于电的基本概念（明确规定哪些概念）；关于机械工业用电的基本概念；关于化学工业用电的基本概念；关于俄罗斯联邦电气化计划的基本概念；参观电站、工厂、国营农场不得少于 1～3 次；知道农艺学等学科的某些原理。详细规定最基本的知识。"③后来，列宁又做了补充，指出高等学校最低限度必修的科学知识还要包括："电气化计划，它的经济原理，俄国经济地理，实行计划的意义和条件。"④

总之，人的全面发展既是人类社会的理想境界也是人类追求理想过程中的发展现实，在不同的历史时期有着不同的实现形式和具体内容。列宁

---

① 中共中央马克思恩格斯列宁斯大林著作编译局编译. 列宁全集: 第3卷[M]. 北京: 人民出版社, 2013: 390.

② 中共中央马克思恩格斯列宁斯大林著作编译局编译. 列宁全集: 第40卷[M]. 北京: 人民出版社, 2017: 230.

③ 中共中央马克思恩格斯列宁斯大林著作编译局编译. 列宁全集: 第40卷[M]. 北京: 人民出版社, 2017: 230.

④ 中共中央马克思恩格斯列宁斯大林著作编译局编译. 列宁全集: 第40卷[M]. 北京: 人民出版社, 1986: 383.

依据俄国国情的实际，将马克思关于人的全面发展思想时代化、具体化，把促使人的全面发展写入党的纲领，把造就全面发展的共产主义新人作为社会主义建设的首要任务，这些理论成果不仅是继承马克思关于人的全面发展思想的结果，更是对马克思关于人的全面发展思想的丰富和发展，这些理论成果为人类走向全面发展和彻底解放积累了宝贵的历史经验。

3. 中国共产党人关于人的全面发展思想

中国特色社会主义理论是马克思主义与中国实际相结合的产物，其核心要义是"以人为本"，解放和促进人的全面发展。中国共产党成立以来，以毛泽东、邓小平、江泽民、胡锦涛和习近平为代表的中国共产党人始终坚持以马克思主义关于人的全面发展思想为指导，把不断推进人的自由而全面发展作为中国社会发展的重要标志，实现了马克思主义关于人的全面发展思想的中国化。加强中国共产党人关于人的全面发展思想的研究，对于我们"根植中国、放眼世界"，不断促进人的自由而全面发展具有重要的理论与实践意义。

（1）毛泽东的德、智、体全面发展思想

毛泽东同志历来重视学校的思想政治教育问题，将其视为关系青年成长的首要问题。1957年，毛泽东在《关于正确处理人民内部矛盾的问题》中强调，我们的教育方针是"使受教育者在德育、智育、体育几方面都得到发展，成为有社会主义觉悟的、有文化的劳动者"。这一德、智、体全面发展的理论是毛泽东结合当时中国社会发展的实际，针对当时中国的学校教育，在继承了马克思主义人的全面发展学说的基础上提出来的。

毛泽东同志所提出的受教育者要实现德、智、体全面发展的思想，是将马克思所提出的实现人的自由而全面发展的理论在中国社会主义建设实践中的继承与发展，是与中国社会主义建设所经历的不同历史时期相适应的，为高校思想政治教育提出了阶段性的目标。毛泽东同志认为作为社会主义事业的接班人，要在学校接受教育，从而实现德、智、体三者的协调发展，从而为学校教育的实施提出了目标，尤其是思想政治教育工作方面。这是与当时中国所处的历史时期及当时的国际环境相适应的。当时，中华人民共和国刚刚建立不久，社会主义建设刚刚起步，国际上欧美等西方资本主义国家对中国实施经济封锁、政治打压等遏制政策。因此，毛泽东同志认为，意识形态等精神领域的斗争,防止"和平演变",将是新中国长期面临的挑战。必须要培养造就大批合格的无产阶级革命事业接班人,以适应这一当时需要。毛泽东同志还特别强调了理想信念及正确的政治观点对思想政治教育的重要性,认为这是做好学校思想政治教育工作的首要问题。与此相适应,毛泽东在后来又提出:"学校一切工作,都是为了转变学生的思想……政治教育是中心之一环……"①认为受教育者应该"把坚定正确的政治方向放在第一位""没有正确的政治观点,就等于没有灵魂"②。可见,毛泽东同志所提出的思想政治教育发展的思想,不仅包含对学校思想政治教育工作目标的关怀,同时还包括对学校思想政治教育内容设定的思考,即将政治教育及坚持正确的政治方向作为学校实施思想政治教育的重要一环,从而保证思想政治教育工作实施坚持正确的政治方向,这为高校思想政治教育提出了重要的目标与原则支持。

毛泽东同志的德、智、体全面发展的理论在后续的中国社会主义建设实践中得到了继承和不断发展。例如,在此基础上,进一步提出了培养学生成为德、智、体、美、劳五育全面发展的社会主义接班人的理论;后来又提出了培育"四有新人"的理论,都是以毛泽东同志德、智、体全面发展的理论为基础,并在中国社会主义现代化建设的不同时期提出来的。

(2)邓小平的"四有新人"思想

邓小平同志依据马克思主义关于人的全面发展学说,结合中国改革开放和社会主义现代化建设的实际,在1985年3月召开的全国科技工作会议上明确指出:"教育全国人民做到有理想、有道德、有文化、有纪律。"即"四有新人"的教育目标,从而明确了新时期对人才培养的整体要求,为大学生思想政治教育工作提出了新的目标与任务。

"四有新人"继承了毛泽东同志的德、智、体全面发展思想,既保留了德育与智育的内容,又突出了作为社会主义现代化的建设者应该具备的理想和纪律方面的素质要求。邓小平同志指出:"为什么我们过去能在非常困难的情况下奋斗出来,战胜千难万险使革命胜利呢?就是因为我们有

---

① 中共中央文献研究室,中央档案馆.建党以来重要文献选编:1921—1949(第十六册)[M].北京:中央文献出版社,2011:539.

② 毛泽东.毛泽东文集:第7卷[M].北京:人民出版社,1999:226.

理想，有马克思主义信念，有共产主义信念。"① 应该说，理想教育在某种程度上仍然与智育的范畴重合度很高，而纪律素质，同样是一个人思想品德修养的重要体现。"我们这么大一个国家，怎样才能团结起来、组织起来呢？一靠理想，二靠纪律。组织起来就有力量。没有理想，没有纪律，就会像旧中国那样一盘散沙，那我们的革命怎么能够成功？我们的建设怎么能够成功？"② 可见，理想与纪律对于事业发展的重要作用，尤其是中国正处于转型时期，才使得邓小平同志将两者与德育、智育相并列地提出来。依据邓小平同志的思想，理想信念教育可以通过加大对青年的革命传统与社会主义理想教育来实现；而关于纪律教育，邓小平同志强调，学校要通过加强革命秩序和革命纪律教育来实现；而对于思想品德教育，邓小平同志提出："艰苦奋斗是我们的传统，艰苦朴素的教育今后要抓紧，一直要抓六十至七十年。我们的国家越发展，越要抓艰苦创业。"③ 即通过加强对青少年进行中华民族优良传统教育和革命传统教育，从小培养"四有新人"具有共产主义品德。"四有新人"的思想不仅对于人的全面发展的理解有了新的发展，同时也赋予其更多的时代内涵。当然，也对大学生思想政治教育工作提出了新要求。理想与纪律教育的实现，是大学生思想政治教育的首要工作内容与任务，也必然成为高校思想政治教育坚持社会主义办学方向的现实要求。

（3）江泽民的"四个统一"思想

1998年5月4日，江泽民同志在庆祝北京大学建校100周年大会的讲话中，对北京大学及全国高等院校的大学生提出了"坚持学习科学文化与加强思想修养的统一""坚持学习书本知识与投身社会实践的统一""坚持实现自身价值与服务祖国人民的统一""坚持树立远大理想与进行艰苦奋斗的统一"④，即"四个统一"的教育思想。

"四个统一"的教育思想是对邓小平同志提出的"四有新人"思想的

---

① 邓小平. 邓小平文选：第3卷 [M]. 北京：人民出版社，1993：110.

② 邓小平. 邓小平文选：第3卷 [M]. 北京：人民出版社，1993：111.

③ 邓小平. 邓小平文选：第3卷 [M]. 北京：人民出版社，1993：306.

④ 江泽民. 继承和发扬五四运动的光荣传统 [M]// 江泽民. 江泽民文选：第2卷. 北京：人民出版社，2006：124-125.

继承与发展，是"四有新人"教育目标的实现途径与基本原则，为新时期大学生思想政治教育提供了教育原则的指导。"坚持学习科学文化与加强思想修养的统一"，强调了思想政治教育在学校教育中的重要性。在学校教育中智育是理所应当的第一要务，而强调智育与加强思想政治教育相统一，意在强调大学生在获得科学知识的同时，要真正成为社会主义合格的建设者，必须要接受并通过思想品德的教育过程，从而坚定其社会主义理想，为中国特色社会主义建设事业奉献自己的才智。"坚持学习书本知识与投身社会实践的统一"，是强调实践对于获取知识的重要性，书本知识要真正被大学生掌握必须要在实践中不断检验，这符合马克思主义认识论的基本原理，从而也为思想政治教育工作的开展提供了理论基础。"坚持实现自身价值与服务祖国人民的统一"及"坚持树立远大理想与进行艰苦奋斗的统一"，即价值观、理想、艰苦奋斗等教育都属于思想政治教育的内容，为大学生思想政治教育工作提供了指南。

（4）胡锦涛的"三点希望"教育思想

2011年4月24日，在庆祝清华大学建校100周年大会上，胡锦涛同志对清华大学的同学及全国的大学生做了重要讲话，讲话中提出了"三点希望"，即希望"把文化知识学习和思想品德修养紧密结合起来、把创新思维和社会实践紧密结合起来、把全面发展和个性发展紧密结合起来"[①]的教育思想。

第一点希望"把文化知识学习和思想品德修养紧密结合起来"是江泽民同志提出的"四个统一"中第一个统一的重申，可见重视大学生思想政治教育工作并将其放在"三点希望"的第一位，是我党历届领导人的共识，已经成为打造社会主义建设者和接班人的第一要求。第二点希望，即希望"把创新思维和社会实践紧密结合起来"，倡导创新、重视创新已经成为中国社会主义建设过程中的一个新特点，高校教育是实现创新的最前沿，在高校教育领域提倡将创新思维与社会实践结合，就是向高校教育提出了更高的要求，即在创新的过程中坚持与社会实践相结合，尽快在培养人才方面形成社会效益，从而推动高校教育快速发展。第三点希望是"把全面发展

---

① 胡锦涛. 胡锦涛在庆祝清华大学建校100周年大会上的讲话 [N]. 中国教育报, 2011-04-25 (1).

和个性发展紧密结合起来"，这是我党的教育思想，坚持马克思主义的关于人的自由而全面发展理念在新时期的又一新发展。一直受应试教育的影响，素质教育我们已经提出有近30多年了，但是如何实现素质教育在培养人才中的效应，则历来是我国教育发展的瓶颈。而提出要实现人的全面发展，要注重人的个性发展，则是在教育理念上又向前迈进了一步。一个人的全面发展不是全能型发展，更不是均衡发展，而是要在尊重个性差异的基础上的全面发展。这一思想符合因材施教的基本理念，同样也成为高校教育的一项基本原则。重视个性发展也必然会成为高校思想政治教育内涵中基本的教育原则之一，成为高校思想政治教育的基本理念。

（5）习近平关于新时代大学生思想政治教育工作的新思想、新论断

2016年12月7日，在全国高校思想政治工作会议上，习近平提出的一系列新思想、新观点、新论断，是指导新形势下做好高校思想政治教育工作的纲领性文献，对大学生思想政治教育工作具有重要的现实指导意义。

①高校立身之本在于立德树人[①]

习近平强调，高校要把立德树人作为根本任务，是党和国家对高等教育关于人才培养提出的总要求，突出强调了高校思想政治教育工作的重要性，为高校思想政治教育改革和发展指明了方向。一是高校要回归和坚守育人之道。高校承担着人才培养、服务社会、科学研究、传承文明等许多历史使命，但人才培养是首要和核心任务，是其他一切任务得以完成的前提和基础。二是高校要将思想政治教育工作贯穿教育教学全过程。坚持做到思想政治与教学、管理、后勤服务的有机结合和隐性渗透，达到全员育人、全方位育人和全过程育人。三是高校要将促进大学生思想品德发展和人格现代化作为人才培养的重要目标。习近平在多种场合多次强调"国无德不兴，人无德不立"，高校要坚持思想政治教育为先、思想政治教育为重，以思想品德发展和人格现代化来引领和促进大学生的全面发展。

②因事而化、因时而进、因势而新[②]

习近平强调，做好高校思想政治教育工作，要因事而化、因时而进、因势而新。这是在新时期、新形势下对高校思想政治教育工作的总要求，

① 习近平. 在全国高校思想政治工作会议上的讲话[N]. 人民日报，2016-12-09（1）.
② 习近平. 在全国高校思想政治工作会议上的讲话[N]. 人民日报，2016-12-09（1）.

深刻理解和准确把握这个总要求对加强和改进高校思想政治工作具有重要的理论意义和实践价值。一是要准确把握大学生的思想脉搏，密切关注大学生的思想动态，遵循高校思想政治教育工作和大学生成长成才规律，及时准确、有针对性地为大学生答疑解惑，引导学生健康成长。二是要准确把握时代发展主题，紧跟时代发展步伐，与我国社会主义的现代化发展相适应，应时而动，顺时而进，使高校思想政治教育工作的目标理念、内容任务和方法手段做到关注时代发展、紧扣时代脉搏、顺应时代潮流、反映时代要求。三是要准确把握国际国内发展的新形势，主动顺应世界和中国的发展大势，沉着应对高校思想政治工作面临的新挑战和新机遇，积极推进高校思想政治教育工作的创新发展。

③传道者自己首先要明道、信道 ①

习近平强调，教师是人类灵魂的工程师，承担着神圣使命。传道者自己首先要明道、信道。习近平将高校思想政治教育工作者称为"传道者"，明道、信道是对高校思想政治教育工作队伍建设的总要求。明道是指教育者要正确认识事物发展的普遍规律和本质特性。于高校思想政治教育工作者而言，就是要正确认识我国高等教育事业尤其是高校思想政治教育工作的任务、性质和重要作用，明确自身所肩负的重要历史使命。正人须先正己，教育者要坚持修身意识，端正思想品德认知，树立正确的世界观、人生观和价值观，为学生树立榜样，努力做到以德立身、以德立学、以德施教。打铁还需自身硬，教育者要树立学习意识，加强自身思想道德建设，提高道德认知水平，不断改进和提升思想政治教育工作的方式方法。信道是指教育者要坚定共产主义远大理想和中国特色社会主义的共同信念。马克思主义揭示了人类社会发展的必然规律，树立了共产主义的远大理想。教育者只有成为坚定的马克思主义者，才能成为人类文明的传播者，才能成为大学生成长成才的引导者。教育者要坚持中国特色社会主义道路自信、理论自信、制度自信、文化自信，在思想上、政治上、行动上与党中央保持高度一致，牢固树立和自觉践行政治意识、大局意识、核心意识和看齐意识，为实现中华民族伟大复兴的中国梦而努力奋斗。

---

① 习近平. 在全国高校思想政治工作会议上的讲话 [N]. 人民日报，2016-12-09（1）.

2019 年 3 月 18 日，习近平在学校思想政治理论课教师座谈会上的讲话
中强调：办好思想政治理论课，最根本的是要全面贯彻党的教育方针，解
决好培养什么人、怎样培养人、为谁培养人这个根本问题。习近平总书记
的重要讲话是中国特色社会主义教育理论的又一重大创新成果，是指导做
好新形势下高校思想政治工作的纲领性文献。做好大学生思想政治教育工
作，最根本的就是要贯彻习近平新时代中国特色社会主义思想和党的十九
大精神，落实立德树人的根本任务，努力培养担当民族复兴大任的时代新人，
培养德、智、体、美、劳全面发展的社会主义建设者和接班人。

习近平新时代中国特色社会主义思想，是对十八大以来我们党理论创
新成果的最新概括和表述，系统回答新时代坚持和发展什么样的中国特色
社会主义、怎样坚持和发展中国特色社会主义等重大问题，这是全党全国
各族人民为实现中华民族伟大复兴而奋斗的行动指南，必然会成为新时代
人学生思想政治教育的最直接的解读与指导。

总之，马克思主义关于人的全面发展的学说是设计一切教育活动的理
论基础，当然也是通识教育与通识课程建设的理论基础。马克思主义关于
人的全面发展思想表明人是不断生成的过程，人的全面发展的渐进性与社
会生产力发展水平具有对应性。因此，坚持以马克思主义关于人的全面发
展思想为指导，对于发展和完善中国高校通识教育，进一步促进大学生自
由而全面的发展具有重要意义。

二、西方通识教育的重要理论

西方的通识教育起源于古希腊的自由主义教育。自由教育思想、《耶
鲁报告》中的通识教育思想、约翰·纽曼（John Newman）的自由教育观、
赫钦斯的通识教育思想等则是现代美国高等教育通识课程的理论基础，有
效地推动了美国高校通识教育和通识课程的发展。

1. 古希腊的自由教育思想

自由教育又称"博雅教育"或"文雅教育"，起源于古希腊时代。柏
拉图认为自由教育使有理智的人取得自信，后来亚里士多德提出"自由人
科学"标志着古典自由主义的诞生。古希腊自由人界定是在自由人和奴隶

高校通识课程建设研究

区分上，认为自由人是理性的，奴隶是不理性的。根据亚里士多德的观点，自由教育是"教人以美"和"培养自由人"教育，其核心是发展理性和培养心灵。

关于自由教育思想的本质，亚里士多德认为自由教育是适合于自由人的兴趣、需要和职责教育，也是唯一适合于自由人的教育。[①] 教育不是为将来从事某种职业做准备，根本目的是促进人的身体、道德和智慧的和谐发展，促进人的理性充分发展，从而使人从愚昧和褊狭中解放出来。[②] 人称为人是由于人的本质特征是理性，能进行思维、判断和理解，人只有运用、发展人的理性才能获得自我实现。高尚的事业和生活是在免于为生计劳碌和不追求功利的闲暇中自由地进行理论的、纯思维的沉思，这就是探索真理——事物的存在及其发展变化的始因、终极目的，也就是理性。[③] 自由教育以发展人的理性为上，是对"至善"的崇高追求，通过自由教育达到性本善。

自由教育的对象是自由的，指的是古希腊具有自由身份的贵族，自由教育是贵族特权也是精英教育，培养能进行城邦治理的公民。自由教育有两个核心特点：一是自由教育是广泛和通用教育，不是狭隘和专门职业教育，是一种全面发展的教育；二是自由教育培养人的理性和理性能力。自由教育核心特点说明自由教育是博雅教育而不是职业教育，是精英教育而不是大众教育。人是理性的，对人进行理性教育，以发展人的理性为目的的自由教育，均衡和谐发展是自由教育的核心，既是古希腊自由教育的共同特征，也是自由教育的实践。自由教育的产生，标志着西方教育思想的诞生，并以理性为培养目标，为以后通识课程和审辩性思维发展奠定了基础。

2. 《耶鲁报告》中的通识教育思想

18世纪发生的欧洲工业革命对自由教育的经济和政治基础产生了动摇，精英教育已不适合社会发展。对于美国来说，产业革命使美国工业迅速蓬勃发展，也使美国文化意识开始觉醒。从1818年由托马斯·杰斐逊（Thomas Jefferson）创办弗吉尼亚大学开始，美国州立大学开始兴起，政府支持这些

① 李立国. 亚里士多德的自由教育思想简析 [J]. 焦作大学学报，1999（1）：38.

② 吕向虹. 论自由教育向通识教育的演变 [J]. 闽江学院学报，2008（3）：105.

③ 谢安邦. 高等教育学 [M]. 北京：高等教育出版社，1999：61-62.

新兴大学开展各类科学课程，培养工商业所需要的从业人员。两次《莫雷尔法案》颁布，标志着美国高等教育开始转向以实用性来适应社会的发展。

耶鲁大学从 1701 年创办到 1817 年已是美国规模最大的大学，学生来自不同地区，是美国极有影响力的学校。为了吸引更好的生源，有更好的发展前景，从 1804 年开始耶鲁大学进行了许多改革，但相对于急剧发展的社会来说，学校发展还是相对太慢，社会各界开始把矛头指向耶鲁大学，要求进行课程改革，剔除大纲中"死亡的语言"，开放实用课程，用现代语言课程代替古典语言课程。耶鲁大学董事会任命当时的州长汤姆林·森（Tomlin Son）和当时的校长杰里迈亚·戴（Jeremiah Day）等五人组成委员会，对有争议的现代语言课程和古典语言课程调研，广泛听取教职工和学生意见，在 1828 年发布了《一份关于自由课程的报告》（*A Report on the Course of Liberal Education*），人们常称之为《1828 年耶鲁报告》（*Yale Report of 1828*）或《耶鲁报告》。

《耶鲁报告》并没有达到人们预期，反而是对各方批评进行了有力反驳，对以古典学科的人文传统进行了强有力的辩护，阐释了耶鲁学院在自由教育中的立场，在教育目的、内容和方法方面提出了自己的思想和理论。

《耶鲁报告》提出，不同类型大学在教育目的上是不同的，实施自由教育、造就社会领袖和精英是传统大学的教育目的。大学教育不是专业教育或职业教育，而应是文化修养教育；大学的所有课程都应为必修课，美国大学进行德国式"教学自由"和"学习自由"是不适宜的；对学生要进行严格管理并约束其行为，并通过古典语言教育来陶冶心灵品质，训练心灵能力，是将来专门研究的基础。"自由教育"是耶鲁学生教育的开始，而不是学生教育的终结。耶鲁大学教育的目标是培养接受良好教育、得到全面发展的学生，培养适应社会发展变化的学生。

对于古典语言课程，《耶鲁报告》肯定了其对于学生心智方面训练的优越性，认为使用传统古典语言来传授传统课程适合耶鲁大学。"没有什么东西比好的理论更为实际，没有什么东西比人文教育更为有用，大学里为本科生所开设的教学课程不包括职业学，专门化必须晚一点开始……心智训练使学生具有对社会的责任感。"对于快速变化的社会，大学要为未来社会培养人才。耶鲁大学不开设职业教育，因为特定的知识需要特定的场所进行实践，而耶鲁大学没有这些场所。

《耶鲁报告》明确说明耶鲁大学关注的核心问题是学生的"理性养成"。"理性养成"实现路径只有自由教育，其中自由教育的拉丁语和希腊语是进行理性养成的两个重要古典学科。报告认为，学生学习古典学科是有用的，不仅是由于古典学科能为学生形成正确的判断力创造条件，而且通过对经典原著阅读、学习，向学生提供许多有用的基本观念，并且报告还利用心理官能训练的研究成果，认为古典学科学习本身就是对心理官能最有效的训练，可以提高学生的鉴赏力、记忆力、判断力、推理能力，想象力也在学习过程中得到运用和提高。

《耶鲁报告》指出古典课程教学需要改革：一是内容需要适度调整，尽可能与现代产生联系，以激发学生的学习兴趣；二是强调理论尽量联系实际。①

《耶鲁报告》的发布一方面对在 19 世纪上半叶坚持古典教育的高等教育理想及对古典课程真理性和重要性进行了论述，使古典课程体系得到了加强；另一方面也在一定程度上对很多学院已经兴起的改革浪潮泼了冷水。②《耶鲁报告》最为深刻的意义在于，探索如何使高等学校在剧烈变革的外在环境与高等教育内在传统之间保持必要的平衡，使高等教育不因流俗而丧失自身独立性和自主性。③虽然《耶鲁报告》无法挽救美国大学古典课程最终走向衰亡，但其对美国高等教育发展产生了很大影响，也是美国历史上一次重要的高等教育思想，为美国大学后来去寻找古典课程和自由教育的替代品奠定了基础。此后，耶鲁每一位新校长上任都会重申自由教育理念，并在耶鲁历史上每一个重大变化关头，都会挺身而出，坚定地捍卫自由教育。④

---

① 朱镜人. 大学通识教育应当关注学生的理性养成——美国《耶鲁报告》核心理念的分析 [J]. 合肥师范学院学报，2014，32（5）：98.

② 刘宝岐. 耶鲁大学人文教育研究 [D]. 保定：河北大学，2010.

③ 王璞. 捍卫自由教育 造就社会精英——《1828 年耶鲁报告》研读 [J]. 高校教育管理，2009，3（2）：74.

④ 王璞. 捍卫自由教育 造就社会精英——《1828 年耶鲁报告》研读 [J]. 高校教育管理，2009，3（2）：74.

3. 纽曼的自由教育思想

纽曼是 19 世纪英国著名的语言学家、教育家，是高等教育进行自由教育的倡导者，在西方高等教育史上有着非常重要地位的教育家。他 1952 年编著并出版了《大学的理想》，其核心是大学自由教育。

19 世纪欧洲工业革命使英国的资本主义高度发展，需要大量技术工人，传统学徒制培养已不能满足社会需要，同时工业发展使得生产效率提高，使人闲暇时间开始增多，对高等教育学习需求开始增加，而当时的高等教育排斥科学教育，培养的目标是绅士，因此英国资产阶级开始对代表英国传统宗教与封建势力的高等学校进行批评，首当其冲是对固守传统教育的代表——牛津和剑桥的反对。纽曼所讲的绅士是指社会的良好公民，"自由教育并不培养基督教徒、天主教徒，而是培养绅士"[1]。实用主义认为大学教育应该为未来特种职业做准备，为个体适应未来社会做准备；主张大学的教育要与社会需要进行联系，突出大学教育的实用性。为此，以纽曼为代表的自由教育对实用主义所强调的"科学教育"进行反击，认为大学是"一切知识和科学、事实和原理、探索和发现、真理和思索的高级保卫力量；它描绘出理智的疆域，并表明在那里对任何一边既不侵犯也不屈服"[2]。

纽曼《大学的理想》阐述了大学教育的目标、通识教育与职业、大学教育内容与方法等问题，其核心是培养人的理性一定要实行自由教育。

纽曼在《大学的理想》序言中对于大学本质有着明确的界定："大学是传授普遍知识的场所。这就意味着，它的目标一方面是理性的，而非道德的；另一方面是知识的传播与推广，而非进步。如果它的目标是科学的或哲学的发现，我不明白为什么一所大学要有学生；如果是宗教训练，我不明白它怎么会是文学和科学的中心。"[3]纽曼认为大学是进行知识传播的场所，大学本质是"讲授普遍知识"，学生是不分阶级、种族和国家的，

[1] HEWMAN. The Idea of A University：Defined and Illustrated[M]. London：Routledge/Thoemmes Press and Kinakuniya Company Ltd，1994：120.

[2] WYATT. Commitment to Higher Education[M]. The society for research into higher education & Open University Press. 1990：17.

[3] NEWMAN. The Idea of A University：Defined and Illustrated[M]. Routledge/Thoemmes Press and Kinakuniya Company Ltd, 1994.

大学是既特殊又独立，不屈服于包括教会在内的事物。

纽曼认为大学教育目标是进行自由教育，自由教育是智力培养的教育，是以理智、心智和反思的教育活动进行心智训练和发展、性格修养为目标。"在培养过程中，智力培养并不趋向于特定的目标或偶然的目的，也不指向具体的职业、研究或科学，而是以对智力自身的追求为目标。"① 他认为智力培养是对各种知识进行分析和思考，反对进行职业教育。"学生得益于一种理智传统，而这种传统并不依赖于特定的教师，这种传统指导学生去选择课程，并能充分解释他们的选择，学生理解知识要点、知识原理、知识各个部分及它们相互之间的比例……因此，这样一种教育可称之为'自由教育'。它培养了一种理智习惯，自由教育和自由研究就是职能、理性和思考的练习。"② 知识之间不是僵化的，是相互联系的，对学生进行自由教育就是使其养成理智习惯。"它能领会通过感觉所发现事物，它能考察事物，它比感觉能了解更多的事物。它能边观察事物边进行思考或事后进行思考，它具有概括能力。它一开始就具有科学性质，它的尊贵也就在于此。"③ 这是进行学习之后所培养的一种智力。他认为智力和知识两者是互相影响和共同促进的，知识的学习不断地使智力完善和发展，而运用智力进行分析问题和解决问题达到对知识的学习，使知识不断地积累，构成智力和知识的良性互动。大学教育的社会目标，纽曼认为是培养良好的社会公民，良好公民的标准就是绅士，"绅士要有经过教养的智慧、高雅的情趣、直率、公正、客观的思想，生活行为举止高贵，注重礼节，具体而言，我们在他的身上可以发现到最高度的正直、体谅与包容：他处处替他的对手设身处地地着想，它对于人类的理性的优点与弱点知道得很清楚，他有很好的修养，不容易受轻蔑言辞的冒犯。"④

纽曼基于当时社会对于科学教育的呼声，认为大学应该坚持教学，教学才是大学的职能，大学的责任在于传授知识，而不在于进行科学研究，

① NEWMAN.The Idea of A University：Defined and Illustrated[M].Routledge/Thoemmes Press and Kinakuniya Company Ltd，1994.

② 任钟印. 世界教育名著通览 [M]. 武汉：湖北教育出版社，1994：791.

③ 任钟印. 世界教育名著通览 [M]. 武汉：湖北教育出版社，1994：792.

④ 纽曼. 论君子 [M]// 纽曼. 纽曼选集. 香港：基督教文艺出版社，1991：467.

人文学科和自然学科应该同等对待，所有知识在本质上都是一样的，是对事物的内在规律和本质的反映和归纳；坚持大学要进行传统的自由教育来发展学生智力，智力就是对知识分析、理解和思考，达到分析问题和解决问题，促进对知识的学习，知识学习又促进了智力发展，形成具有公正、公平和高尚道德情操的良好公民，体现了其知识就是进行心智培养和理性思维训练的目的。这与我们现在进行通识教育和审辩性思维学习是相一致的，因此对于通识课程中进行审辩性思维课程的开设和学习提供了有力的理论。

4. 赫钦斯的通识教育思想

赫钦斯是在美国高等教育中有着非常重要影响的教育家，其推行的"名著计划"至今还在芝加哥大学、圣约翰学院等通识课程中，是教育哲学永恒主义的代表人物，其通识教育思想在《美国高等教育》中占很重的比例。

赫钦斯出生于美国一个神学教授家庭，其在后来反对美国社会对物质的强烈追求也可能源于其宗教思想。他在16岁进入俄亥俄州的奥柏林学院学习，参与了校长组织的青年训练项目，训练不是为将来进行某项工作做准备，是为充分地发展自己，为了将来在社会中自由生活。这个青年项目给赫钦斯后来进行通识教育奠定了基础。赫钦斯从1919年到耶鲁大学进行学习，一直到1929年担任芝加哥大学校长之前，他都强调古典课程的学习陶冶人的情操，培养人的理性的自由教育，给他在芝加哥大学推行"名著计划"提供了参考。

1930年，赫钦斯担任芝加哥大学的校长。当时由于工业革命发展和经济危机爆发，美国为了适应社会发展变化，使学生从学校毕业能找到工作，在大学中开设实用性更强的职业教育或专业教育专业，学生接受的是实用性和经验性知识的教学，造成学生对于物质的追求和西方传统文化的丧失。在实用主义和功利主义非常普遍的情况下，赫钦斯认为大学教育应该进行教育改革，他后来在芝加哥进行了"芝加哥计划"和"圣约翰教育计划"，这是其通识教育的内容和成果。

赫钦斯认为大学教育应该是好的教育，好的教育是永恒的、普遍的和整体性的，为了区分通识教育与职业教育，他提出通识教育理念是"帮助学生学会独自思考和作出独立的判断，并作为负责公民参加工作"①。国外教育学家认为永恒主义教育以人性观为基础，赫钦斯认为人有哲学和思辨的理性，这种理性从原先本能到经过后天的严格训练和教育才能形成，因此大学通识教育的目的是培养理性的人。

赫钦斯认为理性是人崇高的品格，人只有具备了理性，才能作出正确判断，成为一个完整的人，才能获得人生的幸福，因此他认为"教育的目的是理智与善，任何不能指引学生更接近此目的的学习，都不能在大学中立足"②，"人是理性的动物。他们利用理智得到现实的幸福"③。一个具有理性的人，始终能保持清醒的头脑，对于个人的发展有好处，都是具有理性的人民，同样对于一个国家也是有好处的。"一个真正的共和国，只有运用智慧才能维持正义、和平、自由和秩序"④，"理智的培养对所有社会与人类都有好处"⑤，因此，培养人的理性是教育的首要目的。

通识教育课程就是要以培养学生理智为目标。对于通识课程的选择，赫钦斯在《美国高等教育》中讲到理想课程包括伟大人物的著作、语言、写作、思维、说话的艺术及数学等，为此他将通识教育分为四个方面：西方经典名著、理智遗产、语言和逻辑。西方经典名著是让学生通过共同知识的学习，在整体社会意识和社会观念中形成共同的无意识，对人进行理性培养，增长知识和智慧，培养学生对于西方经典文化的鉴赏和批判能力。在理智遗产学习上，学生要在规定学科中进行知识学习，可以通过不同方式方法学习科学的、有规律的理智遗产。语言是人进行交流和沟通的工具，同时语言也是一种学习工具，掌握以后才能更好地去理解语言，使用语言解决问题，学习语言可以通过阅读名著和写作的方法进行。逻辑能力是人必备的能力之一，通过数学学习可以让学生养成正确的思维方式，逻辑推理在现实中

---

① 华东师范大学教育系，杭州大学教育系. 现代西方资产阶级教育思想流派论著选 [M]. 北京：人民教育出版社，1980：214.

② HUTCHINS. Education for Freedom[M].Louisiana state University Press，1943：26–27.

③ 华东师范大学教育系，杭州大学教育系. 现代西方资产阶级教育思想流派论著选 [M]. 北京：人民教育出版社，1980：223.

④ 华东师范大学教育系，杭州大学教育系. 现代西方资产阶级教育思想流派论著选 [M]. 北京：人民教育出版社，1980：223.

⑤ 赫钦斯. 美国高等教育 [M]. 汪利兵，译. 杭州：浙江教育出版社，2001：67.

是非常有用的，可以进行判断，可决定自己下一步行动。由于实用主义盛行，数学学习相对有困难，在日常生活中不从事相关专业很难用到，因此很多人不愿意去学，造成人的逻辑推理能力下降。

赫钦斯致力于通识教育改革，一直到1946年芝加哥通识课程体系才确定下来，高中毕业进入大学的学生需进行8门通识课程的学习才能拿到学位，高中低年级的学生需进行16门课程的学习才能拿到学位。后来在圣约翰学院通识改革中进一步将其通识思想完善，如进行小组讨论与学习、课外指导等。

赫钦斯关于通识教育的思想对于当时实用主义盛行的美国大学教育起到了一定的抑制作用。他提倡对学生进行理智教育，培养学生理性，提出了一个全新的通识教育模式——经典名著课程模式，对于美国通识教育课程和世界高等教育发展产生了深远影响。赫钦斯从开始反对专业教育，到后来主张专业教育可以在后面学习，专业教育与通识教育相结合，使高等教育在人的培养上更趋于完善，有利于学生专业知识和人文素养的提高，有利于学生全面发展。

三、其他相关理论

1. 人本主义教育思想

人本主义教育（Humanistic Education），也称"人道主义教育""人文主义教育"，它是一种基于人道主义、有别于神权主义的教育哲学思想，它高度评价人的作用，尊重人的个性，强调个人的成长经验和自我表现。其代表人物是法国的米歇尔·蒙田（Michel Montaigne）、尼德兰的德西德里乌斯·伊拉斯谟（Desiderius Erasmus）及美国的亚伯拉罕·马斯洛（Abraham Maslow）和卡尔·罗杰斯（Carl Rogers）。人本主义教育由人本主义思想发展而来，强调受教育者的主体地位与尊严，追求人的个性解放和理性发展。根据其发展历程可分为早期人本主义教育和现代人本主义教育。[①]

（1）早期人本主义教育思想

早期人本主义教育产生的背景是14~16世纪欧洲的文艺复兴运动。其

---

① 王铁军. 现代教育思潮 [M]. 南京：南京大学出版社，2000：83-85.

代表人物是伊拉斯谟，他不仅是一个人本主义教育家，也是一个人本主义思想家。伊拉斯谟认为，人非生而为人的，真正意义上的"人"前提是得到相应的教养和理性，人的个性和自由意志得到充分的发展；教育的首要任务是在青年的头脑里播下虔诚的种子，使他们热爱并认真地学习自由学科，习惯于基本礼仪，为社会生活做好准备。伊拉斯谟认为自由、快乐、知识和理性是构成道德与良心的重要因素；伊拉斯谟认为古典语文包括了各种重要的基础知识，有助于人类摆脱愚昧，认为课程应该包括真理和文字两大类，注重古典学术和人文学科在课程体系中的地位，主张增大优秀作品的阅读量，重视对文字和内容的理解。

法国的思想家蒙田是文艺复兴时期另一位著名的人本主义教育家。他认为，教育的目的是培养出通情达理、善于处理公私生活、具有真正学问、体质健壮的"绅士"，使人的心智、道德、体力都获得健全的发展，反对把人的心灵与身体割裂开来。他还认为教育的对象是"整个的人"，教育不只是培养文字精湛的人，还要培养在实践中的人，反对单纯地用知识充塞记忆，主张以知识形成智慧的判断。在教学内容上，主张学习有利于发展人的智慧的知识，学习人生哲学、学习各种有益的事务。[①]

以上可以看出，早期人本主义教育家的教育思想，与今日所推行的通识教育思想，在培养人的问题上，是有许多相同之处的。

（2）现代人本主义教育思想

现代人本主义教育思想是以人本主义心理学为基础的。而美国马斯洛、罗杰斯的人格心理学教育思想是其经典代表思想。人本主义心理学家认为心理学应着重研究人的价值和人格发展，强调人的尊严和价值，反对心理学中出现的人性兽化和机械化的倾向。关于人的价值问题，人本主义心理学家大都同意柏拉图和卢梭的理想主义观点，认为人的本性是善良的，恶是环境影响下的派生现象，因而人是可以通过教育提高的，理想社会是可能的。

人本主义教育家都有强烈的人本思想，众所周知的马斯洛需求层次理论，让我们感受到了他真正的以人为本的研究，以及展现给我们一个"大写"

---

① 王铁军. 现代教育思潮[M]. 南京：南京大学出版社，2000：83-85.

的人，揭示出人是自身内心需要的人。心理学界在理性主义道德先验论哲学提出了"人格"和"自我"问题后也开始从人的内心动机、欲望和生理、社会之间的关系着手进行研究。

马斯洛把人的行为动机解释为寻求紧张的缓解，并且将自我实现或内在潜能发挥观点与新精神分析派提出的社会因素相结合，提出人在满足基本需要后进一步对求知、创造的追求和趋向论；认为人在困境中可以通过自己的选择来创造有意义的人生，因而人应当对自己的选择负责，不管它的价值如何。后来马斯洛又进一步指出自我实现者具有相应的人格特征，如客观、果断、独立有主见、富有创造力、幽默等，同时情感较为丰富，能够欣赏生活中的美，保持新鲜感、幸福感和高峰体验，这是一种达到完美境界时的欢愉感受，其中更为优秀的人则能进一步达到个人与他人、与其他物种乃至宇宙的同一感。此时他们的创造超越了个人和一般的利益境界，而达到了对真、善、美本身的追求。

罗杰斯则十分推崇存在主义哲学先驱——丹麦哲学家索伦·克尔凯郭尔（Soren Kierkegaard）的思想。他从人的成长经验着手，强调进行以人为中心的心理治疗和教育。存在主义哲学的核心命题——"人如何实现自己的存在，即人如何成为他自己"，这也正是罗杰斯所要表达的教育主张和教育思想。

现代人本主义教育的基本目的是要培养有个性的人，培养和陶冶学生的个性，造就社会所需要、所欢迎的人。教育的实质就是使教育对象个性化，是发展学生潜能的过程。"个性、人性、潜能"是人本主义教育家所表达教育目的的三个关键词。[①]

2. 课程设置理论

通识课程设置受不同教育理念和哲学的影响便会形成不同的理论与模式。目前，关于通识课程设置理论主要有精义论、进步论、均衡论、融通论。

（1）精义论

精义论的代表人物主要是永恒主义学派的赫钦斯。赫钦斯认为，如果没有通识教育，我们绝不能办好一所大学。通识教育的目的在于人"理性"

---

① 张寿松. 大学通识教育课程论稿 [M]. 北京：北京大学出版社，2005：71.

的培养,而"永恒的学科"是培养学生理性最好的手段,应该成为通识课程的核心内容。而"永恒学科"由古典语言与文学有关的学科和文法、修辞、逻辑学等"智性课程"组成。①那些经过多个世纪检验的经典名著是永恒学习的素材。精义论者认为经典名著包含了人类最高的智慧和理性,其中涉及的许多问题及答案到今天仍具有极大的指导意义,其真理是永恒的、绝对不变的。经典名著是训练学生理性的最好的内容,通识课程的设置应以经典名著为中心。经典名著课程便是在永恒主义教育哲学的影响下形成的。对于经典名著课程,精义论者不主张采用自由选修方式,而提倡采取必修的方式。"名著型课程"的教学方法以阅读与讨论的形式为主,通常是教师预先布置名著阅读材料,然后师生在课堂上进行讨论。名著阅读与讨论的过程便是与先贤哲人对话的过程,在这一过程中,有利于提高学生思想的深刻性和陶冶学生的情操,引导学生形成正确的价值观。时至今日,这种阅读与讨论的教学方法仍具有较大的借鉴意义。

精义论者敏锐地洞察到经典名著对学生精神陶冶的价值。他们主张通过由名著课程构成的"永恒学科"来进行通识教育,重视基本知识、技能的掌握和基本素质的养成,这对发展学生的理性具有极大的意义,给以杜威为代表的进步主义教育理论以沉重的打击。但精义论者过于注重古典名著的作用和过分强调个人理性陶冶,将个人与社会的发展对立起来,排斥当代社会科学技术知识的传授。其难以跟得上瞬息万变的社会发展,具有一定的保守性与落后性。②另外,每一部经典名著作为一个"独立体",各名著间难以形成逻辑体系,其在实施过程中难度较大。此外,精义论者容易流于"文化唯我论",在该理论指导下所设置的通识课程容易以某一特定的地域文化为中心,会陷入特定的文化价值偏见。③

(2)进步论

进步论的主要代表人物是美国实用主义哲学家杜威。进步论者强调通识课程要以学生为中心,关注学生的兴趣,注重学生的个性发展,主张让学生自主选择所修习的课程。自由选修课程是在进步主义教育哲学影响下

---

① 赫钦斯. 美国高等教育 [M]. 汪利兵,译. 杭州:浙江教育出版社,2001:3-44.

② 李曼丽. 通识教育:一种大学教育观 [M]. 北京:清华大学出版社,1999:119.

③ 黄俊杰. 大学通识教育的理念与实践 [M]. 武汉:华中师范大学出版社,2001:131.

形成的。进步论者认为通识教育的目的主要包括"个人中心"目的和"社会中心"目的两个方面。个人中心目的，即通识教育的目的在于使学生发现自己的兴趣、优势与不足，进而发展自己。社会中心目的，即在社会生活中让学生了解社会，承担社会责任并为未来生活做准备。为了达成通识教育的目的，进步论者主张通识课程内容要将学生的个人兴趣与需要和社会生活经验相结合。可在人文、社会、自然科学等人类文明成就的主要领域选取学生感兴趣的内容，同时，课程内容又要与社会生活所贴近，具有前瞻性，直接有利于学生未来的生活。进步论者不提倡学生关注某一特定的知识领域内容的学习，而强调通过亲身体验掌握方法。因此，进步论者认为通识课程应紧紧围绕各知识领域有关的"方法"，并从直接的生活经验中选择素材，组织通识课程的教学内容。[①] 该类课程的教学方法类似于时下的实践教学法，即在实践中做，在实践中学。进步论者主张将学生培养成为个体的人和社会中的公民的有机结合，克服了精义论者过分强调培养学生理性的片面性。让学生在实际生活中学习，这有利于调动学生学习的积极性和提高学生解决问题的能力，但其过于强调直接经验在通识教育中的作用，而忽视了间接经验的学习及学科知识系统性与关联性，而导致学生缺乏智力训练，基础知识差。[②] 此外，自由选修课程一味满足学生的兴趣，难以产生共同必修的内容，而且这种模式下课程管理起来较困难，其课程质量也难以保证。

（3）均衡论

均衡论的代表人物主要有要素主义思想流派的巴格莱、科南特、莱文等人。均衡论者提出通识教育的目的是对学生进行基本知识、能力和素质的培养，以确保他们成为现代社会中的"自由人"。他们认为人类文化遗产中包含了永恒不变的要素，知识是由各个要素组成的不可分割的有机整体。通识教育的内容应是由服务于共同目的的科目组成的有机整体，其中必然要包括人文学科、社会学科、自然学科三方面。[③] 均衡论者主张课程设置应以系统的学科领域知识为中心，并运用传统心智训练的方法，使学生

① 冯惠敏. 中国现代大学通识教育 [M]. 武汉：武汉大学出版社，2004：290.

② 李曼丽. 通识教育：一种大学教育观 [M]. 北京：清华大学出版社，1999：127.

③ 李继兵. 通识教育论 [M]. 北京：高等教育出版社，2012：65.

了解和掌握整个社会所必需的基本知识、技能和素质。"分布必修型"通识课程便是在均衡论影响下形成的通识教育课程模式。"分布必修"指的是学生要在规定的学科领域内选择特定的学科，但与自己主修专业相关的学科领域的课程可以免修或者少修，其指导思想是使学生能对各个学科领域的知识有所了解，获得较为系统的学科知识，以拓宽学生的知识面。该类课程是对自由选修课程所造成学生获得的知识过于专业化和支离破碎化的修正。"分布必修课"的教学工作由各科系的专任教师承担，教学方法以课堂讲授为主。该类课程以各科系的专业课程为基础，可以有效利用课程资源，并方便课程管理。但"专业化的教师"用"专业化的课程"去教所有学生应修习的通识课程，其取得的教学效果有违通识教育的初衷。[1] 也正如厄内斯特·博耶（Ernest Boyer）所言，表面上看，这种课程设置实现了学科知识的平衡，但实际上，要求学生用类似"拼盘式"的方式进行课程组合，学生很难发现学科间的联系和顾及知识的完整性。[2] 此外，要求学生在各学科领域进行平均的选修，这虽拓宽了学生的知识视野，却忽视了学生的主体作用，容易滑入形式主义的怪圈。按各学科领域均衡分配学分的做法，表面上是为了使学生获得较为完整的知识，但其实际上是出于平均分配学科教师"授课市场"的考虑，这种课程安排的出发点是行政主体而不是学生主体。[3]

（4）融通论

融通论是在综合了永恒主义、进步主义和要素主义的教育哲学基础上而提出的。它既关注学生个人理性的发展，又重视有责任感的社会公民的培育。它吸纳了精义论者重视经典名著对学生理性培育的观点，秉承了进步论者关注学生的兴趣与需求的自由选修课程的优点，并针对要素主义者按学科要素分类设置课程而导致学科间缺乏联系的缺点，发展和完善了分布必修课程，进而提出了促进各学科知识融会贯通的核心课程模式。核心课程模式是将不同的知识划分为若干领域，在其中选取人类社会最精粹、能融会贯通的知识组成课程模块，让学生进行限制性选修。《韦伯斯特新

---

① 张寿松. 大学通识教育课程论稿 [M]. 北京：北京大学出版社，2005：182.
② 李继兵. 通识教育论 [M]. 北京：高等教育出版社，2012：188.
③ 黄俊杰. 大学通识教育的理念与实践 [M]. 武汉：华中师范大学出版社，2001：141.

大学词典》中关于"核心课程"的解释是，一种综合传统独立学科中的基本内容、以向所有学生提供共同知识背景为目的的课程设置，它更关注学生能力培养而不是掌握某一学科的系统知识。[1]"融通论"主张以能力或以问题和主题为中心进行课程设置。学者龙跃君提倡以主题或问题为中心进行通识课程设置，他基于复杂性科学的视野提出通识课程"联结论"，即选取某一主题或问题将具有关联性的学科以某种方式进行组合，使学生从不同学科视角去看待问题及多途径地解决问题。跨学科、多学科、关联性、开放性是联结课程的主要特点。[2] 这种联结课程属于核心通识课程，它也注重知识的交叉融合，以形成一个有机联系完整的知识体系。

核心课程的教学工作需要由不同科系的教师配合开展。教学方法主要采用课堂讲授与分组研讨的方式。因此，该类课程对师资的质量有着较高的要求，既要有丰富的教学经验，又要有厚而广的知识基础和融会贯通的能力。鉴于该类课程需要不同科系教师进行合作教学，因此需要一个专门的组织机构进行统筹与管理。核心课程模式有利于克服课程内容散漫的缺点，是美国通识教育最具代表性，也是迄今为止在设置理念上较为完满体现通识教育精神的一种课程模式。但其主要的困难是如何选取课程内容，以形成科学合理的结构，此外，核心课程对师资的质量与经费投入要求较高，小型学院和学科单一的高校很难推广实施该模式。该课程模式也由此被誉为通识教育计划"贵族"。[3]

---

[1] 李继兵. 通识教育论 [M]. 北京：高等教育出版社，2012：189.

[2] 龙跃君. 关注联结：复杂性科学视野下大学通识教育课程理论的思考 [J]. 高等教育研究，2007（6）：71-74.

[3] 宋尚桂，王希标. 大学通识教育的理论与模式 [M]. 青岛：中国海洋大学出版社，2007：133.

第二节　现　实　依　据

随着人类社会的变迁，通识教育课程的社会价值和作用更加凸显。通识教育课程体系在发展演进过程中与不同层次和类型的社会子系统之间存在着动态的依存关系。社会各个子系统的结构和性质，以及各系统之间的相互关系共同构成通识课程体系发展的动力环境系统，对通识课程体系提出各种教育需求的同时，也为通识教育课程体系的形成和发展提供必要条件，是通识课程建设的现实依据。笔者主要从社会需求、科学技术和人的发展三个方面的动力环境因素探析通识课程体系的运行模式。

一、社会需求推动通识课程体系目标常设常新

通识教育是人们把对人类永恒理想与完美人格的向往和追求寓于大学教育目标的具体表现。[①]大学通识教育课程的教育对象是社会中的人，因而首先要明确要为社会培养什么人的问题。社会需要对通识教育课程体系的影响体现在生产力发展、产业结构变化及政治建设、文明建设对大学人才培养发展方向的指引上，包括社会对功利主义的遏制、对人文教育的挽救、对社会秩序和道德伦理的维护等驱动通识课程体系目标重塑，赋予通识教育课程体系与时俱进的新内容。

通识教育及其课程体系以社会变革和大学发展为背景经历了漫长演进历程，美国在早年殖民时期曾处于社会文化的渊源流传到新大陆的适应变革阶段，当时大学的通识教育提倡以古典文雅科目为主。19世纪30年代之后，为响应美国建国开发的实际需求和德国学术与自由和研究导向，大学打破了古典文雅的保守，进入以职业科目和专门学科的自然科技为主的时期。在第二次世界大战后初期，鉴于社会民主自由的兴起，在大学民主

---

① 刘少雪，洪作奎. 综合课程：现代大学通识教育之路 [J]. 高等教育研究，2002（3）：78-81.

化、大众化之际，美国大学力言要重视人格的完整和民主社会公民的培养。美国大学通识教育目的和内容在国家社会发展的各个时期各有重心，人文科学、自然科学和社会科学不同课程领域在人才培养目标不断重塑的历程中逐渐依次得到强调和重视。在中华人民共和国成立初期，我国高等教育仿照苏联体系完备的专才教育模式，一直到了20世纪80年代，探索与改革过分专业化的教育模式成为我国高等教育改革普遍关注的问题。通识教育被作为一种新的教育理念在中国教育界受到广泛重视，并以文化素质教育的形式在国内推行，目标旨在重构科技人才的人文素养。到了21世纪，随着社会不断进步，以及全球化的发展，通识教育的目的不仅仅是弥补学生的人文知识和素养的缺失，更重要的是培养学生对自身传统、文化和制度的理性认识及自信，观察、认识和理解世界的跨学科的广阔视角。以浙江大学为例，该校从1897年求是书院的"博通格致"到抗战时期的"各具专长、俾成全才"，从中华人民共和国成立之后的"理工结合、专中求通"到四校融合后的"德才兼备、全面发展"。整体上体现出了通识教育发展与国家民族复兴、人类社会文明进步同频共振的发展历程。从传统的博雅教育到人文科技，再到如今崇尚全人统整的通识时代，通识教育课程体系发展不断焕发生机与活力。

二、科技进步加快通识课程更新与教学方式变革

科技发展作为一种直接的外部推动力促进了通识教育课程体系的现代化。科技发展正在改变我们关于人的观念的常识，转变人的生存形式，技术通过改变社会的结构和重组生活方式的途径参与人类的进化。在科技成果日新月异的时代，了解高科技及其在社会中的应用产物是人类科学地、正确地理解社会存在和发展规律的前提条件。科学技术的发展对通识教育课程体系产生直接影响，主要表现为促进通识课程内容选择和实施途径的更新与改革。

第一，何种知识和理论体系能够作为人类共性培养的学科基础并组合为通识课程，哪些课程能引入通识教育课程与教学内容体系，都不是靠人为主观论断的，通识教育课程体系改革的推动力和新知识进入通识课程体

系的程度，要依靠和取决于科学技术的发展进程。首先，学科内容中已经被实践检验证实具有普遍性的基本概念和原理要求纳入通识教育内容中，这些转变同时影响通识课程内容的组织和规划，使课程内容在原有基础上得到丰富和扩展。其次，当前科技革命的一个重要特点是科学、技术和生产的日益一体化，以及自然科学和社会科学的密切结合。科学技术发展带动科学理论的深层次研究，并由此形成一些反映某学科领域的前沿知识，并成为人类知识体系中不可或缺的基础。美国的工程学教授詹姆斯·杜德斯达（James Duderstadt）曾提出，为了将来日益成为科技创新驱动与技术依赖的社会，有必要将工程学科嵌入大学生的通识教育中，将其确立为一门类似于自然科学、社会科学与人文学科的真正的通识教育学科。[①] 第二，科技发展的影响还体现为认知科学和信息技术在规模应用和思维方式上对人类学习行为和传统教育的颠覆。科学技术的每一次创新成果延伸至教育，通过教育技术的研发和广泛应用，直接引起通识课程实施与管理方式的变化。进入 21 世纪，互联互动的现代信息技术逐渐融入日常生活和教育领域，人类教育逐步进入以信息技术为特征的多媒体应用时期，从以口头讲述、书本、黑板、图片为主要媒介的教学手段到微型计算机、多媒体课件走进课堂。多媒体技术的应用也使教育资源内容更加丰富，为大学生提供学习和沟通交流的广阔空间，与此同时，学生学习方式和学习习惯的改变推动着通识课程"教"与"学"关系的重塑。

三、人的发展是促进通识课程体系改革的根本动力

人作为个体的发展需要是推动通识教育课程体系的形成和发展的主要推动力。人的发展既是社会发展水平的表征，也是社会对人类永恒的理想与完美人格的追求寓于大学教育目标的具体表现。[②] 大学通识教育课程体系是在将人类共同文化的精华逐步内化为个体的基本知识、能力和素养的过程中慢慢形成的。不管是扩展通识课程内容、优化通识课程结构，还是改

---

① 杜德斯达. 变革世界的工程：工程实践、研究和教育的未来之路 [R]. 杭州：浙江大学科教发展战略研究中心，2009：16.
② 刘少雪，洪作奎. 综合课程：现代大学通识教育之路 [J]. 高等教育研究，2002（3）：78-81.

良教学组织形式与方法，都反映了人类要求发展个性、发挥潜能的需要。

人作为个体的发展需要是通识教育课程体系改革的根本动力，表现为个体的"自我实现"与个体的"未完成性"之间的矛盾。无论是追求永恒普遍的真理、个体经验的重组和改造，还是传承人类文化遗产的共同要素，都是人的生存和发展在人的头脑中的反映，是人活动的潜在动力。对应马斯洛的五层次需求理论，人的"自我实现"是一种全面发展和充分发挥个人潜能的需要，是人类所追求的最高层次需要，这也正是现代社会通识教育所追求的最终目标。"自我实现"需求和"未完成性"现实的矛盾，作为社会要求在个体身上集中表现，在通识教育课程体系中达成一致，并成为通识课程体系发展与改革的生产动力。人是社会的产物，大学中的每一位受教育者都是"未完成的人"，人的知识观念、行为方式和情感态度都是在改造社会的过程中通过塑造自我而形成的，这种环境影响机制即教育对人的"未完成性"的作用，通识教育课程体系反映和体现了社会对人的"未完成性"产生共性影响的内容。现如今各国大学在通识课程体系内容、形式安排和课程实施过程中，越来越关注学生的主体性发展，通识教育课程体系发展的"人本"理念越来越深刻。分布必修的通识课程组织形式、限制性的修读制度、学分制的创立和广泛实施等都是通识课程实践重视人的主体发展的最直接反映。

第三章　高校通识教育课程建设的现状分析

　　通识教育作为一种文化现象与生存的文化环境密切相关，这意味着时代背景预制了通识教育的视野和框架，时代不同通识教育内容不同，时代不同通识教育培养的"人之形象"不同。正如哲学家牟宗三先生所言："通识教育最基本的目的或者精神是应该让一个人或学习者了解自己及时代。"[①]据此，中国高校通识教育的定位与实施必须与其所处的时代境遇联系起来。当今世界，全球化浪潮已经席卷全球，"历史向世界历史的转变，不是'自我意识'、宇宙精神或某个形而上学怪影的某种抽象行为，而是纯粹物质的、可以通过经验确定的事实，每一个过着实际生活的、需要吃、喝、穿的个人都可以明证"[②]。在全球化浪潮的裹挟之下，人们的日常生活受到波及，主观价值也深受影响，多元的社会生活事实导致不同文化、道德观念、政治信仰的差异更加显露，中西方价值观念的正面冲突更加直接、剧烈，中国高校通识教育不可避免地遭遇到全球化的严峻挑战：一是，在多元文化背景下，中国高校通识教育如何为大学生提供正确价值导向，帮助他们形成正确的价值观念；二是，中国高校通识教育如何回应全球化对于人才素质培养的新要求。面对全球化带给各国高校通识教育的发展和变化，中国大学生要摆脱未来发展空间被紧缩和挤压的境遇，中国高校必须面对全球化所产生新的问题域，激活已有的相关知识储备，从全球化的新视域思考通识教育，创新通识教学理念和目标，完善通识教育课程体系，变革通识教育实施途径和方法，培养出具有理性思辨能力、批判精神、全球公民意识和信息素养的高素质人才，这不仅是全球化赋予中国高校通识教育的

---

① 李继兵. 通识教育论 [M]. 北京：高等教育出版社，2012：4.

② 中共中央马克斯恩格斯列宁斯大林著作编译局编译. 马克思恩格斯选集：第 1 卷 [M]. 北京：人民出版社，1995：89.

时代内涵，也是提升中国大学生国际竞争力的客观需求。

我国经过十几年的实践，通识教育已经取得了一定的成绩，得到越来越多的教育工作者的认同和关注。通识教育实施的主要途径是课程建设。通识课程是高校课程体系的重要组成部分，它是高校基于社会对复合型人才的迫切需要，面向全校学生，依据学生的兴趣爱好所开设的课程，是实现通识教育目的的手段。然而，实现通识教育的关键在于通识课程建设及教学效果。目前，我国高校的通识教育在如火如荼地实施着，而通识课程的建设及教学质量则不尽如人意，存在不少问题，如通识教育课程定位不明确、通识教育目标难以实现、通识课程结构不合理、通识教育课程评价机制尚未健全等。通识课程建设问题，直接影响通识教育目标的实现。

本章从全球化给中国高校通识教育的挑战着手，分析高校通识课程建设的现状，着重分析高校通识课程建设存在的问题及其原因，为提高通识课程的教学质量而构建科学的通识课程体系、创新通识课程的建设路径，提供现实的参考依据。

第一节　高校通识课程建设的现状

一、全球化给中国高校通识教育带来的挑战

（一）文化多样化带来的挑战

全球化时代，中国高校通识教育所面临的新境遇的突出特点之一就是它的开放性、多元复杂性，各种不同性质的思想文化的相互激荡构成中国高校通识教育所必须面对的时代背景。中国高校通识教育对主流文化的传播、对主导价值观的坚守不可避免地要遭受到文化多样化的挑战，其具体表现如下。

1. 对我国主流文化主导地位的挑战

全球化浪潮的日益高涨，加上信息化发展为文化传播带来的方便快捷，使得国际范围内不同思想文化的碰撞更加激烈。这种不同思想文化的碰撞，

"虽然给各种异质文化相互学习、相互融合带来契机，使它们在这个过程中丰富和发展了自身，但是这个过程又必然带来文化和价值观念领域的巨大冲突和张力"①。因为在文化交流、碰撞过程中总是"强势文化"掌握着交流的主控权。这种文化交流的一般规律决定了现实文化交流的不平等性。当今世界范围内思想文化的相互交流与激荡，呈现不平等的输出和接受关系，具有一种鲜明的不平等性，西方发达国家以其强大的经济实力和先进的科学技术为依托，占据着文化交流中的优势地位，对文化交流的流向、流量、流速乃至所传递的文化信息的性质都有着举足轻重的影响。在全球化浪潮冲击之下，"大学所面临的第一个新挑战，就是本土文化如何与强势的霸权文化争衡之问题。这个新挑战使大学在'全球化'与'本土化'的激荡中进退失据，捉襟见肘"②。与西方发达国家文化产业相比较，我国的文化产业和文化贸易处于明显的弱势地位，备受我国大学生欢迎的一些文化内容往往是美国好莱坞的电影、韩国的电视剧、日本的动漫等，而我国主流的文图作品却少有人问津。越来越多的大学生热衷于西方节日，却不了解中国的二十四节气；追捧西方的B-box、Hip-hop等流行音乐形式，却对民族音乐一无所知。在当前世界范围内文化交流过程中我国在客观上处于劣势地位，这种劣势地位使得我国在吸收外来文化时不可避免地遭受各种西方文化霸权主义和文化殖民主义的影响，尤其面对西方文化大量涌入，一些人对中华民族的认同感与归属感堪忧。在多元文化相互激荡的背景下，如果不警惕西方国家通过文化交流进行的价值渗透和政治干扰，帮助大学生树立起中华民族的文化自信，用社会主义核心价值体系构筑起一道坚固的文化防线，文化多样化就必然带来主流文化边缘化。而如何在文化多样化的前提下，通过高校通识教育传播我国主流文化，增强大学生对民族文化和社会主义先进文化的认同感，则是全球化时代中国高校通识教育面临的重要挑战。

2. 对社会主义核心价值观的挑战

中国社会主义改革开放的实践使人们的思想观念、价值观念日益多样化。市场经济的发展在增强社会流动性和社会阶层分化的同时，更是直接

---

① 骆郁廷. 当代大学生思想政治教育 [M]. 北京：中国人民大学出版社，2010：64.
② 黄俊杰. 全球化时代的大学通识教育 [M]. 北京：北京大学出版社，2006：2.

造成了不同利益群体的价值观念分化。例如，民营经济、私营经济、外资企业的从业者注重竞争、经济效益，国有企业、事业单位工作人员在价值取向上偏重于合作、社会效益，等等。这种社会群体利益诉求的不同必然体现在价值观念的差异上，各种不同的甚至错误的思想主张纷纷出现。例如：在思想理论领域，有人否定社会主义的基本经济制度，主张私有化；有人鼓吹"全盘西化"，否定党的领导；有人大肆渲染所谓的"潜规则"，为社会上一些丑恶现象和不正之风做合理性辩护；等等。大学生受这些来自不同利益群体的不同价值观念的影响，他们思想活跃，容易接受新思想、新观念、新事物，但是正确的世界观、人生观、价值观尚待确立，错误的价值观念必然会增加大学生价值选择的难度，容易导致他们价值取向上的矛盾、迷茫甚至混乱。例如：有些学生戴着"有色眼镜"看待马克思主义，认为马克思主义已经过时，资本主义占领全球已成必然；还有些学生无法正确看待中国转型时期的各种错综复杂的社会问题，动辄将西方的"自由、民主、平等"当作口头禅；有些学生甚至通过"翻墙"软件，去国外网站寻求所谓的"价值真理""历史真相"。这些现象实际上体现了大学生对社会主义核心价值观的不认同和不信任。另外，大众传媒的发展又为这些不同的价值观念提供了表达的载体和渠道。在网络世界中，思想文化信息生产、消费多元，各类网络行为选择多样，"这种与生俱来的多样性本性，表现为文化内涵与品类的丰富性，但也表现为网络空间文化内容上的高雅与低俗、理性与盲目、先进与落后、科学与愚昧等杂陈，表现为网络行为所张扬的平等、自由、民主等文化精神与所可能滋育的虚幻感、游戏感、责任意识淡化共存"[①]，而大学生又缺乏对一些五花八门的网络文化的鉴别能力，盲目陶醉于流行文化之中，迷恋于星座文化、风水文化的非理性想象，一些低俗、庸俗、媚俗的文化充斥网络空间，使大学生逐渐疏离甚至背离了积极正确的价值观。如何在利益诉求多元、表达路径多样的条件下，运用中国高校通识教育为大学生提供正确的价值导向，帮助大学生学会价值观的鉴别、选择，自觉以社会主义核心价值观抵御错误的社会思潮和价值观念，是文化多样化给中国高校通识教育提出的又一个挑战。

---

① 冯天瑜. 中国特色社会主义文化建设研究[M]. 武汉：武汉大学出版社，2008：37.

3. 对中国现代文化精神的挑战

继承和发扬中华民族传统文化，并结合全球化时代特点进行现代转化，"不仅可以增强中国社会主义现代化建设的文化底蕴与民族特色，而且可以持续推进现代化建设与人的发展的精神力量"①。但是，在文化传承和现代化转化进程中，受多元文化的冲击和影响，有些学生良莠不分，把古代一些腐朽思想、文化糟粕也进行继承与推广；有的学生甚者混淆时代与社会的差异，对古代传统文化结构缺乏反思性和超越性视而不见，狭隘地把现代中国社会的发展与进步完全归功于古代传统和习俗，认为当今中国社会出现的道德问题主要是缺乏儒家文化的主导所致。因此，他们打着"光复民族文化"的旗号，主张回到"孔子时代"，排斥马克思主义在中国的指导性地位。这种过分强调古代传统文化的保守主义思潮对中国现代文化的发展形成了严重的阻滞。

（二）科技工具化引发的挑战

全球化时代是一个科学技术迅猛发展的时代，整个人类的生产方式、生活方式、思维方式和情感方式因科学技术而发生了巨大的改变。人类认识世界和改造世界的能力大幅度地提高，物质财富得到巨大的增长，人类的生产和生活条件得到了充分改善，人们逐渐从繁重的体力劳动、简单劳动中解脱出来，拥有比较充分的闲暇时间享受教育和追求自我发展。然而，科学技术在推进人类进化过程中也给教育带来了负面影响，致使人文教育备受"冷落"，学生的主体性在科技带来的虚拟世界中逐渐丧失。

1. 科技工具化冲击人文教育

从某种角度而言，通识教育就是一种人文教育，是一个使受教育者提高人文修养，并学会如何做人、如何处事、如何处理各种关系、如何确认价值、如何构筑自己的精神家园的实践过程。然而，长期以来在科技工具化的影响下，一种唯知识、唯技术的教育理念在高等教育中逐渐盛行，教育不但没有超越"功利化"倾向，帮助人们摆脱工具理性的奴役，反而对外张扬了它的科技价值、功利价值，成为推动科学技术发展的手段。教育观念上的这种"工具主义"使得通识教育的人文精神得不到重视，人被贬

---

① 郑永廷，罗姗. 中国精神生活发展与规律研究 [M]. 广州：中山大学出版社，2012：174.

低为一种自然资源,培养和发展人的过程变成了劳动能力资源开发的过程,教育只是将科学技术作为谋取生存的手段传授给学生,而不能使他们透过科学技术之光窥见人生之真谛,这种"与人无涉"的见物不见人的教育严重阻碍了通识教育的发展,导致学生人格的两极分裂,逐渐沦为科技化时代的一种"单向人"。通识教育作为一种唤起"人之觉醒"的教育,内在目的就是要在大学中消除科学与人文的对立,把科学教育与人文教育整合起来,倡导人与自然、人文与科学的和谐发展,弥补和解决科技进步与人文精神的分离、对立,培养既有科学素养,又有丰富的人文精神的和谐发展的人,是一种赋予科技发展强有力的人文导向的教育模式。如何加强通识教育,弘扬人文精神,帮助学生突破科学技术的狭窄视野,关心人类社会的可持续发展,引导学生在追求科学技术合理性的同时,谨记对终极价值和生存意义的反思,使科学技术真正服务于人的全面发展和社会的可持续发展,在科技工具化时代成为人们普遍关心的重要议题。人是科学技术活动的主体,科学技术究竟为人类带来福祉还是灾难归根结底取决于人文精神的指引,以及在此指引下人们的道德水平发展状况,科学技术只有掌握在具有高尚的道德品质并有奉献精神的人手中,才能造福于人类。因此,生活在科学昌盛时代的人们要安顿自身、实现自身价值,必须弘扬人文精神,加强科学与人文的融合,在进行科技创新的同时,充分发挥人文精神在重构人与人、人与自然间的和谐关系中的功能和作用,以推动经济的可持续性发展。通识教育作为培养高素质人才的重要手段,应尽快弥合自然科学与人文科学之间的鸿沟,帮助学生充分吸收自然科学和人文科学的营养和精华,引导他们树立起对人的尊重、对人类道德负责的意识,不断将人类文明推向新的高度。

2. 网络异化使学生主体性日趋萎缩

通识教育是一种培养学生的主体性、发展学生的自由个性、为学生个体的主体性得到充分发挥创造条件的教育,然而,在网络信息高度发达的时代,由于"网络异化"使学生的主体性正呈现日趋萎缩的趋势。

①网络信息的海量性对有些人产生"信息压迫",阻碍了大学生的发展。科技发展带来了互联网的普及,网络对于生活在 21 世纪人们的重要性及人们对网络的依赖性超越了以往任何时代。一方面,网络正以其全方位、

宽领域、多维度的特征介入大学生学习生活的各个方面，极大地提高了大学生获取信息的速度，方便了师生、同学之间的信息传递和交流，提高了学习效率。与此同时，网络提供的海量信息还丰富了大学生的精神世界。另一方面，大学生在充分体验互联网给学习生活带来的高效与便捷之时，也常常会不自觉地陷入对这种高新技术的顶礼膜拜中，继而发展成为"信息强迫症"，致使一些学生往往缺乏信息合理选择、吸纳的能力，盲目追逐信息更新和吞吐。面对信息涌流和变更完全丧失了自我，以新奇、诱惑、竞技信息的捕获、更替为旨趣，以满足感官刺激为目的，根本不考虑所获信息的实际价值。尤其在面对海量信息时，大学生还会远离通识教育中的经典读物，使得所获知识"碎片化"，这种知识碎片化的结果往往会令他们疏于深层理想信念，做任何事情都浅尝辄止。在学术研究中经常不合理、不正确地剪贴、复制、下载知识信息，而不进行整理、加工和知识的自我转化。长此以往，这种感性化、快餐式的学习方式使得网络上升为支配学习者的外在强制力量，部分学生开始疏于自我思考，遇到学习中的难题时往往选择内事不懂问"百度"，外事不懂问"Google"，这直接导致了他们思考能力的下降及对事物价值评判、选择能力的下降。

②网络信息的诱惑性也容易令部分学生成瘾，逐渐丧失主体性。诱惑性是网络的一种特性，其主要表现为内容与形式的无限多样更新，这种新颖性、奇异性往往又会带来巨大的诱惑性，致使有些学生不停地在网络上追逐新颖奇特的事物，迷恋网络智能竞技，沉迷于"黄色信息"的感官刺激，等等。加之网络具有开放性、交互性、自由性等特点，使网络本身难以对不良信息设置"天然屏障"。由于大学生正处于生理、心理的成长期，世界观、人生观、价值观尚不成熟，往往容易受到不良信息的诱惑和虚假信息的欺骗而沉迷其中、不能自拔，成为"网络迷""游戏迷""网虫"，这种网络成瘾不仅让学生难以主宰自己的生活，终日处于焦虑和不安之中，而且这种精神颓废、萎靡不振的情绪蔓延也严重影响高校通识教育对积极健康文化的宣扬和传播。

③网络信息的抽象化致使有些学生成为"空心人"，阻碍思想境界的升华。在网络世界里，人往往会被数字化、符号化。"各种精密观测仪器使语言本身失去其表现特征，并越来越排他地显现出一系列符号特征，在

这样一个时代里，甚至每个个体灵魂的无限意义和价值观念也已经变得腐朽过时。"① 然而，人一旦被数字化、符号化，人的个性就会被淹没其间，人的灵魂与观念就难以得到生动表达。人作为整体，被他的身份证号码、电话号码、电子邮箱、QQ、MSN 号码等代替，由一个有血有肉的个体及主体文化特征简化为符号，毫无生气和没有价值，掩盖了人的"生成性""发展性""矛盾性"等特点，"通过信息工具和现代传媒手段，把人类生活集置入一种平乏无殊的均匀状态之中。于是，一切价值等级体系都难以确立和维持，终极的、绝对的道德和信仰理想势必变成了空中楼阁"②。通识教育以人的发展为出发点和归宿，充分尊重人的个性和人格的独立性，高度重视信仰的坚定和灵魂的安宁，大力宣扬人文精神，这无疑是消解网络数字化、符号化负面效应的最佳途径。

（三）人才国际化构成的挑战

全球化时代，中国高校通识教育面临着人才国际化趋势的现实境遇，人才竞争、人才流动国际化的客观影响和人才的主观适应交织交融，促使人才的思想、行为、心理、性格、能力等素质要素都在发生很大变化。基于此，如何把握人才成长的特点和培养规律，在人才国际化背景下丰富、发展和完善人才素质结构，是中国高校通识教育面临的重要挑战。

1. 对创新教育的挑战

随着全球化的迅速发展、国际竞争的日益激烈，自主创新能力成为一个国家在竞争中立于不败之地的关键因素。但是，提高国家自主创新能力需要拥有大批高素质人才的"智力支撑"。各国之间的竞争说到底是人才的竞争，是民族创新能力的竞争，这主要缘于技术进步在经济增长中的贡献率日益增大。早期的经济发展主要以劳动密集型产业和资本密集型产业为主，依靠大量投入稀有资源、资本、劳动。进入 20 世纪以后，技术进步的贡献率显著提高，在现代一些发达国家已达 80%。其根本原因就在于技术创新推动科技发展，科学技术的生产力作用充分发挥，成为经济增长的主要动力和源泉，科技因素成为国际竞争格局中地位优劣的关键因素。此外，劳动者正由体力型向科技型、知识型转变。农业时代，为了解决吃穿问题，

---

① 霍克海默. 霍克海默集 [M]. 渠东，等，译. 上海：上海远东出版社，1997：324.

② 孙周兴. 我们时代的思想姿态 [M]. 北京：东方出版社，2001：70.

80％的劳动力从事农业生产；而工业时代，大部分的劳动力转向工业、服务业，仅有20％左右的劳动力从事农业生产；到了后工业社会或知识经济时代，80％的劳动力转向以知识为中心的服务产业，剩下的劳动力从事工农业物质产品生产。那么，对于发展中国家而言，要缩短与发达国家的差距，最根本的措施在于把创新提到战略性高度，建立国家创新体系，加强教育的自主创新，博采众家之长，走综合创新之路。

根据"经济发展靠科技，科技创新靠人才，人才培养靠教育"①的现代社会发展逻辑，通识教育应当充分发挥培养学生创新素质的功能和作用。但相比于全球化对创新人才的要求而言，通识教育还存在相当大的差距，教育过程中的重"教"轻"学"，重"给"轻"悟"，极不利于创新素质的培养，因为创新教育的重心在于知识之间的内在联系及背后隐藏的暗示、创新，而不是对已有知识的认知，对显性知识的传承。除通识教育中"知识中心倾向"制约创新人才的培养之外，整齐划一的教育模式也扼杀了学生的创新精神。由此可见，人性化教育还只是创新教育的第一步，真正实现对学生创新能力的培养，个性化教育必不可少。通识教育作为一种"人之觉醒"的教育模式，具有弥补上述教育过程中的不足之功能，然而由于通识教育在国内发展历史较短，受通识教育理念模糊不清、在学校地位不高、师资力量比较薄弱、知识结构不够合理等诸多条件的限制，致使高校通识教育的发展相对滞缓，通识教育还处于人性化教育阶段，离培养学生健全人格的个性化教育还有相当大的差距。面对人国际化的挑战，中国高校通识教育如何追踪学科前沿，调整知识结构，通过对占有式向发展式、划一化向个性化、权威型向民主型教育方式的转变，培养学生的观察力、记忆力、思维力、想象力等诸多认识能力，在帮助学生打牢扎实基础和深厚文化底蕴的基础上，培养他们的开放视野，提升他们的创新能力与主动参与国际竞争能力，是中国高校通识教育不得不面临的现实挑战。

2. 对素质培养的挑战

国际21世纪教育委员会曾对21世纪人才提出七项素质要求："一是有崇高的道德品质和对人类的责任感；二是有积极进取开拓的精神；三是

---

① 郑永廷，高国希. 大学生自主创新理论与方法 [M]. 北京：人民出版社，2010：1.

在急剧变化的国际竞争中，有较强的适应能力和创造能力；四是具有宽厚扎实的基础知识，有广泛联系实际、解决实际问题的能力；五是有终身学习的本领，适应科学技术综合化的发展趋势；六是有丰富多彩的健康个性；七是有与他人协调和进行国际交往的能力。"[①] 从这份具有重要参考意义的人才素质结构可以看出，在人才国际化的背景下，对人才的综合素质要求也正在不断地提高。从宏观层面看，中国高校通识教育需要培养大学生适应国际化战略发展要求的多种素质和能力，如世界意识、民族意识、竞争意识、问题意识、战略思维、了解世界文化的能力、抵御错误社会思潮的能力等。从中观层面看，中国高校通识教育需要培养大学生驾驭国际化复杂形势的能力，主要包括务实精神和创新能力，如知识整合能力，信息处理能力，发现问题、分析问题和解决问题的能力，等等。从微观层面看，中国高校通识教育需要培养大学生全面的知识结构、积极的人生态度、良好的思想品质等素质，即适应社会主义现代化事业需要的国际化人才的素质。具体而言，至少包括以下六个要素：思想政治素质、思维特质、身心素质、人格特征、知识结构和能力结构等。

长期以来，通识教育模式无法摆脱以书本为中心、以考试为中心的束缚，在促进大学生个性的全面发展方面难见成效，结果造成学生素质结构缺失、视野狭窄，难以适应全球化社会需求。因此，中国高校通识教育如何依据人才国际化的内在要求，对这些素质要素进行优化组合，突出学生的主动与持续发展，增加学生的动手与实践机会，尊重学生的个性与首创精神，提升中国大学生的国际竞争力，不仅是中国高校通识教育在新的境遇中所担负的重要任务，也是人才国际化趋势下不得不面临的严峻挑战。

二、我国高校通识教育课程教学的现状

（一）高校通识教育课程教学的现状

随着科学的高度分化和综合，知识总量快速增加，各种社会问题突出，人文教育明显不足，世界各国的大学教育逐渐趋向于文、理综合化。尤其是美、英、德等国家，都倡导在大学阶段开始加强通识教育。我国大学引

入通识教育理念以来，国内部分高校对通识教育进行了积极的探索与实践。本书以北京大学元培学院、复旦大学复旦学院与宁波大学阳明学院的通识教育课程教学情况为例来分析国内高校通识教育课程教学的概况。

1. 元培学院通识教育的实践探索及其成效

元培学院起身于北京大学的"元培实验班"。改革开放以来，北京大学不断开展人才培养模式的改革和探索。20世纪80年代后期，北京大学在调查研究的基础上提出了"加强基础，淡化专业，因材施教，分流培养"的十六字教学改革方针。大学本科教育的任务就是进行高等教育的基础教育，培养基础知识宽厚、创新意识强烈、具有良好自学和动手能力的适应性强的高素质人才。为实现这种目标，北京大学确立了本科教育的基础地位，在低年级实行通识教育，高年级实行宽口径的专业教育，同时进行学习制度的全面改革，实行学生根据学习兴趣自主选择专业和在教学计划与导师指导下的自由选课学分制。这一教学改革在北京大学积极稳妥和有序地得以组织实施后，学校将其计划命名为"元培计划"，并于2001年9月建立了"元培实验班"。"元培实验班"经过五六年的发展，其推行的教学改革之成功经验已得到许多专家学者和学生的充分肯定，于2007年改为"元培学院"。作为国内实施通识教育的先头军，元培学院在通识教育理念的认识和实践方面，积累了大量的经验值得学习和借鉴，尤其是在通识课程教学上的经验更值得我们学习和推广。

①元培学院为了保障通识教育的顺利实施，专门成立了"元培计划管理委员会"。它是由主管校长直接领导的负责北京大学本科教育教学改革工作的专门机构，其主要职责是组织对"元培计划"的实施，对实施过程中出现的问题进行研究，对相关问题进行决策，对各有关部门的工作进行协调和督促。

②元培学院在本科教育上彻底实行了自由选课学分制、导师制和弹性学制。自由选课学分制是在学校教学资源允许的条件下进行的。学生可以根据自身特点和兴趣在教学计划和导师指导下自由选课，在对自身特点、学校的学科状况、专业设置、培养目标及其他情况有了进一步了解后，选择自己所修专业。元培学院实行"面对面与网上选课相结合"的选课模式，此种模式以教学计划、教师面对面指导与学生网上自由选课相结合，以学

生自主选课、选教师与教师选学生相结合。学生完成公共基础课、通选课及所选专业的教学计划设置的科目，修满规定的学分即可毕业，并获得所学专业的学士学位证书。导师制是元培学院实施的另一个重要制度。学校各院系聘请有教学经验的教授作为导师，对学生选课、选专业、学习内容及方法等进行指导。导师指导的方式基本上是指导选课、讲座、座谈和答疑。实行弹性学制，学生根据教学计划和导师指导修满规定的学分即可毕业，在导师指导下根据自己的情况安排学习进度，在3~6年内完成学业。

③建立通识课程体系，改革教学内容。高等学校课程体系主要由目标要素、内容要素和过程要素构成。元培学院通识课程体系的总目标是培养学生对学术和文化长远发展的兴趣；拓宽基础、沟通文理，让学生掌握最基本的一些学术领域的研究方法和思想体系，具有合理的知识和能力结构；进行科学、人文精神的素质教育，培养学生丰富高雅的情趣，最终把学生培养成具有全面素养的人。元培学院通识课程体系的内容包括全校公共课和文化素质教育通选课。全校公共课主要包括政治理论、外语、计算机、体育和军事课程。文化素质教育通选课是指为加强学生的文化素质而设置的课程，一般面向全校学生，采用任选或限制性的选修方式。通选课程覆盖数学与自然科学、社会科学、哲学与心理学、历史与文化、语言学、文学与艺术等基本领域。由于受传统专业教育的影响较深，这些课程内容偏向应用性、实用性，较少有基本理论性知识的课程，尤其是缺乏以问题或研究方法为主线的课程。此外，学院还为学生开设了一些跨学科课程，如数学与文化、科学与文化、地球环境与人类社会、系统科学概论等。通选课的遴选非常严格，经过教师申报、院系推荐、专家评审三个程序而设立，再根据教学需要和检查评估，不断增设和淘汰。通选课的教学内容重在启发思想、掌握方法，而非灌输知识的细节。在课程管理上，通选课的管理基本上承袭了原学校公共选修课的方式——学校统一管理、各院系具体负责，即由教务部教务办公室负责学分管理和组织选课，开课院系录入排课。

④元培学院以培养学生自主学习能力、创新思维能力及实践能力为着力点，稳步推进教学方法和手段的改革。学院的要求是尽力避免单向灌输式的教学方法，让学生真正成为学习的主人，让学习成为创造性思维的过程；教学环节应包括课堂讲授、课外阅读和课堂讨论等几个部分；鼓励教师使

用先进的教学手段，提倡运用课堂模拟、项目参与、社会实践、角色扮演等多种多样的教学方法。

⑤提高通识课程教学质量。在日常教学工作中，元培学院教务部通过教学期中检查、教学评估等方式，对全院教学质量进行管理和监控。在全院范围内开展本科课程评估，它是以学生作为课程评估的主体，以教师自评作为参照，基本上反映了学院课堂教学的一线情况。另外，学院还聘请了老教授组成的教学调研组，及时了解和发现教学中的问题，有针对性地提出改进教学的措施。

2. 复旦学院通识教育的实践探索及其成效

复旦学院于 2005 年 9 月成立，是学校全面系统实施通识教育的学术研究和管理机构。学院下设综合办、教学办、学工办和导师办公室，并包含若干个住宿书院。目前负责全校本科一年级和部分二年级学术的教育教学管理工作。复旦学院发动全校教育资源，建立了全方位学业指导体系、通识教育课程体系、书院式学生管理体制和通识综合教育计划等四大板块，共同组成了复旦大学通识教育的系统工程。复旦学院的成立为通识教育课程的组织与学生的培养管理体制有效结合提供了实施平台，并为进一步修订和完善通识课程提供了有利环境。同时，复旦大学成立了"通识教育研究中心"。这是一个全校性的研究机构，没有专业属性，以便于它围绕学校的通识教育实施方案，探讨有关的理论与现实问题。此外，它还将系统考虑学校的教育目标与任务。为顺利实施通识教育，提高通识教育课程教学质量，复旦学院围绕通识教育核心课程建设、教学、导师制、书院生活方式等方面进行了探究和实践。

（1）加强通识教育核心课程建设

推进通识教育的核心任务是课程改革。作为具体的实施部门，复旦学院十分重视通识教育课程的设置，积极主动参与课程体系建设的研究，探索可行的方法和路径。复旦大学通识教育课程板块主要包括通识教育核心课程、专项教育课程和通识教育选修课程三大部分。其中，通识教育核心课程包括了六大模块课程（文史经典与文化传承、哲学智慧与批评性思维、文明对话与世界视野、科技进步与科学精神、生态环境与生命关怀、艺术创作与审美体验）和思想政治理论课程；专项教育课程包括体育、军事理论、大学英语和计算机等必修课程；通识教育选修课程由人文科学与艺术、社会科学与行为科学、自然科学、医学与药学等四组课程组成。截至2009年7月，通识教育核心课程已建成145门课程（在原有核心课程开课数的基础上，每学期递增10余门），基本满足了这几年学生修读核心课程的要求。复旦通识教育核心课程最终拟定、编制、实施，在一定程度上借鉴了世界一流大学的经验，但由于学校原有基础不同、国别不同、加上实施实践上的不同，复旦的通识教育核心课程自有它的特点，同时也不可避免地存在一些不足。因此，复旦采取了边实践边补充修正的策略，在实施过程中不断改进。

（2）通识教育课程的教学组织形式

通识课程的教学和学生的学习组织是达成课程目标的重要手段。复旦学院的教学主要是按照学校教务处的总体计划和要求，由复旦学院具体负责课程实施和组织，包括学生的选课指导等一系列工作。结合核心课程的实施，复旦也在汲取其他院校的经验，探索教学方式的改革。从通识教育课程的教学组织形式看，大多数核心课程采用了小班教学的讨论课形式。班额控制在20人以内，每次不少于2个学时。一些核心课程在开展小班讨论外，还极力创造各种机会和途径展开讨论，如课堂主题演讲等。除在课堂教学中继续运用探究式、讨论式等多种方法外，复旦还通过建立"通识教育核心课程专门网站"，采用网络课堂的方式，开展多渠道的课外通识教育核心课程的学习。

为有效推动核心课程的教学，复旦学院积极开展了一系列的基础性工作，如制定核心课程的评价标准、建立核心课程听课制度、推进教学方法改革、探索新生研讨课的开设、实施研究生辅助教学工作计划等。

总体而言，复旦学院讨论班教学形式和其他教学形式相结合，是复旦本科教学组织形式的一次创新，是非常有效的教学方法。讨论班的开设不仅有助于核心课程的实施，也是本科教学方式改革的一种探索。这样的改革不仅充分发挥了主讲教师的学习引导作用，更能使学生初步养成探究性学习所必需的批判思维、研究与创新能力。

（3）通识教育课程的管理与教学管理

复旦大学通识课程的管理与教学管理主要在学校与学院两个层面进行。

高校通识课程建设研究

在学校层面，主要是通过学校教务处的相关规定、制度、程序等进行管理，这是与各专业院系有联系的学校整理管理系统，包括各种各样规定的发布、教学常规的检查执行、教师的教学评价、学生的考评、绩点与奖励办法的制定等。以学生的课程学习而言，侧重在选课系统的规范化管理方面。在学院层面，复旦教学办按照学校的相关规定，结合核心课程的实施，推出了相应的系列举措，如制定相应的课程修读规定、引导学生合理选课、制定核心课程的考查规程。与听课制度相结合，学院采用灵活多样的考核方式，如试卷与平时表现相结合、论文或报告与平时表现相结合的方式。总之，学院管理与考评的重心在于引导学生正确地看待考试，重视平时参与课程讨论、小班研讨及撰写读书报告等学习活动。

（4）导师制

导师制是复旦学院实现通识教育理念的重要标志之一。复旦大学每学年均有近百位专兼职导师为近4 000名学生提供学业指导，并成为联系通识教育第一课堂和书院生活的桥梁和纽带。复旦学院的导师团（由专职导师、特邀导师和兼职导师组成）承担指导学生日常学习、课程修读、具体选课和大学生学习生活规划的重要任务。导师团主要通过定期或不定期的讲座及座谈咨询等形式为学生提供学业指导和专业规划。专职导师由在校任教多年的返聘教授担任；兼职导师则由各院系奋战在教学一线具有丰富教学经验的在职教师担任；特邀导师则由校内外知名度较高、影响较大的名家名师担任。专职导师根据学生作息时间为学生提供个性化学业指导；兼职导师主要对学生进行专业指导；特邀导师以讲座、座谈方式帮助学生接触学科前沿、走进文化经典、拓宽学术视野和提升人生境界。

为了保障学生能够获得导师的及时指导，复旦学院制定了一系列导师工作制度，包括书院指导制和日常指导制。书院指导制即每天下午或晚上，复旦学院均安排导师进入住宿书院，接待同学来访，与学生进行现场交流。日常指导制即复旦学院要求每位导师与学生保持密切沟通，通过日常的生活和学习机会对其提供指导，包括每月参加一次班级活动，每月进学生寝室探访一次，每学期在复旦学院层面提供专业咨询指导一次，每学期为复旦学院提供和组织一次相关学科的讲座或沙龙，等等。

（5）书院式的学生管理

为了从制度上保证各类通识教育计划的有效实施，复旦学院实行了书院式的学生管理模式，这也是复旦大学有别于国内其他高校的地方。复旦学院以复旦大学历史上德高望重的老校长的名或字命名，建设了任重、克卿、腾飞、志德四个书院。新生进校不分出生国籍地域、不分录取专业，分散居住到各个书院和寝室，开始1—2年的共同学习生活。复旦学院的这种大学生活即"书院生活方式"借鉴了国外大学住宿学院的一些做法，但是也有其自身的特点。复旦的"书院生活方式"的核心是"读书""对话""适应"和"关怀"，并以"大学导航""学养拓展""公民教养"和"关爱成长"为实践平台，全面建设一种书院的环境和氛围。

3. 阳明学院通识教育的实践探索及其成效

阳明学院于2007年12月成立，原名为宁波大学基础学院，2008年4月更名为阳明学院，属于学校的二级管理性学院，专门负责全校按学科大类培养的一年级学生的教育教学管理及学生专业分流工作，并组织开展学科大类及其课程体系的研究。阳明学院以"把成才的选择权交给学生"的教育理念为指导，坚持让学生学会学习、学会选择、规划人生的工作宗旨，通过开展学习指导、营造成长氛围、形成选择机制，为学生拓宽学科基础、增进知识交叉、理性选择专业、科学规划人生提供平台。作为国内实施通识教育的地方性大学，阳明学院率先开展了通识教育课程教学的新尝试，并逐步得到了社会的认可。

①通识教育课程的培养目标及其设置。阳明学院通识教育课程的设置旨在实现学生拓宽基础、沟通文理、增强能力、健全人格的目标，使学生全面理解人类社会及科学技术的发展规律，掌握人文科学、社会科学、自然科学和工程技术等方面的基础知识与技能，形成均衡的知识结构，获得必要的能力训练，具备创新的综合素质。通识课程主要涉及当代大学生所必需的政治思想、道德修养和综合素质培养的相关课程，分必修课程与选修课程两类，可以分为人文科学、社会科学、自然科学、工程技术、综合等五个板块。人文科学板块包括语言、历史、哲学、文学、艺术、中外文化等方面的课程；社会科学板块包括思想政治、法律、军事、体育、卫生、心理健康、经济、管理、教育等方面的课程；自然科学板块涉及数学、物

理、化学、生物、医学等学科课程；工程技术板块涉及机电产品、信息技术、资源环境、安全、房屋建筑、海洋工程等工科类的课程。除自然科学、综合板块仅含选修课外，人文科学、社会科学、工程技术板块均含必修课和选修课两部分。通识教育的选修课程按教学内容的性质特点划分为导论型、经典著作选读（导读）型、专题研究型、方法经验与技能型、其他型等。

②通识教育选修课程的教学要求是：课程实行小型化、多品种；课程的教学内容重在启发思想、掌握方法，而非知识细节的灌输，培养学生发现问题、分析问题和解决问题的能力；课程的教学方式包括课堂讲授、课外阅读、课堂讨论、实践体验等，教学中应为学生提供参考资料目录，并对学生提出必要的课外阅读量要求，规定学生自主学习的内容和要求；鼓励使用先进的教学手段，提倡运用课堂讨论、课堂模拟、项目参与、社会实践、角色扮演等多样化的教学方法，大课的课堂讨论分组进行，聘请助教协助组织和主持；课程最终成绩的评定由考勤、讨论、作业、考试等多种检测指标来决定，考试内容应能检测学生读书和自主学习的情况，考试形式闭卷或开卷，也可采用读书心得、调查报告、论文写作、课程设计、公开答辩等形式考核学生的学习情况。

③为确保通识教育的课程质量和教学质量，通识教育选修课程的设置实行申报制度、审议制度和更新制度。每学年的第二学期，向全校各学院广泛征集通识教育各板块、各类型的选修课程，以课程申报的形式进行课程的新增或变更。课程设置实行课程审议制度，学校组织专家对各学院申报的各类通识教育选修课程从教学目标、课程内容、实施与评价方式、任课教师情况进行严格评审，评审通过的课程方可列入宁波大学通识教育选修课程。具体审议要求为：一是课程的教学目标符合通识教育课程的培养目标，能够体现学科交叉，提高学生的综合能力和素质；二是课程内容有利于实现教学目标，有利于学生了解人类文明中最基本的知识和方法，有利于陶冶情操、培养健康人格，并反映时代特征；三是课程的任课教师教学水平高，能够胜任相关通识教育选修课程的教学，且一般每学期通识课程的开设最多不超过2门；四是课程的教学实施方案合理，教学过程设计符合学生认知规律，学生学习质量的评价方法科学。此外，通识教育选修课程实行每学年更新制度，包括课程的新增与删减，以及对已有课程的教

学内容、教学目标、学时、学分的变更，每学年在申报、审议基础上，确定下一学年的通识教育课程。

④教学管理上，阳明学院的教学工作在学校教务处的指导下，在各学科性学院的支持下，主要负责阳明学院学生的日常教学事务管理、专业分流及指导等教务工作；组织开展学科大类及其课程体系的研究，承担学科导论课程和部分通识课程的管理与建设。

（二）通识教育实践取得的成就

纵观元培学院、复旦学院和阳明学院在通识课程教学上的一些实践，尽管因校史、校情、地域关系等有所不同，但也存在一些相似之处，如教学方式上都以课堂讲授与讨论为主、建立"导师制"辅助教学、重视通识课程建设、积极探索多样化的通识课程教学效果的考核方式及以学生为本。另外，这三所学院的通识课程教学实践虽各有不完善之处，但毕竟在国内高校中取得了显著的成就。具体来说有以下几点。

（1）高度重视通识课程建设

课程是实施通识教育、达到通识教育目的的重要载体，课程的有效组织与实施是实现目标的主要方式。在通识教育的实践上，三所院校都把通识教育课程建设放在重要位置。元培学院的通选课覆盖数学与自然科学、社会科学、哲学与心理学、历史与文化、语言学、文学与艺术等五个基本领域；复旦学院的通识教育核心课程、专项教育课程和通识教育选修课程三大部分为基干的大通识教育课程板块；阳明学院的人文科学、社会科学、自然科学、工程技术、综合等五个板块的通识教育必修课和选修课设置。这些都为我国其他高校的通识课程建设提供了参考。

（2）实行导师制

导师制是提高通识教育课程教学效果的有效措施。以导师制为平台进行通识教育人才培养，也是国外大学通识教育人才培养的主要模式。这种教学模式有利于学生的发展与成长，学生可以通过与导师面对面的交流，获得大学学习、生活所需的经验与方法；导师亦可通过这种模式影响学生，包括人生观和价值观的形成、课程与学习方法的选择甚至个人发展规划的探讨等。元培学院与复旦学院在导师制探究与实践上显然成了国内高校教育改革的先行者，其所推行的导师制值得学习和借鉴。

（3）采用多样化的教学手段

现代教学理论强调多样化教学手段的运用是提高教学效果的重要措施，通识课程的综合性、通识性及课程互动性强的特点要求通识课程教学方式的非单一性。在通识课程教学方式的选择上，三所学院均打破了过去课堂教学教师讲授的单一模式，采取多样化的教学方式。复旦学院的教学方式是课堂讲授与小班讨论相结合、课堂主题演讲、网络课堂等；阳明学院课程的教学方式包括课堂讲授、课外阅读、课堂讨论、实践体验等。总之，各高校都把讨论制作为实施通识教育课程教学的主要方式。其实，这与国外及我国港澳台地区通识教育课程的教学模式和要求均采用小班教学和讨论的教学手段是一致的。甘阳教授曾多次强调通识教育课程教学开设讨论班的重要性，小班讨论制可以成为转变中国通识教育观念的一个切入点，小班讨论制的意义就在于让学生有足够的时间细读经典，讨论时每个学生的想法都得到充分表达，使研习的内容化为学生的一种人文素质，从而体现通识教育的本质。讨论班以激发兴趣、促进思辨、拓展知识为教学目的，以启发、阅读和交流为主要方式，强调师生合作、生生合作，并强调学习的过程，是提高通识课程教学效果的有效途径。

三、D 大学通识教育课程设置现状

（一）D 大学介绍

D 大学成立之初，是东北地区创办最早的两所本科师范院校之一，是中国政府和孔子学院奖学金留学生接收单位，首批省级深化创新创业教育改革示范单位，原文化部中国非物质文化遗产研究研习培训基地，第一批入选中华优秀文化传承基地，首批入选"卓越教师培养计划"。学校先后与美国、英国、加拿大、日本、俄罗斯等国家的 58 所高等院校及科研机构签订了国际学术交流及合作协议，并互派师生交流、讲学，进行科研合作。D 大学历史悠久，文化根深蒂固，重视通识教育。研究 D 大学通识课程设置现状，对于我国高校通识课程建设具有一定的意义。

（二）培养目标

D 大学的通识教育培养目标是让学生能够自由地选择不同学科，从中探索知识，能够让学生的知识视野不断地扩宽，让学生的综合素质提升，让学生成为有创新意识的复合型人才。

（三）课程结构体系

D大学在《关于2019年本科人才培养方案修订工作的指导意见》中指出，D大学的通识教育课程设置主要由必修课和选修课两个部分构成。通识教育必修课主要由思想政治理论、计算机、体育、英语四个模块组成，选修课由基础通识课、学科通识课、国设通识课构成。

1. 通识教育必修课

（1）思想政治课

公民教育主要是依托思想政治课进行的，思想政治课的目的是让学生有积极的人生态度，有坚定的理想信念，能够明辨是非，在处理问题时有自己的想法，积极思考解决问题的办法，有正确的人生观、世界观。[①] 思想政治理论课包括6门课，共计19学分，具体为："马克思主义基本原理"2.5学分；"中国近现代史纲要"2.5学分；"毛泽东思想和中国特色社会主义理论体系概论"4.5学分；"思想道德与法治"2.5学分；思想政治理论实践课，2.5学分；"形势与政策"4.5学分。思想政治课是让中国的大学生都形成统一的意识：我国是社会主义国家，坚持马克思主义。

（2）大学计算机

大学计算机基础是通过课程的学习，使学生对计算机领域所涉及的知识有一个全面的了解，熟悉利用计算机解决问题的思路和方法，培养计算机意识，能够熟练对计算机进行操作，为以后的生活、工作打好基础。大学计算机共4学分，其中"大学计算机基础"2学分，"高级语言程序设计"2学分。大学计算机基础分为三类，即师范类、非师范类及艺体类。师范类除软件学院、教育技术学院、艺术类院系，其他学院师范类学生均需修读该课程；非师范类除软件学院、教育技术学院、艺术类院系，其他学院师范类学生均需修读该课程；艺体类适用于全校艺术体育类专业。高级语言程序设计课程中，文科生在数据库技术与应用或高级语言程序设计Python中选择一门课程修读，理科生在高级语言程序设计VB或高级语言程序设

---

① 罗军强，方林佑. 高等学校通识教育探索：基于高等职业教育的研究[M]. 北京：北京理工大学出版社，2012：141.

计 Python 中选择一门课程修读。大学计算机课程是为了让学生掌握计算机技能，在以后的工作、生活中更好地发展。

（3）大学体育

大学体育主要是以大学生通过合理的体育锻炼，提高身体素质、让学生有运动的意识、增加对运动的喜爱为主要目标的通识教育必修课程。大学体育课主要目的是让学生形成自觉锻炼的习惯，提高自己的运动能力，掌握常见的运动创伤的处理方法，掌握有效提高身体素质、全面发展体能的知识与方法，能够通过体育活动改善心理状态、克服心理障碍。体育课共 4 学分，大学一年级 2 学分，大学二年级 2 学分，共 120 学时。其中理论课 8 学时，实践课 112 学时，主要是通过实践课提高学生的身体素质，促进身心和谐发展，将体育技能与生活有机结合起来。

（4）大学英语课程

大学英语是以提高学生听、说、读、写的能力，让学生了解外国的文化与风俗、掌握阅读外文的能力、掌握与外国人沟通的能力、传播中国文化、树立世界眼光、培养国际意识、提高人文素养为目标的课程。大学英语共 12 学分，根据培养方案中对大学英语要求的不同而开设不同的课程，大学英语（雅思）、大学英语（托福）、大学英语（国际人才），大学英语（雅思）预备级系针对大学英语教学改革而开设的课程，其他同学想要修读，可以通过申请、考试来参加课程。大学英语锻炼学生的语言表达能力、沟通能力，增强学生的竞争力。

2. 通识教育选修课

根据通识课的设置目的、面向对象、课程内容等，将通识课划分为三大平台：基础通识课、学科通识课、国设通识课。

（1）基础通识课

课程设置的目的是让学生能够自由选择不同学科，在不同的学科知识中探索，能够让学生的知识视野不断地扩宽，让学生的综合素质提升。面向对象为全体学生。学校根据通选课设置的原则、目的和现有学科的特点，将其划分为以下五类：人文科学、社会科学、自然科学、艺术体育类、实践类。D 大学根据五大类课程，把基础通识课分为七大模块：文学修养、历史传承、国际视野、社会道德、科学技术、艺术审美、创新素质。

（2）学科通识课

课程的设置目的是加强相通、相近、相似专业之间的融合，注入隐性知识，提高综合素质，为学生在学习过程中有更多的专业选择奠定基础。面向对象为相通、相近、相似专业的学生。课程内容由相通、相近、相似专业之间教学内容的公共部分组成。

（3）国设通识课

国设通识课为国家规定的必修课程，关心大学生的心理健康、身体健康，培养创新思维、军事技能，帮助大学生更好地就业。国设通识课程要改变传统"面授""满堂灌"的教学方式，采用"线上""线下"相结合的方式授课。

D大学通识课程是由必修课和选修课组成。必修课是国家规定的大学生都应该学习的课程，每个大学都要开设的课程，让学生具备基本的能力和正确的政治方法。选修课由基础通识课、学科通识课、国设通识课构成。其中，国设通识课也是国家规定的必修课程。通识课程学分占比中，选修课占比为25%，必修课为75%，必修课占比过高，学生选课自由度较少。选修课程中规定理工类学生需要修读一门人文社会类课程、文学类学生需要修读一门自然科学类课程、非艺术生要修读公共艺术课程，强调学生的跨学科素养。

D大学充分利用互联网，采用线上、线下混合教学方式，开设尔雅网络课程和视频公开课。尔雅网络课程供课机构有清华大学、北京大学、四川大学、上海交通大学等著名学校及中日友好医院、中国性学会等专业性机构。学生通过手机或者电脑线上观看课程进行学习，教师在线下对学生进行辅导。

（四）考核方式

通识教育课程的考核方式主要有三种：考查、考试、综合。考查是检查学业成绩和教学效果的一种方法，一般不需要进行期末考试，而是在课程学习的过程中布置一些项目、撰写一篇论文，完成的作业由教师给予一定的成绩，这就是本课程的成绩。考试是对知识水平进行鉴定的方法，比较严格。进行期末考试，有严格的纪律要求，会有教师进行监考。综合是结合这两种方式考核，要进行考试，但是没有考试课程严格。考试课程是比较重要的课程进行的考核方式，在通识课程中外语课程和计算机基础课程考核方式是考试，选修课和必修课中的"形势与政策"及体育课考核方式是考查，"思想道德与法治""中国近代史纲要""毛泽东思想和中国特色社会主义理论体系概述""马克思主义基本原理"考核方式是综合。考试课相对于考查课和综合课，学生和教师重视程度更高，由此可能导致因为考核方式而造成学生和教师对某些通识课的不重视。

第二节　高校通识课程建设存在的问题

一、通识教育课程定位不明确

由于长期在计划经济体制下办学，我国高校通识教育的发展历程相似，同质性很强。大多数高校的通识教育是通过正式课程和非正式课程（讲座、社团活动、校园文化、社会实践等）进行。其中，正式通识课程大多由公共必修课和通识选修课（有的学校称为"文化素质教育选修课"）组成，结构基本相似。必修课大多包括思想政治理论课（简称"两课"）、体育、外语、计算机，理工科大学还有数学、物理、化学等，通选课大多划分为若干个领域供学生选择，要求8~16个学分不等。

"两课"应该说是中国高等教育的一个重要特点，它的主要目的是对大学生进行道德教育和思想政治教育，这类课程的学分往往很高，是主要的大学人文社会科学教育的内容，但是教育效果普遍不是很好，这需要我们去反思。

外语和计算机主要是提高大学生基本技能的课程，也是当代大学生必须掌握的关键技能，但是我国大学英语课程占用学生课时比例之高，使学生花费的精力之多让人瞠目结舌。这与我国的经济发展水平相对落后，需要向发达国家学习交流有一定的关系，但也不能排除带有功利心学习的目的。与此相反，美国大学将母语作为一门必修课程，培养学生有效的表达和沟通能力。但我国忽视了学生汉语的学习，"大学语文"作为公共必修课自 1952 年我国学习苏联的专才教育模式便中断。直到 1978 年之后，一些大学如南开大学等才自主恢复了大学语文必修的位置。目前，大学语文课程只在一些大学文科专业或者综合型大学开设，迫切需要加强人文素养的理科类专业却没有开设相应的课程。事实上，语言是很重要的通识教育内容，正如钱理群所言：大学语文应该定位为通识教育课，它对人类精神文化传承、学生人文素养培养、健全人格形成、审美能力提高有着重要的作用。

人文社会科学和自然科学教育之间存在一定的不平衡。对于理科专业和工科专业，数学、物理、化学作为一门公共必修课，学分的比例很高，这类课程更侧重于为进一步的专业学习奠定基础，专业的服务和教育的目的远远超过通识教育的目的，在同一时间，人文社会科学教育又正是理科专业和工科专业的薄弱环节；而文科专业学习和能用到的自然科学知识就更少，自然科学教育同样非常薄弱。通识教育强调的"学习人文、社会科学、自然科学的统整知识"目前还只是一个美好的理想。

现阶段，通识教育并没有成为我国高等院校的办学理念，只是为了拓宽学生的知识面，开阔他们的视野，作为专业教育的基础，对专业教育进行互补和纠正，没有成为一个独立的教育模式。在这样的办学理念下，许多大学公共课程开设是为专业教育打下坚实的学习基础，文科专业不需要自然科学知识，便开设了有利于学习文科知识的大学语文等，而理工科专业因为需要扎实的数理化基础，相应地开设了很多的自然科学基础课程。

二、通识教育目标难以实现

在如今的各个大学中，通识选修课是其为了实现通识教育目标而设置的课程，大学自身也有较大自主权。要求的学分在 6~16，可供选择的课程门数大多在一两百门，分类方式遵循一定的规律但不完全相同，人文、社会、自然科学三大知识领域是这些课程涵盖的基本领域。这些课程无论多少都对通识教育发展起到的作用功不可没。但是，这些课程质量确难以得到保证，通识教育选修课很难担当起实现通识教育目标的重任。

1. 通识选修课内容杂

通识教育选修课内容杂乱无章的现象在各大学普遍存在。华中科技大学159门选修课中，人文社科类121门，自然科学类22门，其他类16门。其中，在22门自然科学类课程中，14门都是实用的信息技术课程。复旦大学442门通识选修课中，人文艺术类114门，社会科学类163门，自然科学类92门，医学与药学类64门，其他类9门。

课程结构之所以杂乱无章，主要原因在于缺乏自上而下的顶层设计。据统计分析，目前各个大学的通识选修课主要采取的是教师自愿申报、教务处审批的方式开设，且审批过程相对较为宽松。华中科技大学虽然明确提出了"通识教育基础课程体系"建设，但该校的有关负责人表示，通识选修课虽然数量、门类都有增加，但课程的质量参差不齐，优秀的教师往往并没有开课，学校对人文选修课的审查也很宽松。因此，要突破原有的课程体系和制度很困难。

一般来说，学校在设计通识教育选修课时，只是简单进行类别划分，至于每个类别中开什么课、开多少门，则主要是取决于教师的申报情况，并没有精心地构建。自愿申报带来的直接结果就是：通选课开设不是"学生缺什么补什么"，而是"学校有什么学生便学什么"。比如一些理科类大学，它的自然科学师资力量十分雄厚，所以自然科学类的通选课所占比例也非常高，而理科专业学生需要弥补的人文社会科学课程少之又少。自愿申报的另一个弊端是，教师大多把通选课作为填补教学工作量的机会，而任务不满的往往是青年教师，他们就把通识选修课当作"练手"（练习讲课）的机会，但在有了科研或专业课教学任务而导致精力不够后，通常就会停掉通选课。这样导致一些课程时开时停，显得非常随意。

2. 学生投入通识选修课的精力少

据专家介绍，"一些大学生把通选课当作'混学分''休息放松'的选'休'课，不少学生并未听课，而是在课堂上写作业、看报纸、说话、睡觉，并且迟到、早退的现象比较严重，上课来去自由"。之所以容易"混学分"，在于有些教师对课程学习的要求太低，管理不够严格。在笔者的访谈中，学生反映：一些通识教育课程只要上交一篇论文即可通过考试，平时上课也不用点名签到，这样的课程很容易拿到学分，但是也完全失去了通识教育的意义，有不如无。同时，一些教师也表示：讲授通识教育课程不是很好把握，如果内容太专业、太深奥反而会令学生听不懂，内容太简单又会过于肤浅，对学生的要求太严格又担心他们不会选择这门课程。

当然，通识选修课中也会有高水平的课程、负责任的教师，但是就总体而言，通识教育选修课的质量偏低。有的学生反映：有些通识教育课程，仅仅从它的名字上判断好像很值得去听，但是实际上的教学内容却令人失望，一学期下来根本学不到什么知识。他们表示是慕"名"而来，失望而去。

3. 通识选修课的地位低

通识选修课之所以难以赢得教师和学生的尊重，其内容"杂、乱、差"，根本原因在于学校没有给予足够的重视，通识选修课没有地位。学校不够重视主要表现在：没有专门的管理机构，没有专家进行设计，没有相关的制度保障。具体来说存在以下几点。第一，通识选修课一般是由教务处的某一科室分管（不是专门管理），而教务处事务繁忙，常常无暇顾及。我国港台地区的大学大多设有通识教育中心或类似的组织，专门负责通识教育课程及有关事宜。第二，通识选修课内容涉及人文、社会、自然科学的许多领域，课程设计不仅要体现通识教育理念，还要遵循综合性、基础性和多样化等原则，因此必须依靠各个学科门类的专家才能完成。而据资料显示，只有少数大学如清华大学、复旦大学等建立了通识课程委员会，其他多数学校没有成立专门的组织，因而对通识教育课程的顶层设计更无从谈起。第三，通识教育选修课是从全校公共任意选修课演变而来，与必修课的强制性、专业课的有用性相比，其"任意选课"的性质和自身的"无用性"就影响到它在师生心中的地位。因此，如果学校没有高度地重视和相关的制度保障，通识教育选修课很难摆脱边缘化、低等化的地位，难以改善"杂、乱、差"的现状。

三、非正式通识教育课程难以发挥作用

非正式课程的内容非常广泛，包括观念层面的办学理念、办学观念、校风学风，制度层面的管理体制、组织机构，物质层面上的学校硬件建设、校园自然环境，行为层面的师生交往、学生交往和各种社会实践活动等。

为了便于集中研究，这里讨论的主要是行为层面上的非正式课程，包括社会实践、社团活动、大学生宿舍生活等。

现在的大学教育比较注重正式课程及其教学。校园文化活动包括课外系列讲座、文化艺术活动等，近些年在文化素质教育工作的推动下有了很大的发展，已成为文化素质教育的重要途径，也得到了师生较好的评价。而学校对其他影响大学生成长的非正式课程因素如社团活动、大学生活指导、与教育交流沟通的机会普遍关注得不够。

笔者认为，非正式的通识教育对大学生有着不容忽视的作用，特别是大学生宿舍文化在通识教育中的积极作用。不论是对毕业生还是对在校大学生的访谈，大家提到最多的还是宿舍生活对自己的影响。宿舍学风同质现象非常严重：有的宿舍成员学习非常努力，考上研究生继续深造的比例很高；而有的宿舍则玩电脑游戏成风，学习成绩普遍不优秀，甚至会出现延期毕业和退学的状况。

四、通识课程教学不受重视

1. 对通识课程教学认识、重视不够

多数高校开设通识教育课，其对此课的认识及重视程度尚不能令人满意，还不能适应通识教育理论教学的需要，甚至有的高校尚未把通识课程教学作为培养高素质综合型人才的必要途径。

对通识课程内涵缺乏认识，对通识课程的教学目标把握不准、理解不透，这些情况在大多数高校中依然存在。许多高校领导及主管部门将通识教育简单地理解为"让文科学生多学点自然科学的知识，让理科学生多学点人文社会科学的知识"，因而只需给学生多开设一些课程供其选择，通识教育的任务就完成了，表明该校虽然实施了通识教育，但却把通识课程的教学工作"简单化"。还有些学校甚至把通识课程教学当作"软指标"，教学时间安排上一挤再挤，教学内容上一压再压，教学标准上一降再降，教学管理上一软再软，表现出相当大的随意性。因而，通识课程教学工作在一定程度上背离了通识教育理念，造成教学的盲目性和被动性，直接影响了通识课程的质量和效果。

2. 通识课程教学组织机构、管理体制不健全

健全的组织机构、管理体制和良好的教学设施，是提高通识课程教学质量的重要保障。虽然通识课程教学工作在部分高校中得到了重视，但在多数高校中依然存在管理不规范、施教不科学、考核不严格等问题。

高校通识课程教学条件和设施建设上存在不少问题。一是绝大多数高校还没有建立起真正意义上的通识课程教研室，即便设置了教研室，也没有发挥多大实际作用。教学媒体、资料、教学设施也有限。二是经费投入不足，无法适应通识课程教学发展的需求。高等教育经费不足是我国高校的普遍问题，其严重限制了通识教育的发展。首先，高校经费本身的不足和发放过程中的程序烦琐和成本浪费使得通识教育的经费在源头上就"先天不足"。其次，由于经费是根据有"名目"的各种"工程"来发放的，而通识教育不是用"名目"所能概括的，因此很显然在申请上很困难。如此一来，通识教育教学就没有专项经费。三是教学管理不够。目前许多高校的通识课程教学工作是在学校教务处的支持下，在各学科性学院进行，基本上没有设置专门的通识课程教学管理中心。通识课程教学管理又得不到学校与各学科性学院的重视，致使通识课程的教学管理常处于边缘境地，以致有学者指出通识课程教学管理中严重存在"通识课程程序设置不严格、学科领域划分不合理，缺少通识教育氛围，通识教育评价体系不完善"等问题。

近年来，随着我国通识教育改革的深入开展，通识教育课程的效果检验工作受到更多关注，但距离建设高效完备的通识课程评价机制还有很大差距。首先，通识课程体系的建设并无专门管理机构负责和专家指导，相关工作通常交由学校教务处和教学督导部门负责，但这些部门同时还承担学校专业课程的教学和其他的学校行政管理事务，导致通识课程实践操作过程中出现责权界限不明确或缺乏及时有效的反馈机制等现象，进而影响通识课程的建设实效和质量保障。为推动通识教育的深化改革，通识教育的管理机制创新必然要求提上日程。其次，通识课程的认定和评审大多沿用专业课程的评估指标体系，包括预期学习结果、教学内容组织、教学有效性、考核标准等方面欠缺对通识课程功能定位的实际和系统的研究，在规范程序上来说即缺乏科学的理论指导依据，通识教育课程评价工作的专业性和有效性受到质疑。

3. 通识课程师资力量薄弱

多数高校通识课程授课教师的现状并不很适应通识课程的教学和科研，真正能胜任的教师还是少数。通识课程与专业课程相比，通识课程的教学对教师的要求要高得多，它要求教师不仅要有较高的专业学术水平，还要有较宽广的知识面，同时还要有运用不同知识分析问题和解决问题的意识、方法、能力。目前能够达到这种要求的教师不多，而又因通识课程常与研究的关系不大，短期内难见成效，教师的工作难以得到合理评价，致使许多有这方面能力的高水平的教师不愿意担任通识课程的教学。虽然很多高校规定名师或资深教授必须给本科生开设课程，但名师或资深教授开设的通识课程仍然是少之又少。另外，我国高师教育的目标一直是偏重于培养学科专家型的教师，专业划分过细过窄，课程体系呈现单一学科纵深发展型。这种模式下培养出来的教师队伍，没有人是"专修"通识教育的，师范性、人文性、通识性、研究性的缺失，致使高校专门的通识教育师资薄弱，难以深入把握通识课程，直接影响到通识课程的教学效果。

4. 通识课程的教学形式和方法有待改进

考察美国通识课程的教学模式和要求，无论是芝加哥大学，还是哈佛大学，或者是改革步伐激进的斯坦福大学，无一例外，全采用小班教学和助教制，而且对学生的作业要求非常严格。在教学方式上，美国大学通识教育课程教学主要有四种方法：课堂讲授、小组讨论、研讨班和独立研究。然而，我们多数高校的通识课程教学模式仍然没有摆脱传统的以教师为中心、学生为附属的单向灌输形式，教学方法以教师讲授为主，较少采用课堂讨论和研讨的形式。通识课程具有它自身的特点，且往往对全校很多专业的学生开设，而它的授课要求和目的与专业课有很大的差别，因此，通识课程的教学方式应该多样化。

5. 学生对通识课程认识的误区

由于受传统课程设置与教学模式的影响，目前我国多数高校对通识教育的普遍误解在于，不是把它作为本科阶段的主要课程，而是把它仅仅看成是专业课程之外的辅助课，只是为了扩充一点学生的知识面和兴趣，其结果直接导致学生对通识课程的误解和不重视。有相当一部分学生选通识课程只是单纯为了挣够学分，哪门课好过、哪门课老师要求过松则选课率最高。上课无事可做，或在私底下写其他课程作业，或把通识课程的课堂当成阅读小说、看报纸杂志的"阅览室"。据调查，学生对通识课程的学习从学习目的、学习方式到学习内容的选择都充满了强烈的功利色彩。学生选择通识课程的重要标准是"课程是否有用"，仅次于自己的兴趣；在提到对教师的相关评价和建议时，学生普遍反映的是授课内容"没用""不实用""希望老师多教些实用的东西"或"希望学了对以后有切实帮助"等。因此，对于接受通识教育的学生来说，明确学习通识课程的宗旨和对他们未来就业所起的作用显得尤为重要。

以上这些问题都在不同程度上影响我国高校通识课程体系的进一步发展和完善。一方面，对通识教育任课教师而言，通识课程评价机制不完善不利于教师的专业发展，也不利于通识课程教学质量的改善。当前高校通识教育课程的授课教师都由各院系的专业教师兼职担当，并无专业的通识教育师资队伍。专业教师工作量大，他们肩负各自领域的专业科学研究和繁重的教学任务，考核压力大。所以相比较而言，大学教师在通识教育中的回报比专业教育小，导致教师不愿意花时间精力好好备课，教学效果因此得不到保证。另一方面，缺乏科学和完善的评价和监督不利于督促教师的后续改进，如可能存在通识课程教学内容组织水平不足、教学方法不适用非专业学生学习特点等问题，导致学生听课积极性降低，学习效果不理想。对学生而言，缺乏科学有效的通识课程评价机制不利于学生正确地认识通识教育的重要性，对通识课程的学习缺乏应有的重视，以至于学生在选课时往往选择内容简单、考核标准较低的课程，学习积极性不高，学习投入不够，致使通识教育教学质量提升难以实现。

第三节　高校通识课程建设存在问题的原因

一、通识教育理论指导不够

从普遍意义上来讲，通识课程在我国的实施已经走过了 30 多个春秋，一些院校也已经对其自身通识课程建设进行了多次的改革与创新。然而，相较于其他发达省份来讲，一些欠发达省份通识教育的探索与实施还普遍存在着起步较晚、基础较差的问题。存在这样的状况，与其经济发展相对滞后、高等教育水平不高有关，但更重要的是因为理论指导的缺乏。

目前为止，学者对于高校通识教育的探究多以其存在的问题及对策的提出为主，还有学者以某一高校为例，对其进行个案研究。不可否认，学者的研究对于高校通识教育的发展有一定的指导作用，但是究其根本，现在的成果中并没有形成一个较为完整的、系统的、能够覆盖高校通识课程的改革与实践全过程的、统一的理论指导，就此而言，这些研究的借鉴意义还稍显不足。此外，针对高校通识教育的发展，还缺乏相关主管部门的理论指导。以 G 省为例，通过对 G 省教育厅网站相关文件的查阅，关于针对 G 省通识教育的实施与建设的指导方针、政策性文件，并不完善。2014年，在学习江苏省、浙江省高水平高校建设与管理经验的基础上，G 省教育厅提出要着重建设与专业教育相并行的通识课程体系。同年，教育厅提出要在全省高校中开设以中华文化为教育任务，覆盖哲学、文学、历史学、艺术学等方面的通识课程。2015 年，在全省工作会议讲话中，G 省教育厅厅长提出在通识课程的建设上要更加注重学生科学知识、思想品德、人文素养及实践能力融合。尽管在一定程度上为 G 省高校通识教育的发展指明了方向，但就整体而言，略显欠缺，G 省高校通识教育的发展还需依靠自身的探索实践。

二、通识课程实践经验不足

尽管很多高校的领导已经认识到通识课程对学生发展的重要性，开始有意识地进行通识课程的实践与探索。例如，聘请校外专家、企业主管与校内教师一起，共同承担一门通识课程的教学任务，注重对精品通识课程的打造，引进通识课程网络平台等。但就整体而言，这些变革的范围较小，并没有完全改变当前高校通识课程实施现状，触及通识课程改革的实质，使得通识课程的建设与实施仍停留在最初的阶段。此外，对于经济欠发达省份高校来讲，本省并无太多优秀的通识课程的实践经验可以借鉴。以 G 省唯一一所"211"工程院校 G 大学为例，尽管其通识课程的开设起源于 20 世纪 90 年代中后期，但是直至 2014 年 7 月，G 大学实行的都是"全校通选课"模式，随着阳明学院成立，G 大学逐渐开启对通识课程建设的新的实践之路。其他几所老牌地方院校因地理位置相对集中，开始逐步探索通识课程资源学分互认的实践之路。但这些院校的经验对于地方新建本科院校来讲，并无太大的借鉴意义。

三、通识课程建设脱离实际

高校通识课程的建设应符合其办学定位、体现其人才培养目标的特色，进而构建出一套适合其自身发展的独特的通识课程体系。从目前高校通识课程的发展来看，不合理的设置状况之所以存在，最根木的原因在于其缺乏建立独立通识课程体系意识，脱离自身发展的实际。

教师与学生作为通识课程实施的两大主体，高校通识课程建设所依据的最大的实际当属本校师资队伍的现状与本校学生的实际接受能力与实际需求。大多数高校的师资队伍存在着数量不足、质量不高的困扰，在这些教师中，拥有足够经验与能力，符合通识教育要求的教师少之又少。因此，对于地方本科院校来讲，盲目仿照研究型院校通识课程的建设，只会为教师带来更大的教学压力，对于通识课程质量的提升并无太大的作用。同时地方本科院校所招收的学生与研究型院校相比也有一定的距离，即使地方本科院校有足够的师资力量保证通识课程的质量，但学生理解能力的不足、接受能力的欠缺也会使通识课程的效果不尽如人意。因此，高校更应该从自身实际出发，结合教师与学生的实际情况，开设符合本校教师教学能力与学生学习潜力的课程，并在此基础上为本校教师通识教育能力的提升搭建更为广阔、更加优质的平台，为高水平的通识教育师资队伍的打造奠定坚实基础。

第四章 国内外高校通识教育课程建设的经验与启示

建构主义学习理论提出"学习要基于情境，要有利于学习者分享各自的见解与信息，要鼓励学习者探究问题以达到对科学内容与过程的深层理解……"[①]。通识教育正是促进学习者学习能力提升的综合素质教育，笔者通过对国内外部分大学通识教育课程设置的研究，可以看出各个学校的不同与特色，有利于在通识课程建设方面总结经验，为我所用。

本章重点探讨英国、德国、新加坡高校和国内部分高校通识课程建设的实践经验，为我国高校通识课程建设发展提供借鉴指导。

第一节 国外高校通识教育课程建设的经验与启示

一、英国高校通识教育课程建设经验与启示

英国高校的通识教育可以追溯到古典大学初创时期的牛津大学和剑桥大学的成立。作为英国高等教育的领军者和典范，牛津大学和剑桥大学一直重视对学生智力的训练、理智的开发和品格的养成，并引领英国高校逐渐形成了贯穿教育理念、教育内容和教学实践的一种独特的通识教育样式。现代大学通识教育理念与古希腊的自由教育思想紧密相关，也是英国培养"适合自由人"的博雅教育思想的进一步发展。因此，追溯英国高校通识

---

① 屈林岩. 学习理论的发展与学习创新 [J]. 高等教育研究，2008（01）：77.

教育的发展历程并探究英国高校通识教育课程体系建构，对我国高校通识教育具有一定的借鉴意义。

（一）英国高校通识教育的历史沿革

通识教育的思想和传统发端于欧洲，在古希腊和古罗马时期就出现了一些以传播高深学问为目的的教育机构，实行的是重视培养人的个性的通识教育。10世纪，世俗势力与王权贵族的矛盾开始激化，教会对公民的控制减弱，社会中开始产生各种群众自治组织，许多学者逐渐聚集在特定的场所探讨真理和知识，此时的通识教育并没有明确的教育目的和课程体系，而是学者个人发表自己思想的一种自由教育。中世纪后期，真正与现代意义上所理解的大学一致的高等院校在欧洲诞生，其中较早产生的高等教育机构有英国的牛津大学和剑桥大学。受古希腊传统自由教育思想的影响，英国高等教育机构自创立之初就渗透了古希腊集体自由思想和个人自由思想。作为欧洲中世纪的高等教育组织，牛津大学秉承这样的教育思想，即大学是学习和探究普遍学问的地方。纽曼（John Henry Newman）提出的关于通识教育的大学理念不仅是牛津大学的理念，也是英国大学理念的印证和彰显[①]。牛津大学将教育的最终目标指向造就有德性、有能力的绅士阶级，在课程设置上重视人文学科和基础理论研究，注重对学生的人格教育，促进学生身心和谐发展。牛津大学一开始是附属于宗教哲学的高等院校，在文艺复兴时期人文主义思潮的影响下成为当时的学术交流中心。剑桥大学的教育内涵与文化和宗教是紧密关联的，教育内容主要是文学和神学，人文精神在剑桥大学可谓是根深蒂固。

18世纪欧洲高等教育开始走向近代化。为适应科学革命和工业革命的需要，科学教育的呼声越来越高，技术和机器被看作是影响社会发展的决定性因素。于是，在当时特定的历史条件下出现了一系列与传统大学相对的城市大学。这些城市大学多是各类技术性的工科院校，在课程设置上以自然科学为主，将近代科学技术的课程纳入高等教育体系，强调传授学生的实用技能，将教师、牧师、律师等专职人员作为培养目标，通过专业教

---

① Brock M.G,Curt Hoys.The History of the University of Oxford[M]. Oxford: Lardoons Press, 1997:290–291.

育培养人才是中世纪城市大学的一个特点。^① 虽然一大批新兴的城市大学反对牛津大学和剑桥大学的优越感，但这些大学仍然不得不受这两所大学的支配和统治。在牛津和剑桥两所学校的影响下，英国高校强调大学是一个自由学习的场所，强调学生自由入学。^② 纽曼是当时倡导通识教育的代表之一，他提出大学就是探究普遍学问的场所^③。在《大学的理念》一书中，纽曼雄辩地论证了高校应该开展"博雅教育"而非"专业教育"，通识教育培养的是社会良好的成员，即智力发达、情趣高雅的绅士而非保守的基督教徒^④。由于牛津和剑桥大学相对忽视科学研究，因此一度进入保守和停滞期，直到 18 世纪 30 年代，牛津大学和剑桥大学的录取人数每年都低于200 人^⑤。

进入 19 世纪后，英国高等教育得到空前发展，但英国高等教育依然遵循精英教育模式，重视高质量的培养水平，对学生实行相对自由的教育，允许学生选择感兴趣的课程，强调学生的人格、品格和性格的培养。19 世纪 30 年代前，纽曼的通识教育思想受到英国高校的普遍推崇，牛津大学主要开设的课程有文学和古希腊传承下来的逻辑学，英国高校普遍不重视科学^⑥。赫胥黎（Thomas Henray Huxley）既是 19 世纪英国的科学教育的代表人物，也是"极力倡导自然选择进化论的代表之一"。他认为，"科学教育是真善美的有机统一"^⑦。关于大学职能观的阐释，赫胥黎表示，大学培养的是具有创新精神、能够推动科学发展的人，大学不仅需要向学生传授

①   Pedersen Olaf. The First Universities: Stadiums General and theOrigins of University Education in Europe[M]. Cambridge: Cam-bridge University Press, 2007:144-145.

②   Pedersen Olaf. The First Universities: Stadiums General and theOrigins of University Education in Europe[M].Cambridge:Cambridge University Press,1997:213.

③   Newman John Henry.The Idea of a University[M].Chicago:Loyola University Press,1987:464.

④   Newman John Henry Cardinal.The Idea of A University:Defined and Illustrated[M].New York: Rutledge Press,1994:302.

⑤   Walter Rugen.University in Early Modern Europe（1500-1800）: A History of the University in Europe [M].Cambridge:Cambridge University Press,1996:43.

⑥   Michael Sanderson.The University in the Nineteenth Century[M].London:Rutledge&Kean Paul,1975:417-428.

⑦   Falk Ruse,Thomas Henry Huxley.Evolution&Ethics Philo-sophic[M].New Jersey:Princeton University Press, 2009:417-428.

知识，还应该将科学知识与科学研究相结合。这对当时英国牛津大学的自由教育传统理念产生了一定的冲击。在英国社会各界的强烈要求下，牛津大学通过扩充与社会生活联系更紧密的教育内容，逐步实现了教育的现代化，但依然维持了通识教育理念，在增加科学教育内容的同时坚持人文教育的传统，致力于发展学生的智力和人格。牛津大学和剑桥大学并没有完全摒弃通识教育传统，而是将通识教育赋予在书院的功能之上，他们认为通过言论自由的书院环境，学生可以成为通达的文化人[1]。

牛津和剑桥大学深受文艺复兴的影响，在 19 世纪 50 年代以前，这两所大学依然一直保持着古典教育的特色。与此同时，德国学者洪堡（William Humboldt）提出的新大学理念迅速席卷欧洲，他认为大学并非是提供通识教育的场所而是发展科学教育的研究所。在当时的德国人看来，如果高等教育不是通过研究去探索新知识和新问题，那么任何程度的理智或者任何广度的知识都不能够称之为高等教育[2]。在科学技术发展和新大学理念的双重刺激下，剑桥大学的数学家白培基（Charles Babbage）开始攻击皇家学会对科学的忽视，牛津大学的人文学者巴德森（Bardson Wille）也指出，对经典知识的学习并不能构成完整的大学教育。直到 1870 年，牛津的克莱顿实验室及剑桥的开温第士实验室的正式成立，标志着英国高校开始真正重视科学教育，但这些仅是"权宜之计"[3]。牛津大学和剑桥大学在相当长的时间里将技术教育拒之门外，他们认为"自由人教育的理念"是不会过时的[4]。科学技术的发展，一方面极大地提高了社会生产率，在短时间内积累了大量的物质财富，人们的生活水平迅速提高；另一方面使人们无须将更多的时间投入在工作中，各种机器带来的闲暇时间让人们开始焦虑[5]。如何在高等教育中更好地利用这些闲暇时间成为社会人士高度关注的问题，通识教育的重要性由此也随之凸显。现在的英国高校并没有设置专门的通识

① Peter R.S.Ethics&Education[M].London: George Allen&Unwind Ltd,1970:65.

② Darden R.F. Theory and Practice in Education[M]. London:Rutledge&Kean Paul,1984:72.

③ Victor Morgan，Christopher Brooke. A History of The Universityof Cambridge [M].Cambridge: Cambridge UniversityPress, 1993:86.

④ Richard Livingstone. The Future in Education[M].Cambri–dge: Cambridge University Press,1941:67–68.

⑤ Hurst Paul H. Literal Education and the Nature of Knowledge[M].London: Rutledge and Kean Paul,1974:507.

教育课程体系，但其悠久的通识教育精神已经渗透并贯穿整个高校的教育教学活动。

（二）牛津大学的博雅教育课程

自 12—13 世纪以来，英国古典大学一直主导高等教育的发展。牛津大学的发展就是英国传统大学发展的缩影。从中世纪开始，一直到 19 世纪 50 年代，牛津大学的教育"依然以博雅教育为主，神学、法学、医学的专业教育几乎可以忽略不计"[①]。历史发展进程中，牛津大学一直坚守博雅教育，至今现代牛津大学的教育中也贯穿着博雅教育理念。

1. 牛津大学博雅教育课程的历史发展

博雅教育理念是牛津大学人才培养的核心思想之一，从建校之初到现今的课程设置中都蕴含着强烈的英国大学博雅教育理念色彩。巴黎大学建立后，处于世界领先地位，吸引了大量国外求学者。英国也有许多学者到巴黎大学进修。然而，由于政治性因素，英国学者只能在本国求学，在此背景下，诞生了牛津大学。建校初期，牛津大学主要模仿巴黎大学的课程学科模式，在学科方面，开办了神学、法学、医学和文学。13 到 15 世纪，牛津大学重点研究古希腊经典文学，课程内容主要为亚里士多德的著作。同时，牛津也继承了 12 世纪英国学者研究数学与自然流传下来的学术传统。因此，古典学科知识与自然科学方法的兼顾，成为牛津大学博雅教育课程的重要理念之一。14 世纪，牛津大学成为"神学辩论的场所"[②]，吸引了不同宗教派别的学者来到牛津进行讨论。这个时期宗教势力异常强大，神学知识渗透到社会的各个角落，大学也普遍开设了神学课程。在此环境中，牛津大学也开设了宗教色彩浓烈的经院哲学课程，培养了大量的宗教神职人员。从纽曼的自由教育思想出发，大学应当教授普遍知识，神学课程的学习本身就是大学博雅教育理念的体现。人文学科知识一直是牛津大学的特色之一，学科和课程基本上都围绕着古希腊的"七艺"展开，具有鲜明的古典色彩。牛津大学坚持以古典人文学科知识教育为核心的自由教育观，人文学科知识的教授是牛津大学实施自由教育的一种途径。学生通过学习

① 沈文钦. 西方博雅教育思想的起源、发展和现代转型：概念史的视角 [M]. 广州：广东高等教育出版社，2011：155.

② 周常明. 牛津大学史 [M]. 上海：上海交通大学出版社，2012：133.

这些知识，心智受到培养，理智得到训练。这种形式的教育属于"大"博雅教育，即注重文理交融、不突出专业性。此外，牛津大学在设置学科和课程的同时，注意聆听外界声音，与社会联系密切。例如，为满足当时社会需求，开设了教会法、民法等"热门"课程。学习这些课程后，学生能够更加适应社会，有力地促进了学生的全面发展，这也是大学博雅教育课程的人才培养目的。

18世纪，牛津大学的课程主要分为两个部分："一部分课程沿袭传统的模式，以培养学生的辩论和演说能力为主；另一部分课程以经过改造的科目为基础"[1]。第一部分的课程依然以古希腊古罗马的经典著作为主，辩论和演说能力是古典学科课程的培养重点。第二部分的课程，紧随社会发展，当时实用功利主义思潮盛行，牛津大学也受到了一定的冲击。牛津依然坚持古典大学的传统，捍卫古典教育，但也增加了一些经过改造的科目，自然科学知识得到发展。此时的牛津大学，传统古典课程依然占据主要位置，以培养绅士为主要目标。而一名绅士的造就需要多方面的培养，大学不仅要注重学生的心智养成、理智训练，也要着重培养学生的良好品质。牛津大学的人才培养目标也体现了英国大学博雅教育理念。18世纪末，牛津大学的"学科范围有所扩大，一些新的自然科学开设受到重视"[2]。从开始继承自然科学传统，到逐步重视自然科学知识，牛津大学的"大"博雅教育的理念逐步明显，古典学科教育不再是牛津大学的唯一标识，自然科学也逐渐发展起来。

19世纪上半叶，牛津大学设置的课程"以古典学为核心，数学、逻辑学和神学为辅"[3]，课程内容涉及人文和自然领域，这种文理交融的形式属于"大"博雅教育范畴。通过这些课程的训练，能够培养学生严格的逻辑推理能力和解决问题的能力，这些是未来绅士、政治家、社会精英所必备的素养。19世纪中期，随着专门成立的自然科学系、法学与现代史系和数学物理系，理科教育在牛津大学中地位越来越重要。牛津大学不断拓宽的

① 周常明. 牛津大学史 [M]. 上海：上海交通大学出版社，2012：136.
② 贺国庆，王保星，朱文富，等. 外国高等教育史 [M]. 北京：人民教育出版社，2003：117.
③ 沈文钦. 西方博雅教育思想的起源、发展和现代转型：概念史的视角 [M]. 广州：广东高等教育出版社，2011：233.

学科专业范围以及逐渐深入的教学领域，都是牛津大学博雅教育理念的表现。虽然此时的牛津大学课程还以古典学科为主，世俗化的趋势不断再扩大。人文学科知识与自然学科知识的兼顾，将牛津大学博雅教育理念充分表现出来。此外，牛津大学依然重视拉丁语、希腊语古典语言课程。牛津大学所强调的古典语言学科的学习，是通过经典文学名著的熏陶，塑造学生独特的审美观和高尚的道德观，最终培养学生集中性解决问题、创造性探究以及逻辑推理的能力。虽然当时有人反对，然而事实证明牛津大学的做法并没有错。牛津大学的教师依然处于学术前列，毕业生也具备极强的就业竞争力，成为世界一流大学。所有取得的成就从侧面证明了牛津大学实施博雅教育的精准性。

2．牛津大学现行的博雅教育课程

牛津大学现行的课程中没有像美国大学设置通识课程那样专门开设博雅教育课程，但整个专业教育中贯穿着博雅教育理念，是将通识教育融入在日常的专业教育中，从一定意义上可以阐释为：英国高校已经形成了一种以专业教育通识化为特征的通识教育课程设置。

（1）历史与经济学的博雅教育

历史与经济学综合了历史学和经济学两门学科的知识，将经济学、经济史和历史（政治及社会方面）相结合。这种课程组合形式表明学科之间都存在联系，没有学科可以单独存在。从知识的整体性和综合性角度凸显了大学博雅教育的理念。学生拥有选择专攻方向的权利，相应的选择不同比重的历史与经济学课程。历史与经济学并重的课程培养模式拓展了学生的思维，有助于学生形成综合视角，全面看待问题。表4-1是牛津大学历史与经济学前三年所设置的课程。

表4-1 牛津大学历史与经济学三年课程体系

学 年	课 程	评 价
第一学年	四份论文的写作范围： 经济学导论：通史（主要是欧洲），提供四个选项 历史学法论：（可选择历史的方法，历史编纂学，塔西佗韦伯，外国文本） 选修科目（包括使用的主要来源）：21种选项	第一次大学考试：四次笔试
第二、三学年	经济学和经济史的核心课程 经济学论文的核心：微观经济学；宏观经济学；数量经济学 历史论文的核心：英国阶段史（7个选项）或通史（19个选项）；1870年后的英国经济史 可选的论文：历史学中两个主题；经济学中两个主题；历史中一个主题，英国历史或通史中一个主题；历史中的一个主题和经济学中一个主题 强制性论文：经济史领域原创研究论文	最终大学考试：七份书面论文和一个强制性的本科毕业论文

从表4-1可知，牛津大学历史与经济学专业三年的课程并没有完全限制学生必须选择哪些课程，而是设定大方向，围绕主题设置课程。牛津大学发挥的作用在于为学生提供尽可能多的课程，将选择课程的主导权交由学生。学生可以根据兴趣为自己所要学习的课程制订计划。在第一学年的课程学习中，学生需要完成四份不同的论文。论文主题源于经济学导论、欧洲通史、历史方法论和选修科目。每个领域也有一定的选择范围，例如在欧洲通史中，学生可以选择其中的历史方法论、历史编纂学、塔西佗韦伯以及外国文本的研究。此外，选修科目数多达21项，供学生选择的课程较为丰富。历史与经济学专业将后两学年作为一种"大学年"形式，学生只要根据自己的需要和兴趣，选择学习的时间、课程即可。这两年的学习中，牛津大学至少限定了学生的毕业强制论文，规定必须在在经济史领域，其他的课程选择权依然掌握在学生手中。历史与经济学的课程体系极大地给予学生自主选择权，学生有权选择课程、论文的主题。学生享有的自主选择权本身就是英国大学博雅教育理念实现的重要途径之一。

牛津大学历史与经济学专业的学生可以同时学习两种不同类型的学科

知识，历史学课程利于学生形成跨越界限的横向思维，经济学课程利于学生养成直接简洁的集中力。也由于历史与经济的专业性质，牛津大学设定一些规则帮助学生更好地学习课程。学生在选择课程时必须按照一定的比例。经过三年的课程训练，学生可以获得历史学家论证的严谨性，经济学家定量分析的数据处理方法，这些都为未来工作生活提供了强有力的准备。可从近些年牛津大学历史与经济学毕业生所从事的职业来看，多集中于工业、管理咨询、法律、教育和公共服务、民事和外交服务以及银行等行业。毕业生就业的行业实际上受专业的限制较小，只要与历史、经济相关即可。宽广的就业面表明历史与经济学的学生在大学阶段的学习基础牢固，扎实的课程学习，为学生打下了具有竞争优势的知识技能和专业素养。

（2）物理学与哲学的博雅教育

牛津大学的物理系是英国最大的物理系之一，强有力的专业技术研究保证了所开设的课程基本都是依据最新的研究成果。而牛津大学的哲学系则是全英国规模最大也最为著名的。物理学与哲学专业将自然学科中最根本的物理学和人文学科中最严谨的哲学联合在一起，极具特色和价值。这两门专业组成的联合专业，是人文学科知识与自然学科知识最具代表性的结合，专业本身的存在就体现了牛津大学博雅教育理念。表4-2是牛津大学的物理学与哲学四个学年所设置的课程。

表4-2 牛津大学物理学与哲学四年课程体系

学年		课程	评价
第一学年	物理	力学和狭称相对论；微分方程和战性代数；微积分和波	第一次大学考试：三篇物理学论文；两篇哲学论文
	哲学	演绎逻辑要素；一般哲学	
第二学年	物理	物理学；电磁学；量子物理学；数学方法；物理学实习	最后一次大学考试A部分；三篇物理论文；令人满意的实验室工作
	哲学	早期现代哲学或知识与现实；狭义相对论	
第三学年	物理	一篇论文物理或哲学自选	最后一次大学考试B部分为三或四篇哲学论文，一或两篇物理论文和一个简短物理论文
		下列中任选三项（如果选修论文是物理则选五项）：经典力学；流动、波动性和复杂性对称性和相对性；量子、原子与分子物理；亚原子物理学；广义相对论和宇宙论；凝聚态物理学	
	哲学	科学选择哲学；量子力学哲学 哲学选项（如果选修论文是哲学）	
第四学年		从物理和哲学的列表中选择三个单元组合而成。先进的物理学哲学是一种选择	最后一次大学考试C部分，一份综合论文和文章，包括三方面，或哲学毕业论文，或物理毕业设计

　　牛津大学的物理学与哲学专业课程的大学博雅教育理念也体现在两个方面。首先，学生享有极大的选择权。每学年的评价就是牛津大学对学生的要求，例如第一学年，以提交论文的形式对学生的学业进行评估。三篇物理学论文和两篇哲学论文，学生只需要学习相关课程，论文内容可以研究力学和狭义相对论或演绎逻辑要素的任何方面。同时，第三学年中，经典力学，流动、波动性和复杂性，对称性和相对性，量子、原子与分子物理，亚原子物理学，广义相对论和宇宙论和凝聚态物理学这七个单元，在学生选择撰写论文的领域后就能任意选择其中三项或五项，自己将要接受什么课程都掌握在自己手中,学生能够自主决定自己的学习课程、学习主攻方向。

不同科目之间的组合构成学生学习的内容，这是最能体现牛津大学博雅教育理念之处。这种类型的课程文理交融，打破了学科之间的界限，蕴含了丰富的大学博雅教育理念。

其次，学生课程的选择也有一定的标准。第一学年物理学领域要求学习的物理学课程包括力学和狭义相对论、微分方程和线性代数、微积分和波，哲学学科的课程有演绎逻辑要素、一般哲学等。物理学与哲学的课程比例是 3∶2，学年末的评价标准也是同等的比例。第二学年物理学课程的比重要重于哲学，甚至第二学年的评价标准也主要依据物理学。然而第三学年评价较为偏重哲学，课程比重开始趋于相等。不同比重的课程，也表明物理学与哲学学科之间的不同，物理学作为严谨的自然学科必然需要相对较多的基础性课程，而哲学的学科性质则与之相反。牛津大学的课程设置充分考虑到学科性质的差异，为学生课程的选择提供有力的支撑。

物理和哲学专业的毕业生具有极强的就业竞争优势，部分毕业生会进入科技行业，从事研发或研究产业技术作用的行业。当然也有部分毕业生从事与所学专业无关的职业。值得注意的是，牛津大学的物理与哲学专业几乎 40% 的学生继续研究生学习。与工程科学专业的 30% 相比，高出 10%。这也从侧面表明物理和哲学本科专业的学习被学生作为进行深层次专业教育的基础性教育，是一种"大"博雅教育，文理交融，不突出专业性。

（3）设立三大学科群

英国通识教育不仅包括传统的通识教育知识，也包含现代化的专业学科知识，如工业化和扩大教育体系所需的科学和技术[1]。工业革命的爆发促使社会劳动分工迅速发展，社会对学科专业化的呼声愈发高涨，英国传统大学和新兴大学为避免学科过度分化，在课程设置方面形成了一个共同特点：基于原本独立的知识领域构建符合通识教育思想的课程体系，即专业教育通识化的课程设置。建立一系列具有内在关联的学科群，帮助学生掌握广泛的基础知识。学科群的课程内容不拘泥于某一特定的学科，而是重视学科之间的相互联系与优势互补，体现了较强的开放性和普遍性，强调学生对综合性知识的学习。牛津大学设立了三大学科群，分别是单科专业

---

① Joseph Ben-David.Centers of Learning.United States [M].New York: Mc Graw-Hill,2017:185.

（工程学、英语、计算机科学等）、双科专业（古典文学名著和现代语言学、古代历史和现代历史、现代史学和现代经济学）和三科专业（政治学和经济学、古典哲学、现代经济学与管理学）。

（三）对我国高校通识教育的启示

1. 构建符合我国优秀传统文化的通识教育理念

英国具有崇尚传统文化的特点，其中绅士阶级是英国传统文化的核心。英国高校通识教育理念由培养智慧通达的绅士阶级演变到现在强调培养具有社会责任感的合格公民，其理念的发展彰显了对经典的人文主义传统文化的承传。我国通识教育理念也应该与中国传统文化相融合，寻找优秀传统文化与当今时代精神的适切点。我国高校通识教育应从中国优秀传统文化中汲取源源不断的发展动力与活力。中国许多古代经典著作如《易经》《中庸》《论衡》和《淮南子》等都涉及通识教育思想的阐释。除此之外，秦汉时期重视道德修养对国家和个人的作用，秉承通过教育来健全和完善人格的教育理念；以孔子为首的儒家学派提出广博通达、博古通今的教育理念；梁启超提出的学贯中西、智仁勇并存的教育理念；蔡元培强调大学独立、思想自由、兼容并包的教育理念。随着时代的发展，当今我国高校应该树立以人为本的通识教育理念，这既是对我国优秀传统文化的继承和发展，也是针对目前科技理性日益膨胀的回应。我国高校构建符合我国优秀文化传统的通识教育理念，一方面，应重视人文精神的传承，并使之发扬光大。从某种程度来说，以人为本的人文精神是我国优秀传统文化的根。为此，我国高校通识教育要深入挖掘优秀传统文化中的人文精神，有效发扬通识教育的人文育人的优势。另一方面，要确立人文精神和科学精神相摄相融的教育理念。对理科学生而言，要加强中国优秀传统文化的陶冶，鼓励他们选择自己感兴趣的人文类课程；对文科学生而言，在弘扬优秀传统文化精神的基础上，激发他们学习科技类课程的积极性和主动性。无论是文科生，还是理科生，均要引导他们既要学会做人，又要学会做事，实现人文教育与科学教育的相互统一，不断提升学生的人文素养和培养他们勇于探究的科学精神。

2. 建立专业教育与通识教育相融合的课程体系

高校作为人才培养的主阵地，是按照专业设置制定人才培养方案，并组织与实施教学的高等教育机构，其课程体系的科学化在很大程度上影响着高等教育人才培养的质量。由于专业设置不同，按照专业定位进行专业训练并培养专业人才，就成为高校人才培养的典型特征。尽管目前的高校是按照专业设置进行人才培养的，但高校具有专业教育和通识教育的双重属性。专业教育是指根据当下学科发展和行业分工的要求，将学业分成一定门类，对学生实施专业化的教育，旨在培养接受过专业教育的某一学科领域的专门人才。而通识教育为学生传授广泛的、非专业性的、非功利性的基础知识，旨在培养全面发展并积极参与社会生活的社会公民。从教育内容来看，专业教育内容的差异化不足以否认专业知识内在的普遍性、复杂性与基础性，专业知识的基本原理、规律和理论作为专业教育的基础知识架构，其普遍联系性在很大程度上体现着通识教育理念的延续。换言之，通识教育能够将专业教育中普遍相关的知识进行有效整合，为专业教育提供广泛的知识基础。单一地进行专业教育则容易导致知识过分割裂，使学生无法形成完整的知识体系，而单纯的通识教育则缺少专业知识的有效补充，导致学生难以适应社会分工日益精细化的时代需要。只有将专业教育和通识教育有机整合起来，才能有效提升学生的整体素质，培养学生健全的人格。专业教育与通识教育二者相辅相成，须臾不可离。英国高校课程体系通过设置联合专业、开设基础课程等方式构建专业教育与通识教育相融合的课程体系。因此，我国高校应在专业教育为主的课程体系中弥合通识教育理念，采取合理有效的措施促进专业教育与通识教育良性互补、有机整合和融会贯通。

首先，要在专业教育中强化通识教育内容，建立通识教育与专业教育相结合的课程模式，尤其是要重视具有理论价值的知识，因为设立"具有明确的理论体系"的科目是大学教育的基本要求[①]。在学生入学第一年起增加通识教育课时比例，让学生对知识有一个整体的认知，同时在专业课学习过程中可以适当跨学科组织课程内容，拓宽学生的专业知识视野，要求学生在自己所学专业之外选修其他领域的科目进行学习，避免学习过度专业化的倾向。其次，在专业教育中与时俱进地更新通识教育的课程内容，

---

① Flexner Abraham.Universities: American,English,German[M].Oxford: Oxford University Press,2017:20–31.

重视培养学生的时代精神,其中通识教育应涉及自然科学、社会科学和人文科学三大基本领域,各领域课程内容应体现简洁精炼的特点,课程设置要照顾全体学生的接受能力,培养文理皆通、一专多能的高素质人才。最后,应鼓励高校建立个性化的融专业教育和通识教育于一体的课程体系。在国家规定的科目类别下,高校有充分的自主权来设置符合本校特点的课程体系,鼓励高校自主开发具有时代特征和学校特色的科目,并在课程编排的过程中必须强化通识教育意识,最终逐渐实现专业教育与通识教育的有机融合。

3. 提升高校教师的通识教育能力

通识教育教学的有效实施需要大批高素质的教师。教师是教育教学活动中最活跃的因素,通识教育的实现需要通过教师来完成,教师的教育教学能力对通识教育目标的达成起着关键性的作用。英国通识教育中的导师制建立在大学教师对通识教育深入了解的基础上,许多著名的科学家和学者在讲述自传时会提到自己在本科阶段学习过程中的趣闻轶事,比如会有优秀的教授或学者愿意拿出时间向他们传授知识和学习方法,从而让他们形成了对专业的兴趣。直到现在,牛津大学、剑桥大学等英国的其他高校在教学过程中依然遵循师生之间面对面的交流,重视情感的陶冶和智力训练,而非向学生简单地罗列知识。但在我国高等教育的现实条件下,大学教师的通识教育意识不够强烈。为此,高校应重视对教师能力的培训和开发,及时更新高校教师的知识结构和理论体系。积极倡导高校教师在具备扎实的基础知识和理论功底的前提下对相近学科有一定的涉猎,使教师能够适应通识教育不断发展的需求。除此之外,我国高校应转变"重科研轻教学"的传统观念,重视教师日常教学技能的提升,组织教师定期进行沟通与交流,尤其是良好的授课技巧和与学生的沟通交流能力,适当提高教师教学能力在教师业绩考核中的比重,尤其是要强化教师对通识教育教学的敬畏感,鼓励教师形成自己的教学艺术风格,不断提升教师整体的、综合的素养。

4. 实行智力训练和能力培养的教育方法

英国通识教育注重智力和能力的培养,师生之间在校园内共同交流和探讨学术问题早已司空见惯。纽曼认为,大学教育的目的并不仅是为了学习和掌握高深的知识,而是在知识的基础上形成内在的逻辑结构和思想内涵。因此，学生对知识的掌握不应该只停留在工具层面，而应该内化为人的心灵，形成一种人文精神和人文品格。著名哲学家波兰尼（Karl Polanyi）将学习分为三种形式，分别是动物的能动性、感觉性和智力的内隐性训练，他认为只有实质性的内隐学习才能真正地达到智力训练的效果①。随着我国高校的扩招，大班授课已成为一种现实的存在。目前我国高校一般采用大班授课的讲授法，这种方法有助于扩大教育规模，能够在短时间内高效率地培养更多的学生，但却在一定程度上影响了教师和学生之间的互动和沟通，导致师生缺乏足够的时间在课上对学术问题进行更加深入的交流和探讨，不利于学生的能力培养和智力训练。这样导致的一个不可避免的后果是，学生的能力提升尤其是个性发展受到障碍，师生互动的质量也难以有效保障。因此，英国通识教育的师生交互式的个性教学实践形式对我国通识教育有着重要的镜鉴作用。为此，我国高校在条件允许的情况下尽量缩小班额，实行讲授法、讨论法、谈话法、读书指导法等相结合的教育方法。教师在讲授过程中注意与学生进行沟通，共同探讨知识，训练学生的理解能力和独立思考能力。学生在老师的引导下逐步掌握知识，习得分析和解决问题的能力。

当然，通识教育不应单纯拘泥于课堂学习，还应开展其他形式的教育活动，如定期聘请校内外学者以讲座、报告、论坛等形式传播通识教育思想；采用项目学习让学生在课下进行小组讨论和交流；鼓励学生自主进行专题报告等；为学生提供科研机会，让他们参与科学研究，锻炼学生的思维能力。

总之，我国高校应鼓励师生之间对通识教育的理论与实践问题展开研讨，积极倡导师生交互式的教育方法，促进师生教学相长，合作共进。

二、德国高校通识教育课程建设经验与启示

虽然德国大学并未形成如英美等国那样明确的通识教育课程原则与目的，也并没有设置专门的通识教育管理机构，但德国通识教育的发展问题对当前中国通识教育课程的设置仍然具有重要的借鉴意义。

---

① Michael Polanyi.Personal Knowledge: Toward a Post-CriticalPhilosophy[M].Chicago: University of Chicago Press,2016:71-77.

（一）德国的通识教育传统

我们现在所理解的通识教育，在西方大致有三个来源：一是德国古典大学理念，即所谓洪堡的大学理念；二是英国的纽曼的大学理念；三是美国的通识教育观。德国古典大学理念强调修养（Bildung），强调人的全面发展、品格和道德的养成。所谓修养其实就是一种通识教育的方案。修养观轻视专业知识和专业教育，但并不排斥科学探索，认为自由的科学研究是通往修养的最佳途径，因此十分重视科学知识。德国的通识教育以知识为中心。

德国现代大学观念形成于19世纪初，这就是我们所熟知的洪堡大学理念。在德国的大学理念中，"修养"和"科学"是两个核心的概念。如果用一句话来概括德国大学的理念，那就是通过科学达至修养。注意，这里的"科学"是新人文主义者们所理解的科学，即以哲学为框架、以人文学科为基础的科学（也翻译为学术）。修养意味着人的全面的发展，对社会和自然进行理性思考的能力，追求真理的能力，审美的能力，高尚的人格品质。而献身科学被认为是"修养"的必由之路。他们认为，科学本身具有陶冶人格，浸润身心的功效。科学使人明智，也使人高尚。所以在德国的大学中，修养与学术并重，修养与学术合一，知识与道德统一。修养虽然被赋予重要的意义，但修养在实践层面毕竟难以操作化，而学术研究或科学研究则是实实在在的存在，必须脚踏实地地进行。所以在通过科学达至修养的理念之下，科学成为实际上的重心，学术至上成为支配性原则，科学研究也就成为德国大学的特色所在。

在德国大学理念中，科学是一个整体，任何细节和专精的知识，最终必须回归科学的整体，才有意义。这一点也适用于学生的培养，片段性、专门化的知识无助于个人的修养。学生虽然被鼓励从事专门化的研究和学习，但却不能离开科学的整体框架。这个框架和科学的整体性主要是由哲学来保证的。可以说，哲学就是德国大学的通识教育。

哲学家谢林（Friedrich Willhelm Joseph von Schelling）对此有明确的论述。他在1803年出版的《关于大学学习方法的讲义》中指出，面向特定学科的特殊性教育，必须以有机整体的科学认知为前提。在科学和艺术中，特殊的知识只有寓于一般和绝对知识才有价值。但是情况往往是，人们宁愿追求特定的知识，而忽视了全面教育所需的普遍性知识，宁愿当一名优秀的法律学家或医生，而忽略学者的更高使命和科学所赋予的高尚精神。需要提醒的是，学习普遍性的科学是医治这种偏狭教育的良方。这里所谓普遍的知识，其实就是哲学。哲学汇集所有知识为一体，是知识的灵魂和生命所在。该书历来被视为德国古典大学观念的核心文献，其观点很具代表性。德国大学实行学习自由，学生可以自由选课，唯独哲学课是必修课程，这一规定可以视为谢林理念在制度上的反映。

德国大学虽然要求所有大学生都学习哲学，为学生奠定通识性的知识基础，但随着知识专业化和专门化，科学研究和大学学习也日益分化和专门化，哲学已逐渐失去维系知识整体的合法性，也不足以承担通识教育任务。从 19 世纪后半期开始，专业化已成为不可阻挡的趋势，哲学的地位也随之不断下降。

第二次世界大战之后，德国大学力图越过纳粹时代，重新回到古典大学的传统。哲学家雅思贝尔斯（Karl Jaspers）当时大声疾呼，希望找回哲学昔日的地位。他批评现代大学从统一的共同体分化为专业化培养机构，认为曾经维系大学统一的哲学已经沦落为"科学的婢女"，大学的教育因此失去了统一的基础。大学为专业主义所分解，为知识技能所稀释，大学内部几乎无法彼此交流。但是，无论雅思贝尔斯如何呼吁，哲学作为通识知识的时代已经过去，专业化的培养步伐仍然在不断加快。面对这一趋势，不少德国大学开始建立"通识课程"（Stu-dium Generale），以强化通识知识的基础，弥补大学中通识教育的缺陷。比如哥廷根大学、柏林工业大学等建立了"通识课程"，其他德国大学也纷纷跟进，普遍设立了通识教育的课程。但是这些通识课程的目的，更像是对哲学衰落的一种补偿，主要是为了减少被专业化所分割的学科之间的隔阂，从跨学科的角度来提供不同学科对话与交流的知识基础。也就是说，第二次世界大战之后德国（西德）的通识教育方案，基本上承袭了古典大学的传统，从知识的角度构建所谓的通识教育。所不同的是，此时不再用哲学来为专业化的教育奠定通识的基础，而主要依靠社会科学和人文学科打造新的通识教育。在 1948 年，驻德国的英国占领军成立了一个高等教育改革研究小组，一再就德国大学的发展提出建议。该小组发表了题为《高等教育改革意见》的报告。报告中专门讨论了通识教育问题，建议德国大学要强化通识教育。该报告一方面强调通识教育对于专业知识的重要性，同时更强调通识教育的政治和社会意义，把通识教育看作培养社会人和国民的手段。可惜这一建议未能得到重视，没有产生实际上的影响。而德国大学的通识教育仍然沿着知识的路径进行，把跨学科的对话与交流视为通识课程的主要目标。比如图宾根大学的"通识教育"课程的主旨是"科学视野中的当下问题研讨，人类生存的基本问题，跨学科的对话"。德国乌珀塔尔大学卡萨勒（Rita Casale）教授目前正在进行一项关于德国大学"通识教育"课程的研究。她坚持认为，通识教育课程应当"成为不同知识诉求之间的协商平台"以及大学内外知识生产互动平台。由此可见，德国大学的通识教育至今还延续着统合知识的传统。

总之，德国的大学历来把哲学作为大学教育的基础，强调哲学在维系知识整体性方面的意义，因此实施一种知识取向的通识教育。第二次世界大战之后，由于知识日益专业化和学科化，哲学本身也纳入学科化的轨道，因此已难以构成所有学科的共同基础，已丧失其作为通识教育的功能。德国大学因此借助社会科学和人文学科尝试打造新的通识教育。从总体倾向看，这种新的通识教育仍然继承了知识取向的传统，没有接受英美式的以个人和社会人为导向的通识教育方案。

（二）德国弗莱堡大学通识教育课程体系

弗莱堡大学是欧洲历史最为悠久、声望最为高涨的大学之一，也是德国乃至于欧洲顶尖的一所综合型大学。20 世纪末期，受欧洲博洛尼亚进程[①] 的影响，弗莱堡大学积极开展复兴大学通识教育计划，并于 2010 年开设了一系列通识教育课程项目，并将其视为高等教育系统分化的一种手段。[②]

1. 弗莱堡通识教育课程形成背景

受两次世界大战的影响以及通识教育本身所取得的成就，使人们逐渐认识到通识教育的巨大潜力与价值。为了推动德国民主政治进程，美英等

---

① 博洛尼亚进程：由 29 个欧洲国家于 1999 年在意大利博洛尼亚提出的欧洲高等教育改革计划。该计划的目标是整合欧盟的高教资源，打通教育体制。

② Marijk van Der Wende.The Emergence of LiberalArts and Science Education in Europe: A Comparative Perspec-tive [J].Higher Education Policy,2011:24.

战胜国积极在德国发展通识教育，力图实现德国由战前高度专业人才培养模式向培养通识人才转变。同时，部分德国学者也认识到专业化程度过高所带来的严重后果，并积极致力于推动通识教育理念在本国的传播。在国内外双重势力的共同作用之下，德国开始重新恢复通识教育，并且有些大学在通识教育发展方面进行了实践。例如哈勒－维腾贝格大学的基础性课程以及布伦瑞克工业大学的综合课程[①]。当通识教育逐渐在德国进入缓慢发展态势时，1999 年启动的欧洲博洛尼亚进程，无疑是德国通识教育的一剂有力的强心剂，它给德国通识教育的发展注入了全新的动力，人们再次要求改革当下过于专业性的学科教育体制。联合国教科文组织国际教育发展委员会指出："如果专家受过广泛的教育，那么，必要时他就能通过自学来掌握新的科学而无需学习新课程。所以大学应反对过于专业化的倾向。"[②]

2．弗莱堡大学生物专业课程的内容与要求

德国弗莱堡大学设有神学院、法学院、医学院等 10 个本科学院，囊括了近 130 个学科专业。在英国泰晤士报关于世界大学 2015—2016 年的最新排名中，弗莱堡大学位列世界第 84 位。该校生物学专业致力于维护研究课题的生物多样性以及生命科学解析，目前已经在免疫学、神经生物学在、分子植物科学领域提出了重大的研究课题，并且组建了完备的研究团队。因此，笔者以弗莱堡大学 2017 年春季生物专业课程的内容与要求为例，对其通识教育课程进行分析。弗莱堡大学的生物专业主要分为理学学士学位、中学教学学位（教导）、科学硕士学位三类不同的培养方向。其中，对攻读生物学学士学位的学生而言，在大学期间主要在于完成四大课程模块的学习，包括基本模块、生物分布模块、高级模块以及项目模块（见表4-3）。而在课程领域，模块是基于明确的教学目标、围绕某方面的特定内容、整合学生经验和相关内容所构成的相对完整的学习单元[③]。模块化的课程设置方式，能够为学生提供广泛的生物学学科主题以及相当高的专业化

① 路德维希·胡贝尔，赵雅晶. 通识教育与跨专业学习 [J]. 北京大学教育评论，2007（04）：93.

② 联合国教科文组织国际教育发展委员会. 学会生存——教育世界的今天和明天 [M]. 北京：教育科学出版社，1996：63.

③ 钟启泉. 普通高新课程方案导读 [M]. 上海：华东师范大学出版社，2003：66.

学习水平，从而通过课程的学习提高学生学习生物学的能力。

表4-3 弗莱堡大学生物学专业课程内容与要求

模块划分	课程科目	课程目的
基本模块	基础科目包括细胞生物学和生命进化基础、遗传学和分子生物学、植物学、动物学、生理学等生物学相关的理论知识。同时，学校还为学生们设置相关化学、物理和数学 课程（他们认为这是研究和练习生物学必不可少的知识）。在时间安排上，学校将此类课程的学习设置在大学生物学学生第一、第三学期。将这些课程归纳进自然科学的学习当中，主要分为入门及无机化学、有机化学、物理化学、物理Ⅰ+Ⅱ、数学Ⅰ+Ⅱ	传授基础的生物学，在进行基础性学习的基础上，为学生提供多学科课程学习，提高学生的专业综合能力与水平
生物分布模块	生物学领域内的轮廓模块，例如在特殊方法模块，能够提供给学生构建自我个人信息的机会。跨学科的导向模块使学生从人文、地球科学、林业、环境科学、医学、经济学、物理学、心理学等其他学院当中获得模块，以此来作为选择模块。	附加的课程可以进行转让行为，在学校内部以及重要的资格中心（ZFS）所组织的获得当中向学生们进行讲授，并且最为显著的一点在于，这是义务课程的组成部分。在满足学生需求的同时，最大程度上实现跨学科学习，并且有效地降低了学生的学习成本
高级模块	本阶段学习的重点是基于生物学的学习领域，为后期的本科毕业论文进行准备工作。因此，在学生学习的第五个学期。为了更好地满足学生多样化的选择，并且全方位的提高人才的专业水平与技能，学校为学生们提供了15个专业模块可供选择。这些课程涉及了生物学研究的方方面面，涵盖了生物化学—合成生物学和蛋白蛋组学、发育生物学、真核生物遗传学、进化生态学、功能形态学、微生物学、神经生物学、细胞生物学、植物生物技术，等等	本科学习的第三年，主要目的在于加深物生学方向学习，提高生物科学的能力。15个专业模块的分布反映了弗莱堡大学生物学研究的全部内容，满足了学生后期所要撰写的毕业论文需要，学生可以从中选取三个模块进行写作
项目模块	学生学习的过程中，伴随课程的学习会不断召开文学研讨会议，这对于后期提高学生论文质量的帮助较大。三个月完成的论文应当是围绕生物学专业领域所进行的，同时学生毕业论文的理论背景需要在最新的科学论文中获得	第六个学期，学生可以通过学习掌握在实验室或是实地进行本科学位论文研究所需要的各项实践技能，切实提高自身的实践操作能力。弗莱堡大学对于专业科目与理论知识的重视程度极高，积极推动人才的全面发展

对于弗莱堡大学的学生而言，课程其实主要划分为讲座、实践、实地考察、演习和研讨会等组织形式，并且设置成不同的模块供学生进行学习。每一个模块的课程内容会在进行研究的过程中进行检查，同时由于这些学习模块是根据欧洲学分转换系统（ECTS）[①]学分点（CP）[②]进行分配，因此学生学业的顺利完成，也代表了其在欧洲教育领域获得了同等的认可。

（三）德国通识教育的经验与启示

1. 经验

德国综合型大学通识教育课程相比较中国综合型大学通识教育课程，在课程的理念上更具有合理性与自主性，追求学生自我能力的提升，将理论与实践进行深层的融合。在通识教育的目标方面，德国大学的通识教育形成了自身独特的性质。教育学家路德维希·胡贝尔（Ludwig Huber）就曾将德国通识教育进行了明确划分，认为其主要具有以下三个方面的目标：传授关键能力、学术工作技术以及导向性知识[③]。因此，在德国大学的通识教育中始终将培育人才的系统思维能力以及自我社会能力的发展贯彻到底。而在课程的结构组织部分，明确了模块化学习的科学方式。在开发课程的过程中，也较为注重跨学科的发展模式，综合多种学科领域的前沿知识。总体而言，德国大学通识教育课程不仅专业化课程设置种类繁多，并且其课程开设具有精细化与跨学科的双重特质，致力于在培养专业人才个性化发展的同时，推动科学技术的综合发展。由此，自我能力养成、学术研究与创新成为德国大学通识教育发展的主流目标，但是在本科教育阶段仍需不断加强学生对基础知识的巩固，从而为实现人才的全面发展奠定扎实的基础。

而我国大学通识教育课程虽然起步较晚，整体发展与现实水平仍然与西方发达国家存在差距，但在通识教育的发展中一直始终坚持核心理念，

---

① 即 European Credit Transfer System，也称欧洲学分互认体系，简称 ECTS，重点在学分转换。它由欧洲委员会研发和推行（联合国欧洲高等教育中心，UNESCO European Centrefor Higher Education，UNESCO - CEPES），是世界范围内发展最早，也是欧洲唯一的经过试验证明比较成功的高等教育学分体系。

② Credit point 的缩写，即大学获取学位证书的考核方式，1cp 表示 1 学分。

③ 指非常基本的探索人生"意义"的知识，如哲学，等等——笔者注

并不断完善自身的教育教学体系。在通识教育的发展理念当中，不断明确教育教学的定位，将人才培育建设为通识教育发展的重点；极为关注政治思想教育课程建设，引导学生不断加强自身的家国意识，提升服务社会的能力。基础知识与专业知识的培养注重阶段的划分，明确了学生学习的课程标准。在课程开发层面，也不断吸收借鉴，致力于进行综合学科的开设与创新。但值得注意的是，现今中国大学通识教育课程的现实问题依然存在，例如，在课程设置的阶段上单一性倾向比较严重，阶段划分过于明确等问题，不利于学生自我意识的构建。同时，基础知识的占比过大，理论性较强的政治思想课程并不能有效提升学生个体综合素养水平，而在交叉学科的数量上，内容呈现的方式相对单一性，并未全面丰富学生的专业课程学习。

2. 启示

为了推动我国通识教育课程的进一步深入发展，积极借鉴德国的成功经验，将其与我国通识教育发展的现状进行有效融合，有利于我国通识教育课程体系构建。总体而言，中国大学通识教育的课程设置应当坚持"共同基础＋个性发展"相结合的目标，并且兼顾必修与选修两方面。[1]

（1）构建通识教育核心价值理念

树立正确的通识教育理念是推动通识教育课程建设的核心所在，如果思想不明确、认识不一致，教育实践就会出现混乱，教育发展就会受到影响。因此，建设以学生为本、以学科为本的通识教育教学模式，应当成为中国大学的重心。立足于学生个性化发展的需求，在遵循教学要求和科学考核原则的基础上，给予学生在学习方式、获取学习资源、扩展能力等方面更多的空间。其中，学生自我能力的培养、反思是通识教育课程的重要目标。在德国传统学术中，通识教育与科学研究和哲学思辨紧密相连。[2]中国大学的通识教育正需要将思辨与专业化学习进行有效结合，从而推动学生心智的健全发展。这不仅能够满足社会发展对人才的需求，同时也为推动通识教育的进一步发展奠定重要的队伍基础。最终，通识教育人才的全面培育必将会使其自身受益颇多。

① 陈廷柱,张静. 国内外高水平大学通识教育课程改革的基本走向[J]. 高等教育研究,2016(11): 98-103.
② 隋晓荻. 中西通识教育的思想与实践[M]. 广州：世界图书出版广东有限公司,2014：126.

（2）融合通识教育的理论与实践

为了培育专业能力强、综合素质高的优秀人才，大学通识教育课程的设置应当将理论知识与专业实践进行深入、科学的融合，并不是仅仅停留于表面的简易综合。基础知识与专业实践能力的把握都是至关重要的，缺一不可。有学者就认为，通识教育作为一种教育理想，应该成为专业教育的"灵魂"和"统帅"。[①] 合理的通识教育，绝不是削弱或排斥专业教育，恰恰是要在更高层次上推进专业教育，培养专门人才。德国大学的通识教育课程不仅仅局限于理论知识的课堂讲授活动，还囊括了众多形式多样的专业实践活动，如研讨会议、社团活动、实地操作等等。进一步明确育人目标，确立专业发展方向是中国大学通识教育深入革新的重要举措。基于中国高等教育发展的宏观方向，大学在推行通识教育的过程中，在吸收国际通识教育经验的同时，应当积极反思自身的专业发展现状，尤其需要紧密联系地方实际。人才培育的目标最终还是在于推动社会有序发展，为地方服务的理念也应当成为大学通识教育紧密联系现实的重要举措。

（3）完善通识教育课程结构形式

进一步优化通识教育的课程组织形式与结构发展体系，应当成为中国大学推动通识教育持续不断发展的行为方式，科学融合其他相关学科的知识教授，合理进行课程组织的阶段学习，是完善通识教育结构的有效途径。因此，通识教育在内容上的安排要注意知识结构的层次性和完整性，在课程结构上要注意系统性和学科兼容性。注重通识教育课程的阶段性学习，应当成为大学通识教育课程建设的重要途径。首先，课程必须以学生个人成长为主要设置方向，依据学生学习阶段的不同能力以及不同需求为标准，过早或过晚开设课程都不利于学生学习知识的掌握以及实践能力的培养。另一方面，学生所学的通识教育课程，应当包含广泛的学科知识，融合较为丰富的专业内容。缺乏对相关学科知识的了解，会使得学生的通识教育课程掌握出现"断层"，而过多的相关学科学习，也会不利于学生尽早掌握自身专业的学科知识。合理、科学地将专业知识与相关学科理论进行融汇，是有效改善通识教育学科课程结构的现实方式。而这需要大学在设置课程

---

① 陈向明. 对通识教育有关概念的辨析[J]. 高等教育研究，2006（03）：64-68.

的过程中，不断进行摸索，从而探索出一条课程结构清晰、布局合理的通识教育之路。

（4）强化通识教育课程的交流互动

在开发课程的过程中，立足于跨学科的组织形式，可以为学生提供更多的发展机遇，同时注重学科之间的互动交流，也能为学生提供更为广阔的专业发展空间。因为通识课程的内容不是狭隘的知识体系，而是应该囊括深远、复杂而广泛的文化背景，这也是通识课程与专业课程的显著区别。跨学科的学习方式其重点在于学科之间的有效交流，在学生专业学习的过程中，一味地进行单一学科的理论研究与实践积累，并不是通识教育所追求的发展方向。现今，中国大学通识教育课程当中正缺乏了及时有效的学科交流，学术领域之间的互动性大打折扣，或是限于自身专业水平不足的不自信，或是埋头苦读专业知识，或者眼高于顶的专业学习方式，等等。这些专业学习的弊端，严重影响了中国大学生对通识教育的学习。因此，在现今提倡学科间高交流、频互动的现实背景下，大学通识教育课程需要积极了解其他专业的有力需求与现实价值，从而认清自身的不足与长处，更加全面地建设自身的课程体系，在广泛的学科交流之中寻突破，在多样化的专业学习之中求新路。

三、新加坡高校通识教育课程建设经验与启示

新加坡通识教育的成功不仅提升了国民素质，还促进了经济的腾飞，实现了良性循环。以南洋理工学院为例，新加坡通识教育的成功经验为：注重从国民意识教育、"无界化"团队精神教育等方面提升学生的能力和素质，通过通识教育课程教学的显性教育与"教学工厂"特色教学的隐性教育等途径来实现通识教育的育人目标。这些成功经验对我国高职院校公共课程建设有一定的借鉴作用。

（一）新加坡通识教育的概况

新加坡于1965年独立，独立时国土面积不足600平方公里，人口200万，是个资源匮乏、贫穷落后的岛国。经过50余年的奋发图强、励精图治，新加坡一跃成为亚太地区乃至世界的国际贸易、金融和航运中心，上百家跨

国公司在新加坡设立总部，国际竞争力名列世界前茅。新加坡的教育尤其是通识教育的成功，助力了国民素质的提升，助推了新加坡经济的腾飞。

1. 新加坡通识教育的目标

新加坡重视通识教育的历史由来已久。在新加坡独立初期，通识教育主要是围绕解决当时紧迫的政治经济问题而加强国家意识和民族精神的养成教育，使人民认同新生的国家，由"我是一个华人或者马来人、印度人"转变为"我是一个新加坡人"；在步入小康社会后，转而建设"富而好礼"的文明社会；在跻身于发达国家后，则进一步深入到"细致刻画"个人的思想品德、塑造理想的新加坡人。1998年，新加坡教育部发布《理想的教育成果》，勾勒出21世纪教育愿景，提出了大学生应具备的品质：品德高尚，有深厚的文化素养，尊重差异，对国对家对社群尽责；笃守多元种族及精英原则，深明国家的局限又能寻找契机；优雅社会的使者；勤奋向上，敬业乐群，重视他人的贡献；能思考、能分析，对未来有信心，有勇气及坚定的信念面对逆境；懂得追求、分析、运用知识；具备革新知识，不断追求进步，终身不歇学习，有魄力；放眼世界，扎根祖国。在该国教育部教育纲领的指导下，新世纪新加坡高校进一步加强通识教育，培养全面发展的学生，让他们兼备"硬知识"和"软技能"，做有自信、积极学习和肯贡献的好公民。

2. 新加坡通识教育的内容

新加坡的高等教育主要有理工学院和大学两个层次。理工学院主要负责培养应用型人才，学制3年，为专科层次，相当于我国的高等职业技术学院，学生学习3年毕业后取得专业教育文凭，之后可就业，也可进入大学深造。新加坡共有5所理工学院：新加坡理工学院、义安理工学院、淡马锡理工学院、南洋理工学院、共和理工学院。在新加坡的高等教育体系中，理工学院占据着重要地位。新加坡公立性质的大学共有6所：新加坡国立大学、南洋理工大学、新加坡管理大学、新加坡科技设计大学、新加坡理工大学、新跃社科大学。这6所大学均有颁发学士、硕士、博士学位的资格。新加坡的高等院校各具特色，其通识教育也各有特点。

（1）新加坡国立大学的通识教育

新加坡国立大学是新加坡历史最悠久的公立大学，也是国际一流的高等学府，一直非常重视通识教育。创校 100 多年来，新加坡国立大学始终秉承"致力激发创意精神、教育学生、并为国家和社会培养人才"的宗旨，为新加坡培育了大批思想活跃、学识渊博的杰出人才。其通识教育内容主要包括：国际化视野和全球性意识教育、企业精神教育、个性教育、社会责任感教育、创新创业教育等。

（2）新加坡理工学院的通识教育

新加坡理工学院创办于 1954 年，是新加坡第一所政府理工学院。除传授知识、教育年轻一代掌握技能与学问外，也为学生提供通识教育。成立了人文与社会学系，为学院注入人文气息，为学生提供更全面的教育。其通识教育内容主要包括：环保意识教育、关怀与关爱意识教育、创新思维教育、良好的沟通与人际交往能力教育等。总之，新加坡在现代化进程中，高度重视通识教育，把公民素质看成立国之本，从多元文化、多宗教、多种族的现实国情出发，吸收和借鉴外来文化的合理成分，建构了本民族共同的价值观，形成了集东西方文化于一体、适应本民族文化传统的公民素质教育特色。

（二）南洋理工学院通识教育的实施

南洋理工学院是新加坡 5 所政府理工学院之一，成立于 1992 年，经过30 年的创新与发展，现已成为世界上独具特色的职业教育院校。南洋理工学院虽然是一所以理工科为主的学院，但是非常重视通识教育，是新加坡理工学院通识教育的代表，形成了特色鲜明的通识教育模式。

1. 南洋理工学院通识教育内容

在科技迅速发展、经济日益变化的环境中，需要的不仅仅是精通某一特殊领域的专业人才，更需要具有应变能力、视野开阔、通融识见、敢于创新的新型人才。因此，南洋理工学院十分注重学生自我价值的实现，坚持按全面发展的要求培养学生，明确提出作为新时代的南洋理工学院学生，必须具备如下 12 项能力与素质：创新能力、团队精神、设计与开发能力、良好的沟通技巧、宽广与多层面能力、更好的人际处理技巧、终身学习精神、对国民的认同、创业精神、均衡发展、勇于执行的态度、深造可能。[①] 本书

---

① 姚寿广，经贵宝. 新加坡高等职业教育———以南洋理工学院为例[M]. 北京: 高等教育出版社，2009：70.

就其中的两个方面进行阐述。

（1）对国民的认同

对国民的认同很大程度上是进行国民意识教育，而国民意识教育是新加坡教育的重要组成部分，它实质上是一种爱国主义教育。新加坡是一个种族、文化、宗教信仰多元化的移民国家。各个不同的族群有不同的宗教文化信仰，因此，新加坡必须对国民进行教育，培养其对国家的热爱和忠诚。正如李光耀所说："我们是汇合了来自中国、印度以及马来世界不同领域的移民，我们必须传授给年轻的一代以共同的基本社会行为准则、社会价值观以及道德信条。这些准则、价值观以及信条将能塑造完整的未来新加坡人。"[1] 在南洋理工学院，国民教育课程是通识必修课，通过案例研讨会、参观展览会与军事基地和博物馆、听讲座、校外考察、与政府官员对话交流等丰富多彩的国民教育活动，使学生了解新加坡的奋斗史，激发学生为国家奋斗的精神。学院规定学生必须参加这些活动，同时完成一份项目报告，经老师评定合格，方能取得学分。

（2）团队精神

团队精神的培养在南洋理工学院更多体现在"无界化"团队精神教育，"无界化"是南洋理工学院的一大文化特色。"无界化"文化的核心在于：为了圆满地解决实际问题，学院不同的学系、专业、学科不分界限，不同专业、不同学科可以有机组合，团结协作，解决现实中的问题。"无界化"理念打破了传统大学组织管理结构的界限，把学校内部各要素的潜力最大限度地融合和发挥出来。南洋理工学院采用项目教学法，通过项目的"无界化"合作，培养学生的团队合作精神。教师将课题或项目分成学生知识和能力预期基本能完成的若干子项目，让学生参与操作和研究，使其获得合作研究和探讨的体验，既锻炼学生发现问题和解决问题的能力，也培养了他们的团队合作意识。

2．南洋理工学院通识教育的实施

南洋理工学院主要通过通识教育课程教学的显性教育与"教学工厂"特色教学的隐性教育等来实现通识教育的育人目标。

---

① 新加坡《联合早报》. 李光耀 40 年政论选 [M]. 吉隆坡：新加坡报业控股华文报集团，1993：390 － 391.

（1）通识教育课程教学

作为高职院校，南洋理工学院在课程设置上以"职业"为导向，着重培养学生具备一个"职业"所需要的基础知识和能力。同时，注重职业技术道德文化层面的教育。在课程教学方面，不仅有专业教学，也有通识教育课程。在课程内容方面，依照美式模块课程教学法，由核心模块和通识学习模块两大部分组成。以护理专业为例，在通识学习模块中，开设了"职业形象和礼仪""有效的学习技巧""国民教育""健康与疾病的文化信仰""创业"等课程。在课程作业方面，南洋理工学院鼓励学生将作业与解决人类社会生活中的实际问题联系起来，强调学以致用。在课程评价方面，注重过程考核，更加关注学生的学习兴趣和责任心、认知能力以及对项目的了解程度、解决问题的能力、分析报告内容的好坏、数据记录情况等。除了开设人文类通识教育课程外，南洋理工学院在项目教学和双轨课程制度中渗透通识教育的内容，达到通识教育的目标。

（2）"教学工厂"特色教学

"教学工厂"是南洋理工学院最具特色的教学理念，是南洋理工学院办学的核心特色。将学院、培训中心、企业三元合一，在学院内建立环境逼真、设备完善、技术先进的"教学工厂"。"教学工厂"的实施主要包括四个阶段：一是学院和企业建立伙伴关系，吸纳先进企业的技术和资金，全面模拟企业环境；二是建立教学工厂项目平台，学院全年不间断地为学生安排项目，以满足企业对技术、人员等方面的需求，学院教职员要具有一定的企业背景和实战能力，能胜任项目工程师和学生导师的工作；三是学院开始着手系统开发，并致力于大型综合项目的开发和研究；四是经过前三个阶段的发展与完善，学院的"教学工厂"理念已基本健全，师生开展研究和完成项目，帮助学生实现自己的理想。"教学工厂"将企业的研发环境通过项目将它引入学院的教学环境中，甚至将现代企业的某一个研发、经营环节引入学院，将学院直接引入参与企业的研发与经营过程，进而培养学生的实践能力、创新能力、团队合作能力、与人沟通能力，提高学生的综合素质。[①]

---

① 卢艳兰. 新加坡高等院校人文素质教育研究 [M]. 北京：人民出版社，2012：170-173.

三、新加坡通识教育对我国高职院校公共课程建设的启示

我国高职院校对通识教育越来越重视。目前，我国高职院校的通识教育很多是以公共课程的形式开展。囿于理念、文化、资金、机制、师资等因素的影响，虽然高职院校的公共课程近年来有了很大的发展，但与通识教育的要求以及人才培养的需求还有较大的差距，教育的效果还没有达到让人满意的程度。因此，必须对高职院校的公共课程进行有效的改革，切实做好公共课程建设。新加坡的通识教育，尤其是以南洋理工学院为代表的通识教育，为我国高职院校的公共课程建设提供了重要的经验和启示。

（一）重视公共课程建设，做好顶层设计

构建更合理的公共课程体系当今是知识经济时代，高职院校既要重视学生专业的学习，培养学生的职业技能，也要重视公共课程建设，培养学生的人文素养。新加坡从院系、学校、教育部到国家领导都十分重视通识教育，大力支持通识课程的开设与教学，从课时、经费、人员、机制等方面予以保障。我国高职院校公共课程建设也应借鉴新加坡的成功经验，从国家、教育部、省厅、学校到院系，要层层落实，重视公共课程建设。国家、教育部、省厅给予经费与人员保障，学校给予机制、课时的配套，院系认真组织落实到位。只有从上到下统一认识，重视公共课程建设，才能真正发挥好公共课程的育人功能。重视公共课程建设，还要做好顶层设计，不断优化课程体系。南洋理工学院的通识课程体系分为三部分，即国民教育类、人文素质类和科技专业类，三者是有机统一的关系，这种体系架构对我们有启示作用：公共课程的开设要根据时代的需要、学生的需要、社会的需要，因时而变、因势而变，不能一成不变，要不断优化。新时代要用新思想、新理念引领公共课程建设，还要发挥红色文化、中华优秀传统文化、工匠精神、科学精神的育人功能，以红色文化立魂、以优秀传统文化立德、以工匠精神立行、以科学精神立身，从而培养学生的道路自信、理论自信、制度自信和文化自信。因此，公共课程的设立和教学目标应更明确，高职院校要重新审视现有的公共课程教学目标，做好顶层设计。

（二）坚持以学生为中心，做好质量保障，提升公共课教学质量

面对新时代、新形势，高职院校要转变思想、更新观念，树立以学生

为本的理念，要根据学生的实际，做好引导与服务。公共课程的建设也要遵循这一理念。第一，根据学生的不同需要，公共课建设要做好课程开发工作、打造优质公共课平台。学校要根据实际情况，将公共课程比同于专业课程，成立课程开发小组，精心设计、精雕细琢，根据时代特点和学生需求，对课程的教学目标、教学内容、教学要求、教学方法、教学手段都要重新审视与设计，开发出符合时代需要、满足学生需求、合适有效的公共课程。要增强课程开设的灵活性，这些课程一部分作为必修课程，一部分作为选修课程，必修和选修相结合让学生能灵活自主地选择。第二，公共课程教学要以学生为中心，做好动态学情分析，了解学生的需求，懂得学生的特点，选择合适与有效的教学路径，提升教学效果。学生对于网络的依赖性很高，公共课程教学如果采用教师"一言堂"的教学方式，就吸引不了学生的注意力。为了提高课堂的教学实效，提升学生课堂的获得感，公共课程教学设计应更突出学生学习的主动性，改变学科主义式的教学设计理念及教学方式，以学生为中心，注重课程质量的控制。第三，改变教学质量管理的理念，变质量控制为质量保障，提升公共课程教学质量。教学质量是公共课程的生命线。公共课教学质量保障，要改变以往的在过程中监控、事后评判的质量监控做法，变质量控制为质量保障。课程开设前通过课程开发组设计好课程教学质量的既定标准，事先预防，完善监控程序，充分利用反馈环节在教学过程中及时提醒，起到预防不当运作的作用。通过系统化的运作支持质量的实现，保证公共课程的教学效果。引导教师充分利用"微助教""雨课堂"等信息化教学手段，设计多样的课堂教学方式，活跃课堂氛围，提高学生的学习兴趣和学习的积极性、主动性，提升教学质量。

（三）发挥公共课程效能，提升学生"软技能"

公共课程应为学生职业能力的转化、持续学习能力的提升发挥作用。新加坡的通识教育在这方面发挥了重要的作用，很好地解决了新加坡人在国家经济转型中持续学习使转换岗位有了意识与思想的保障和能力的支持。中国现在也在面临经济的转型与升级。知识的网络化、获取知识的简便化等，都让获取知识的能力和持续学习的能力更突显，高职院校公共课程应为这一需求服务。公共课程应在培养学生"软技能"方面发挥更大的作用，职业道德、价值观、团队精神、工匠精神、沟通能力、国际视野等方面都是企业所看重的甚至是比技术技能更重要的品质。公共课在这些"软技能"培养上的作用应更加突出、效果应更加明显，以帮助学生全面成才、顺利就业，终身学习、行稳致远。

（四）拓宽公共课程国际视野，注重校园文化价值引领

新加坡通识课非常注意培养学生的国际视野。我国高职院校的公共课程应从中借鉴学习，更好地满足职业教育国际化、学生拓宽国际视野的需求。目前，中国已深度参与全球化建设，需要具有国际视野人才的参与。因此，在新时代，高职院校公共课程应克服以往忽略国际化技能人才培养的不足，在培养学生国际视野这方面应有更大的作为。公共课程应更好地为校园文化建设、实施文化育人发挥重要作用。新加坡的通识课特别注重学生文化的培养，注重校园文化的培育，以培养学生的人文素质和科技意识。新加坡的理工学院和大学管理越来越注重价值引领，越来越柔性，这都跟文化建设分不开，发挥了文化管理的至上境界，而通识教育在其中的作用不可或缺。我国的公共课教育在高职院校校园文化建设、发挥文化管理的作用等方面，可以借鉴与推进新加坡的模式，积极服务和促进校园文化建设，使高职院校的校园文化更好地以文化人、更有自信和魅力。

（五）构建显性与隐性教育合作育人平台，实现"全人"育人目标

南洋理工学院开设的通识教育，除对学生开展国民教育等课程内容外，还重视学生价值观的引导，又通过"教学工厂"项目教学延伸通识教育功能，对学生进行人文隐性教育，充分发挥了隐性育人的功能。南洋理工学院的"教学工厂"特色育人模式，既提高了学生的专业知识、专业技能，又培养了学生的职业道德与团队合作精神，这些经验给我国高职院校育人模式以深刻启示：我国高职院校可以以此为借鉴，构建公共课程的显性教育与隐性教育合作育人平台，提升通识教育育人实效；通过公共课程课堂教学，加强社会主义核心价值观教育，提升学生的文化道德素养、法律素质等；在专业课教学中，加强创新意识、团队合作精神、社会责任感等人文素养的隐性教育，如加强"课程思政"的实施，提升学生的综合素质。高职院校通过构建公共课通识教育的显性育人与专业课隐性育人的合作育人平台，延伸公共课程的教育路径，做到全员育人、全过程育人，实现育人目标。

第二节 国内高校通识教育课程建设的经验与启示

一、北京大学通识教育课程建设

北京大学在我国享有很高声誉,是教育部直属的重点大学。1999年1月,我国将北京大学定位于国家素质教育基地。当教育研究教学改革目标和素质教育发展遇到难题时,学校对本科类做出相关规定:通识教育在低年级开展,宽口径专业教育在高年级开展。随后,北京大学在2000年正式开通本科素质教育通选课。

对于通识教育,北京大学提出不仅要塑造学生的终身学习意识、注重引导更为有效的学习方法,实现综合素质的全面提升,而且要鼓励学生扩大学习面和知识面,对不同领域保持学习态度,提升素质。此外,北京大学对通选课进行了定义:通选课即对跨学科基础教学的创新,通过对基础、素质和通识的强化来达到目的的体系。在本科教育教学基础上拓宽自身学习和认知能力,同时培养自身的学习思路和学习方法,为其今后发展提供长久性的支持。

在课程结构方面,北京大学将通识教育分为两种学习方式:首先是全校必修课,除了政治理论、外语和体育等课程外,计算机和军事也被包括在内;再者是文化素质课,如自然和社会科学、人文学科、艺术及基本技能,同时包括必修课内容(军事除外),此外跨学科类也有涉及。当前,北京大学将课程设置定位于"自身特色"上,认为只有具备自身特质的课程才能打破以往的学科界限,同时将符合现代社会发展的知识进行领域划分后进行课程开设,从目标、内容、方法角度精准发展,达成本科"通选—专业基础—专业相关选修"的最终目标。

在课程实践方面,北京大学对学分及学习领域有明确区分,40学分在全校必选课中获得,16学分在文化教育类选修课中获得,除此以外,还要在不同领域修满2学分。不过学习在科目选择方面给予了学生很大空间,在规定领域内，选择适合并喜欢的科目最佳，若无法确定则可听从导师指导后进行选择。这一方式有利于学生知识学习的全面化和平衡化，促进学生的独立性、自主性和全面性，知识构建更加全面。进行教学时，以通选课对学生进行思维诱导，激发学习主动性和创造性。在考评阶段，不单就一次结果下定论，而是要将以往作业全数进行综合评判。就教学组织管理方面，通选课与学校原本的授课组织方式并无差别，依旧由学校经手、分配，其中选课由教务部门执行，排课由院系执行。

二、南京大学通识教育课程建设

南京大学是教育部直属、中央直管，副部级建制的全国重点大学，国家首批"211工程""985工程"高校。该校一直致力于通识教育的实践研究以及与专业教育融合的探索，逐渐形成了从教育理念到课程结构再到组织模式的相对成熟的通专结合模式。

在通识教育的理念上，南京大学一直以来推崇的就是要弘扬人文与科学精神，完善人的理性、良知和美德，培养推理、辨析、质疑、反思等批判性思维，最终促使人自由而全面的发展。在人才培养模式上，该校匡亚明学院的目标是通过宽口径、厚基础、近前沿、国际化的途径培养出具有良好科学精神、人文素养、宽厚学科基础、突出创新能力的拔尖人才。南京大学在通识教育实践的过程中十分注重与专业教育的融合，也实行了一系列的通专融合模式的尝试。

该校匡亚明学院采取"文理并进"的模式，按照文、理两个大类招生。在低年级不分专业，而是优先通识教育和学科大类的平台课，在人才培养模式方面，匡亚明学院按照大理科（包括数学、物理、天文、化学、生物、计算机、生物化学、生物物理、化学生物等）和应用文学（经济商学、法学、新闻）的模式实施教学：第一年设置文、理科大平台通修课程，第二年按模块设置核心课程，第四年为选修课程、科研训练课程和毕业论文。各个模块之间的部分核心课程可以替代或覆盖。学院鼓励学生选修多种学科的课程，以从事交叉学科和边缘学科的研究。在2009年，学校在匡亚明学院多年的育人成功经验的基础上，正式开启了"以充分保障学生的自主选择和个性发展"为出发点、构建和实施本科人才培养新体系为核心，办中国最好的本科教育为目标的系统性、综合性、全方位的本科教学改革。这个改革方案分三个培养阶段（大类培养阶段、专业培养阶段和多元培养阶段）和三条发展路径（专业学术类、交叉复合类和就业创业类），被称为"三三制"人才培养模式。全校的通识教育分为七大类别，分别是中国历史与民族文化、世界历史与世界文明、价值观与思维方法、科技进步与生命探索、经济发展与社会脉动、文学艺术与美感、跨文化沟通与人际交往等七大类别，共计117门通识课程，以课程建设的形式展开，授课教师基本为教授职称。

在通识课教学实践中，南京大学非常着重的培养学生的阅读能力和习惯的培养并且视之为追求提升通识课质量的方式，开启了丰富通识教育、融合第一课堂与第二课堂的"悦读经典计划"，分为三个模块，分别是"研读""导读"和"悦读"。在"研读"模块中，主要让学生研读经典文学作品，并且还通过MOOC等多媒体的形式让学生可以脱离单一线下阅读形式；在"导读"模块中，主要是由导师、名家、校友/学长为本科生提供阅读指导，曾举行过60个"经典导读读书班"、系列读书讲座以及读书沙龙等活动；"悦读"模块则主要是学生自己组建的阅读社团，举行读书节，师生共同开展主题活动来营造校园读书氛围。在这个"悦读经典计划"中，所需要阅读的知识分别是"文学与艺术""历史与文明""经济与社会""自然与生命""全球化与领导力"，基经典数目共计约60本，由60位"悦读计划导师"、60个导读班、60位助教组成的资深导师团队，每本经典由一位导师牵头负责组织"经典悦读班。而对于学生选修的要求是毕业前必须选修至少6个导读班（每个单元至少一个），通过导师考核，才能获得2个必修学分。借助导读班这个载体可以激发学生的阅读兴趣，教授正确的读书方法和培养优秀的阅读习惯。而在此基础上，南京大学为了更加完善和促进通识教育的改革与进步，打造了一系列的精品通识课，继续引进海内外优秀的教师和优秀的课程并对其进行培训不断优化，采取线上线下相结合的模式打造精品慕课以及一些教学方式的变革，如融合第一与第二课堂等等来使该校通识教育质量稳步上升。

从教学组织上来讲，南京大学通常选取教授作为通识教育的授课老师，同时加强对观念和方法的创新；再者，为本科学生聘请国内外知名讲师进行授课。为实现教师积极性和主动性的最大化，开设同时课程鼓励机制；除此之外还构建了教学评估机制，以60位"悦读经典计划导师"为引导设立名师群，推动通识教育发展。

三、汕头大学通识教育课程建设

汕头大学是1981年经国务院批准成立的广东省"211"重点建设综合性大学。汕头大学于2007年开始，着手进行人才培养目标体系设计，形成了汕头大学人才培养目标体系。在通识教育理念上，汕头大学实施通识教育的目标是：培养学生的独立思考能力，养成对社会和他人的责任感和奉献精神；形成对人生价值的正确认识和积极的人生观；培养学生发散开阔思维，以多种角度思考和解决问题。

在课程设置上，汕头大学采用了"多层组合通识教育"，主要的课程形式是让学生选修通识教育课程，并且视情况适当增加通识教育课程，尤其是跨学科的课程。目前学科领域分成三类：第一类是数学与自然科学，第二类是哲学与社会科学，第三类是语言、文学和艺术。除此之外，值得一提的是汕头大学十分提倡和鼓励学生去修读公益类的课程，从2010年6月公益类课程的开设，成为汕头大学就对通识教育改革的全新探索。目前，已经形成了一套完整的课程管理系统细致到每个环节。从2012级学生开始，公益课程成为全体本科生的通识教育必修课。

汕头大学对学生的学分要求十分严格，规定毕业前限制最少要有12学分，平均每学科不低于2学分。以公益类课程为例，学生的学习时长是48学时，指定学分1分，但内容却较多含有理论知识、活动调查与实践、经验分享和最终评估等。选课之前，学生必须出具自己的课程大纲，以此对大纲中内容进行探讨学习，比如涉及能力、团队合作及领导能力等，同时要学会调查研究和撰写报告，除此之外必须学会处理突发事件。在学习上述内容的过程中，需将理论和经验两者相结合，指导老师也分开调配。直到活动结束，学生以小组的形式对调查内容和结果进行分享，之后做出评估。采用这一方式能够打破以往的教学常规，学生有了更大的自主性、积极性，不但亲自进行调查，还要运用知识进行分析研究，给出合理的方案，达到学以致用的目的。由此可知,汕头大学在设置大学课程内容时,不仅要结合目标思考相关性,而且要联系内容实现科学性。重新考量了教师对学生意味着什么,学生有能从中学到什么,以及教学过程中可否同校方最终目的一致等问题。而课程管理中,汕头大学同样施行通识教育,而且具有详实可依的教学方案,最终由教务处进行敲定。为保障最终的课程质量,汕头大学对教学过程尤为重视,同时采取很多措施进行检验,比如各项总结会和分享会,且提倡经验交流,除此之外还专程进行了年度报告的编印,甚至构建相关专题网站来对课程效果进行监督管理。一旦发现问题必须立即改正,实现课程内容及体系的不断完善。

四、安徽大学通识教育课程建设

安徽大学作为国家"211 工程"重点建设高校,是一所省属综合性大学。2016 年,入围首批双一流建设高校名单,其一流学科建设在安徽省名列前茅。在人文学科与应用学科领域,积极抢抓机遇,致力于全面提升学科建设水平。因此,学校对现有各个学科进行梳理,从而确立了通识教育课程发展的基本战略。

(一)安徽大学通识教育形成背景

安徽大学作为安徽省培养综合型、高层次人才的重要基地之一,自其建立以来,一直都承担着人才培育、科学研究与社会服务等多重责任,是安徽省现代高等教育的开端。学校通过课程建设为输送综合性人才队伍奠定了重要的现实基础,已经为社会培养了近 20 万名优秀毕业生。现今,学校拥有国家级精品课程 1 门、省级优质课程 21 门、校级精品课程 34 门、校级名牌课程 25 门;"十五"以来共编写出版教材 32 种,入选"十五""十一五"国家级规划教材 4 种。在理论课程的学习上,学校为学生提供了充足的实践积累空间,与多方建立了密切的合作基础。尤其是积极推进学分制改革,注重学生个性发展,努力探索以扎实的基本理论、较强的基本技能和良好的基本素质为内容的"三基并重,全面发展"的人才培养模式。通过专业改造和建设,加强基础课教学,更新教学内容和教学手段,注重创新精神和实践能力的培养,教学质量、学生综合素质得到明显提高。

（二）安徽大学生物科学专业的课程内容与要求

安徽大学生命科学学院拥有包括生物科学、生物技术、生物工程、食品科学与工程、生物制药在内的 5 个专业以及生物统计专业方向，其中生物科学专业是国家级特色专业。学院在发展的过程中，注重与世界各国、社会各界的交流与合作，与美国南加州大学等多家科研机构、安科生物等多家企业建立了紧密的合作关系，为学生创造了广阔的专业发展空间。在专业发展目标上，注重培养掌握生物科学的基础理论、基本知识和基本技能，具备良好的科学素养，有较强的创新意识和实验能力，知识面宽、适应性强的生物学基础性人才。完成本科学业任务后，为学生颁发理学学士学位，学生可以从业于多个社会领域，如科研院所、医药、卫生、环保、农林、园艺、自然保护区等。在具体的人才培养方面，安徽大学的生物科学专业实行"3+1"培养模式：学生需要在前三年完成课堂教学内容，最后在第四学年根据自身个性发展需要，选择不同的发展模式，致力于在基础理论学习的基础上，最大程度上为学生建立实践学习的平台。学校也为学生专业化的学习过程奠定了扎实的理论学习前提，开设了大学英语、政治、体育等有利于提升学生综合素质的课程平台。通过学业前期的综合知识积累，进一步为专业学习提供便利，为实践经验的提升构建学习框架。

学校为专业学生提供了较为完善的通识教育课程（表 4-4），公共基础课程的学习是专业化学习的第一步。在专业学习的过程中又可划分为以下三部分：首先通过基础阶段相关课程的学习，了解最新的生物学理论基础与发展方向，提高对生物学专业学习过程的深刻认识，从而为进一步学习生物学相关学科知识以及专业化课程打下扎实的理论基础。其次是综合性生物学学科的课程学习，能够使学生将前期理论知识与后期专业课程相结合，不仅有利于夯实专业理论基础，而且还有益于进一步巩固专业能力，开阔学习专业化的眼界。综合类学科课程的学习，能够进一步深入帮助学生进行专业化知识的学习，不仅在于加深学生的全面学习能力，更重要的是能够开阔学生的专业化发展视角，为专业领域创新发展提供可能。最后，实践课程的学习是总结专业理论知识的必然选择，但学习不仅限于专业实验课程的学习，还为学生积累专业经验创造了丰富的实践平台，可以进入学校相关合作企业、单位进行相关实习活动。同时，考虑到学生不同层次的现实差异，为了满足学生多样化的选择需求，在后期学生也可通过学校实验工作室进行相关实践活动。通过对该专业课程的综合学习，使学生理解和掌握专业的基本原理和方法，并为从事该专业及其相关领域的教学、科研、开发和技术管理的奠定了扎实的实践基础。

表4-4 安徽大学生物科学专业课程内容与要求

	课程内容	课程目的
扎实理论 （三年）	专业基础课：生物化学、动物生物学、植物生物学、微生物学等	生物化学等基础性生物专业课程的学习，能够使学生掌握生物体的化学变化及规律，提高分析问题和解决问题的能力，为学习生物学及分子生物学相关专业课程提供必备基础
	综合理论课：细胞生物学、遗传学、生态学、分子生物学等	细胞生物学等综合性课程的学习，使学生学会探索生命活动的基本规律。其核心重点在于将遗传与发育在细胞水平结合起来，提高学生跨学科的学习能力。遗传学等专业性较强的课程研究，有助于深入了解生命的本质，并为进一步学习分子生物学、发育生物学、基础工程等打下基础
	专业实验课：基础生物学实验、现代生物学实验等	实验课程的开设在于为学生加强专业技能的提升，通过对专业理论课程的学习将理论与实践相结合
积累实践 （一年）	学生可根据自身需求以及实现情况，进行两种学习选择，或者是到学校合作企业进行学习和实践训练、完成本科毕业设计，也可以选择在校内科研实验室完成科研训练和毕业论文研究	在专业化学习的基础上，为学生未来专业选择提供了充足的空间，便于满足学生多样化的发展需求，为后期专业化发展创造更大的机遇

与国外通识教育相比，由于我国内地大学过于注重实用性知识的学习，对学生发现问题、探究问题、解决问题的能力培养不足；在对学生学习通识课程效果的考核上目的不够明确，考核内容的设计不够科学，对学生成绩的评定不够合理，过分注重分数，而轻视能力等。

第五章　构建科学的通识课程体系

通识教育需要通过课程来落实，通识课程是实现通识教育目标的主要途径。课程设置关系教什么、学什么和人才培养目标实现的问题。然而，由于缺乏对整个课程体系的规划，较多高校通识课程存在随意设课、随意停开课的现象，而且较多高校把通识课程设置作为一项终结性任务，课程设置是否可行、通识课程体系是否完善、实施是否有效、通识课程目标是否达成，则鲜有问津。通识课程体系的不完善和评价的缺失在一定程度上导致了通识课程在实践中困境凸显。

本章从通识教育课程体系的内涵着手，探讨构建通识教育课程体系的必要性与可行性，进而从理念与目标、课程内容、实施方式和评价机制四个层面提出构建科学的通识课程体系的建设性策略。

第一节　通识教育课程体系的内涵

体系在汉语词典中的释义是"由若干有关事物互相联系、互相制约而构成的一个整体。"体系是由若干事物或要素构成的，通过某种特定的方式相互联系和制约，单个事物无法构成一个体系。课程体系是在一定教育价值理念和人才培养目标指导下将课程各个构成要素加以排列组合，使各个要素在动态过程中统一指向课程体系目标实现的系统。[1] 课程体系是否科学合理将直接影响学校教育教学质量的好坏和人才培养目标能否实现。

---

① 崔颖. 高校课程体系的构建研究 [J]. 高教探索，2009（3）：88-90.

通识教育课程体系是本科教育课程体系的重要组成部分，涉及通识课程目标的设定、个体经验的选择与规划、课程实施方式和实施效果的评价。通识课程的目标以通识教育目的为总纲，通识课程的设置要求与通识教育目标存在逻辑上的对应。通识课程与专业课程的定位及其相互关系会影响整个通识课程体系框架的设计及每门通识课程的编制，清楚把握人才培养模式中通识教育与专业教育的定位和关系是深化通识课程改革的重要前提。通识课程的内容是研究通识课程体系的核心部分，为了确保通识课程内容充实、结构合理，需要解决最有价值的知识的选择问题及通识课程的组织安排问题。人才培养模式中的课程实践层面，通识教育是作为一种广泛的、提供给学生共同基础的非专业教育，发挥着专业教育不可替代的功能。通识教育课程体系不仅仅包含学生适应性指向的学习目标和用于促进学生发展的科学知识体系，还包括动态层面通识课程的教学实施及作为通识课程实施效果反馈的通识课程评价。本书旨在从整体和动态上把握通识教育课程体系的目标、内容、过程诸多构成要素之间的相互关系，力求体现通识教育课程体系研究的系统性和全面性。

第二节　构建通识教育课程体系的必要性与可行性

一、构建通识教育课程体系的必要性

1. 占领高校思想政治理论教育主阵地的需要

我国的一些高校在通识教育建设和改革过程中，存在着直接接受西方通识教育理念、复制国外西方发达国家通识教育课程模式的现象，从而有在某种程度上冲击和淡化通识教育的意识形态性和思想政治教育功能的倾向，这显然是与我国的社会主义办学方向相违背的。建设通识教育课程体系，有助于在大学教育教学实践领域用主流意识形态占领通识教育阵地，引导我国高校的通识教育课程体系改革和建设向着有利于中国特色社会主义现代化建设的方向发展。

2. 改善思想政治理论教育形象，拓展思想政治理论教育有效途径的需要

我国高校的思想政治理论教育主要是通过几门思想政治理论必修课来完成的，由于过去这些课程的强制性、内容的重复及与学生生活实际脱节等方面的原因，在许多学生头脑中留下了消极的印象、产生了逆反心理，严重影响了高校思想政治理论教育预期效果的实现。而构建通识教育课程体系，则可以在很大程度上拓展思想政治理论教育的途径。例如：通过自然史、科学史和科学研究方法类课程的学习，可以引导学生建立正确的世界观及学会正确的认识方法和思维方法；通过历史和文化类课程的学习，可以建立正确的历史发展观；等等。这样，结合具体典型通识课程的学习，必然有助于大学生对马克思主义思想的理解，提高思想政治理论教育的实效性。

3. 丰富和完善思想政治理论教育内容体系的需要

随着我国与世界各国政治、经济、文化交流的日益频繁，不仅来自世界各地的人和产品出现在我们的生活中，而且中国人和中国制造的产品也在大规模地走向世界。这就使得我们对自己及世界其他民族文化的理解成为一个突出的问题，它将成为政治、经济及文化交往成败的一个重要因素。因此，使正在接受教育的一代年轻人接受必要的民族精神教育和国际理解教育就成为当前大学思想政治理论教育的一个重要内容。可是，从目前我国思想政治理论课设置上看，这个方面的内容是相对薄弱的环节，亟须加强。而通过开设丰富的中国文化与精神传统、世界各国宗教文化与民族精神类的通识课程，正好可以弥补思想政治理论课在这方面的缺憾。

4. 调动学生思想政治理论学习主动性、积极性的需要

众所周知，在我国当前一些大学思想政治理论教育的课堂上，学生在上课时看课外读物、说悄悄话、听音乐、打游戏、睡觉的不乏其人。如何调动学生思想政治理论学习的积极性成为教师面临的一个突出问题。因为，如果一个人没有内在的学习需求和动机，课上教师辛苦教授的内容是不可能被学生学会的，更谈不上理解和接受。而尝试将思想政治理论课纳入通识教育体系之中，给学生选择上课时间和教师等方面的机会，这无疑会从一个方面激发学生学习的主动性。同时，将思想政治理论教育渗透到各个通识教育课程系列中去，使学生从其所最感兴趣的各个不同的知识领域接

触与思想政治理论相关的观点、方法，也是调动学生思想政治理论学习主动性、积极性的有效措施。

二、构建通识教育课程体系的可行性

将通识教育课程体系作为高校思想政治教育的载体来建设，不仅是非常必要的，而且也是可行的。因为，我们具有许多有利条件，有国内外丰富的可供借鉴的经验、有各类学校可利用的丰富课程资源、有中国特色社会文化环境的保障。

1. 国内外通识教育体系建设的丰富经验可供借鉴

（1）国外借通识教育课程体系进行思想政治教育的经验

通过通识教育课程体系进行思想政治教育是世界上许多发达国家教育体系的一大特色。国外的通识教育课程从形式上分为正式通识课程和非正式通识课程。国外借通识教育课程体系进行思想政治教育主要是通过通识教育课程体系实现的。通识教育课程体系涵盖了人类知识领域的方方面面，通过在通识课程中传递给学生知识、技能的同时，传递一定的思想政治观念，让学生逐步建立起西方主流的世界观、人生观和价值观，以达到思想政治教育的目的，最终培养出西方社会所需要的人。以美国各大学为例，美国没有类似我国这样完整的思想政治教育概念和独立学科，但是美国大学历来非常重视通过通识教育进行思想政治教育的渗透。美国的多数大学不仅通过涉及自然科学、社会科学和人文艺术等学科的通识教育课程，把诸如爱国主义、意识形态、资本主义的理念等灌输给下一代，巧妙地利用通识教育课程体系作为其传播政治观、价值观的渠道来进行思想政治教育活动，而且在同类课程系列的设置、上课时间和教师等方面为学生提供了很多选择的机会，突出了学生在学习中的主体性和积极性，使学生在自己选择的课程学习中不知不觉地接受了蕴含其中的思想政治教育。这种发挥教师和学生两个方面主体性的思想政治教育理念与操作方式，特别值得我们学习和借鉴。

（2）国内大学进行通识教育改革的经验

近年来，我国的一些高校陆续进行了通识教育的实践和探索，如北京大学的元培学院、南京大学的匡亚明学院、复旦大学的复旦学院等。这些高校通过构建具有本校特色的通识教育课程体系意图对现有的高等教育进行改革，以培养出具有更深厚基础与广阔视野、更高思想文化素养的创新型人才。

北京大学于 2001 年开始通过元培计划对通识教育实验班的低年级学生进行通识教育，对高年级学生进行宽口径的专业教育。并于 2007 年正式成立北京大学元培学院，统一对通识教育课程进行规划和管理，形成由通识教育选修课和学科大类平台课的通识教育课程体系。北京大学通识教育课程体系的内容主要有：全校公共课（英语、政治、体育、计算机）；通选课（数学与自然科学、社会科学、哲学与心理学、历史学、语言学文学与艺术共五个领域）；公共基础课（理科：高等数学、物理学、化学和生物学；文科：高等数学、人文和社会科学）。北京大学元培计划的基本理念是建立一套与国际一流大学相匹配的通识教育体系，希望通过完备的通识教育课程体系为我国民族和国家的强盛培养出全面发展的现代化建设人才。

2005 年 9 月，复旦大学成立复旦学院，专门负责对低年级学生进行通识教育。经过一年的探索，复旦大学建立了通识教育核心课程制度。通识教育核心课程包括文史经典与文化传承、哲学智慧与批判性思维、文明对话与世界视野、科技进步与科学精神、生态环境与生命关怀、艺术创作与审美体验等六大模块，致力于帮助学生形成基本的知识素养、思想素养和精神感悟。

南京大学的匡亚明学院于 2006 年成立，其建院的初衷在于探索适合南京大学的通识教育课程体系，培养出具有国际视野的宽基础、高素质、创新型的人才。经过实践探索，最终形成"2+2"的人才培养模式。"2+2"的人才培养模式即前两年由匡亚明学院按学科模式实施通识教育，后两年进行专业教育。前两年的通识教育分为两个阶段：第一个阶段为学习通识教育课程和大文科或者大理科课程；第二阶段设置了大模块，包括数理模块、化生模块、大地学模块、基础文科模块和国际化应用文科模块。

国内这些著名大学在通识教育课程体系改革方面的探索为大学通识教育的改革积累了宝贵的经验。在如何处理思想政治理论课与通识教育课的关系、如何处理通识课程与专业课程的关系、如何建构通识教育课程体系等方面的实践，都为我们进一步探索和完善有中国特色的大学通识教育体系提供了可供参照和借鉴的经验。同时，我们也注意到我国的一些大学在建构通识课程体系过程中，对通识教育的本质与功能的认识仍然有不全面、不完善的地方，例如一些学者认为通识教育的任务是解决知识的广度问题，而专业教育是解决知识的深度问题。这是把通识教育看作扩充知识范围的安排，缺乏对通识教育的思想政治教育功能的认识，这应该引起我们的高度关注。

2. 各类学校丰富的课程资源可利用

构建通识教育课程体系具有可行性的另一个理由是，在我国各类大学中有可利用的丰富课程资源。许多大学，尤其是学科体系较为完备的综合性大学各个学院课程体系中都有兼具两课（通识教育课和思想政治教育课）性质的或自然科学、或社会科学、或人文科学的课程，可以用作开发和建构通识教育课程体系。例如：涉及自然科学类的课程，如自然科学发展史、自然科学研究方法、中国地理、世界地理、人文地理学、地球概论、地球与空间科学、环境与可持续发展理论、生态学、进化生物学、环境生物学、保护生物学、现代生命科学进展等；涉及社会科学类的课程，如社会学、谈判学、社会政策与分析、公共危机管理、社会心理学、组织行为学、公关礼仪、传播学、社会调查技术与方法等；涉及人文艺术类的课程，如中外哲学研究、中外历史研究、中外文化概论、中外宗教研究、中外政治制度研究、美学概论、中外美术史、服饰美学、影视作品分析与欣赏等。

这些课程一方面是某一学科领域基础性或前沿性的知识，另一方面也包含了人对客观世界、对人自身及人与自然相互关系目前所能达到的基本认识和认识的方法，从不同的方面反映了人类对真善美向往、追求和探索的过程与结果。因此，这些课程能够传递给学生的不仅仅是一些知识与技能，同时也能对学生形成正确的世界观、人生观、价值观、政治观、道德观、审美意识产生重要影响，是进行思想政治隐性教育的有效途径。所以，我们如能自觉地将这些课程作为思想政治教育的载体来建设，利用这些课程传递正确的世界观、人生观和价值观，必然对思想政治教育预期目标的实现大有裨益。

3. 中国特色社会文化环境的有力保障

教育思想可以博采众长，教育实践却必须契合时代和国情。在中国进行高等教育体系的改革，也必须结合中国的国情。自觉地将高校通识教育作为思想政治教育的载体来建设，是符合我国党和政府所制定的教育方针政策要求的，必然得到中国特色社会文化环境的支持和保障。

（1）源远流长的中国思想政治教育传统的支持

中国古代的思想家很早就认识到有价值的知识应是道的载体，而学校与教师的使命就是通过这样的知识的教学来"传道授业"，即主张通过教育的各种途径对学生进行思想政治教育，使学生懂得如何做人，不断提高自身的道德修养，最终成为社会或统治阶级所需要的人才。我国历代的儒家学者都特别重视在学校课程中进行德育，并把它放在学校教育的首要地位，因为在他们看来，思想道德品质是一个人最重要的素质。儒家创始人孔子把教育作为治国三要素之一（庶、富、教），认为教化万民比政令和刑罚对巩固国家的统治更为重要和有效，所谓"道之以政，齐之以刑，民免而无耻；道之以德，齐之以礼，有耻且格"[①]。汉代的儒学家董仲舒同样持这样的观点，他认为："教，政之本也。"[②] 此后，历代教育家都主张教育必须为政治服务，通过学校教育，以学校的课程为载体对学生进行思想政治教育，以争取和维护本阶级的统治。源远流长的中国思想文化教育传统为建构作为思想政治教育载体的通识教育课程体系提供了文化环境的支持。

（2）中国特色社会主义政治文化环境强有力的支持

我国是中国共产党领导的社会主义国家。中国特殊的社会环境要求高等教育的根本任务是培养坚持中国特色社会主义和拥护中国共产党领导的社会主义事业的建设者和接班人。近年来，在党和政府所颁发的各种有关高等教育的方针政策的文件中，也一直在强调"育人为本、德育为先"的理念。我们要培养的人才不仅具有较高的科学文化素质，而且具有较高的思想政治道德素质，这就要求高校通过各种途径，包括公共思想政治理论课，也包括各种专业课程的教学来实现这个目标。因此，利用通识教育课程体系对大学生进行思想政治教育，是我国大学教育教学体系改革题中应有之义。

---

① 孔子. 论语 [M]. 北京：中华书局，2006.

② 董仲舒. 春秋繁露 [M]. 北京：中华书局，2011.

中国特色的政治文化环境，必将为建构作为思想政治教育载体的通识教育课程体系提供强有力的支持。

第三节　构建科学的通识课程体系的对策

一、扩展通识教育的理念与目标

1. 基本理念

为保证学生未来生活和未来社会的完善，高校要挖掘多样的专业教育的共性规律和教育基础，将学生个人成长和高校的社会贡献价值渗透至通识教育的理念和目标定位中，以整体和系统化的通识课程目标体系为指引，为不同专业学生提供人文艺术审美、社会科学、自然科学与应用科学技术等多个领域的广博知识，培养学生深厚的基础理论与强烈的创新意识，使学生认识现代世界和现代生活的历史渊源、变革历程与发展前景，帮助学生成为有责任、有道德修养的社会成员，从而使学生能够批判性和创新性地应对时代发展和未来变化。

（1）强调通识教育的实用性，提升学生的未来竞争力

清华大学明确指出通识教育要"培养具备广阔的国际视野和潜在的领导能力"，能够具备驾驭国际化复杂形势的能力，尤其是务实精神和创新能力的人才。哈佛大学也指出通识教育要"为未来生活做准备""使学生理解，我们讲授的艺术和科学如何与他们的生活和面对的世界相联系"。通识教育不再是仅仅关注知识传授和学生的理性发展，而是为受教育者了解未来社会提升竞争力，为其将来生活打下基础。为此，新的通识教育计划应对原有课程进行大规模调整，删除旧的、不实用的课程，取而代之的应是更富时代精神、更具前瞻性的课程。同时，着力于为学生提供丰富的课外活动项目作为其学以致用的平台，鼓励学生把课堂所学的知识用于实际生活问题的解决。

（2）强调文化全球化，加强知识的整体性

文化全球化的进程使得每个国家都应主动地把自己视为全球的一分子，培养学生形成对世界的合理认知，避免狭隘，养成多角度思考问题的习惯，才能使学生更好地适应文化全球化，与其他文明进行更好的交流，为解决人类面临的共同问题打下基础。为此，通识教育课程体系的构建，一方面要不断加强课程的整合，追求知识的整体性（不仅体现在知识的广度上，还体现在知识的内在联系上）；另一方面，要把中国文化置于全球化大背景下，重新思考和评价中国文化，并致力于为学生提供更多机会借鉴国际经验，如将语言、历史、政治等融合为一种文化社会概念来理解。

（3）强调文理通识教育，培养学生的思辨能力

全球化带动科技革命进程的深入，科学技术在当代社会发展中扮演着重要的角色。面对全球化浪潮，通识教育应平衡各科目领域，在原有自然科学课程相对不足的情况下，适当地加大其比例份额，来培养学生的科技意识。另外，国际化视野下的人文素质培养要求学生具备信息发掘和处理能力，发现问题、分析问题和解决问题的能力，等等。全球化使得世界变化显得格外激烈，仅有专业教育不能保证学生在未来能从容不迫地应对瞬息万变的社会，为了适应未来全球化竞争的需要，更需要培养学生独立的判断鉴别力和敢于批判的精神。为此，通识教育改革应把培养学生批判反思能力作为重要目标之一，增加逻辑推理类课程在通识教育中的比重，主张把批判性思维的培养贯穿于各种类型的课程中，通过这种具有科学精神的理智训练，来培养学生的批判性思维，如可以提倡不同学科的教师开展合作教学，让学生看到不同领域、思想的碰撞，进而形成一个有利于滋养批判反思精神的环境和制度。

（4）强调创新型国家和创新型人才培养

我国是从 2006 年明确提出建设创新型国家的战略目标的。习近平总书记在十九大报告中提出要加快创新型国家的建设，到 2020、2030 和 2050 年分别为进入创新型国家行列、跻身创新性国家前列和建成世界科技创新强国。目前，我们在创新型国家的一些要素上有差距，如科技进步的贡献率在 2016 年我国为 40%，国际公认的标准为 70% 以上。所以，这些需要科技人员的努力，但是科技人员从哪里来，就需要教育进行创新型人才的培养。

创新型人才的培养，需要创造型教育。我们提出创造型教育，那就转变教育模式，培养学生在技能、思维、解决问题的能力，强调学生要有创新意识、合作精神、解决问题的能力和积极探究的科学精神。以知识为主的教育满足不了创新型国家的需要，所以进行创新型人才的培养，就要去培养学生的创造力。

2010年，《国家中长期教育改革和发展规划纲要（2010—2020年）》明确提出了建设创新型国家，需要培养具备创新精神和解决实际问题的创新型人才，强调培养创新型人才的过程中注意学习与思维的结合；2012年，教育部印发的《高等教育专题规划》中提出："提高人才培养质量，深化本科教育教学改革，更新教育教学观念，注重教学方法和教学模式的创新性，培养审辩性思维和跨学科思维……"培养创新型人才已成为高校教育人才的培养方向。

在人才培养上，创新型人才特征首先是创造力。创造力在《简明不列颠百科全书》中解释为创新的能力，创新意味着有变化、有突破等。创造力基本结构为：知识能力、思维能力和个性品质。一个人的创新能力是与他的知识、思维、个性品质相关的。知识是创新能力的基础，按照目标分类法就是识记、理解和运用方面的知识，知识的理解和运用是决定创新能力的基础，后面才会有分析、评价和创造，所以要加强知识的学习，不是现在我们所要求进行的强化记忆，而是在识记的基础上能进行掌握、运用去分析问题。思维是创造性思维的核心，具有创造性思维能力的人，有求异思维、形象思维、抽象思维、直觉思维、归纳思维、演绎思维、问题思维等多种思维，同时在对待知识或问题上有敏锐的观察力、丰富的想象力、灵活变通地运用创造方法去进行创造的能力。个性品质是一个人的能力、性格和气质，是个性特征。个性品质包括对问题的判断能力、思考能力、组织能力、想象能力、意志力、乐观、平和等。这三者之间是相互影响的，一个人创造力的高低由这三者的水平高低所决定。

当今世界人才的竞争就是创新型人才的竞争，也是各高校进行人才培养的目的。目前，互联网发展、信息爆炸带来便利的同时，也让学生独立思考能力下降，从网络中获得答案成为常态，使得学生思维变窄。我国教育模式普遍是一种寻求正确答案的模式，强调权威，是顺从于教师，学生更愿意在课堂上听教师讲课，不愿意思考；教师在学校更愿意强调分数，一般不去尝试探究新知识，因为探究会犯错，因此造成学生的创造力弱。高校要把照本宣科的教学模式进行改革，在教学培养目标范围内自由选择教材和教学方法，鼓励教师在人才培养方面进行教学改革，提出解决办法，塑造有利于形成科学思维和探究的学术氛围。学习评价要采用多种方式，结果与过程评价相结合，注重学生能力提升。学校评价由第三方评估机构进行，特别是学生能力、教师课堂教学、学生走向职场能力的匹配等。

由于国家已经意识到高校学生在创新能力方面存在的欠缺，因此每年都会举办各种类型的创新大赛，如电子创新大赛、数学建模比赛、机器人大赛、创新设计大赛等，就是想通过活动来提高学生的创造力。虽然起到了一定作用，但对于大多数学生来说是远远不够的，各类赛事只是在"治标"，关键和基础还是在于学生的思维和惯性，而课程的系统教育是解决"本"的必然选择。

因此，高校创造学课程培养的目标是：学生掌握创造学的基本原理、知识和方法，培养学生的创新思维发展，塑造创造个性心理品质，使学生具备创新意识、创新思维和创新能力，为学习相关专业课程和科学研究、工作奠定基础。在创造学的培养目标下对学生进行专业课程、选修课程和实践活动环节的培养。有研究者认为应该从创造力心理素质来考虑。创造力除知识以外的结构，创造力心理素质中的创造能力和创造个性是具体目标要求。培养创造力的一个重要方面就是培养学生的创造思维、求异思维、形象思维、抽象思维、直觉思维、归纳思维、演绎思维、问题思维、发散思维、聚合思维等，最后形成新知识结构和技能。新知识的形成不是靠死记硬背，而是在思维的过程中进行对"问题"的关注，运用自己的思维进行知识的组合从而解决问题。

审辩性思维是创新思维的必备素养。审辩性思维是实现创新的前提和基础，创新思维是审辩性思维的目的和归宿，有了审辩性思维尤其是批判性精神，人们才能主动并独立思考、发现问题，进而才能有所发现、有所发明，实现创新。[①] 高校进行创新型人才培养，就是培养人的创新性思维，

---

① 刘儒德. 论批判性思维的意义和内涵 [J]. 高等师范教育研究，2000（1）：56—61.

人的创新性思维在达到一定阶段时，有些知识已不能为创新性思维提供支撑，这时需要合作，在合作中完成创新。创新型人才培养要积极进行审辩性思维培养，因为审辩性思维是基于一定的推理过程和个性进行判断的过程，培养学生的审辩性思维是高校未来的追求，也是我们建设创新型国家、科技人才创新的需要，国际性的人才都离不开审辩性思维，这也是目前世界进行审辩性思维培养的重要原因。

2. 培养目标：具有全球素养的人

（1）全球素养的维度

1985 年，美国学者提出"全球化"概念之后，世界各国在进行经济交往的同时也促进了文化、政治、科技等各领域的合作，特别是近五年以来，世界迅速发展，让我们更深刻地体会到了经济全球化的巨大冲击；同时由于文化不同，像塞缪尔·亨廷顿（Samuel Huntington）预测的那样，今天文明冲突已成为影响世界和平发展进程的重要因素。在全球化的今天，只有受过良好教育的人才能跟上全球化的发展。2018 年，经济合作与发展组织发表了《PISA 全球素养框架：让我们的青年为一个包容和可持续的世界做好准备》，给全球素养进行了定义："青少年能够分析当地、全球和跨文化问题，理解和欣赏他人的观点和世界观，来与不同文化背景的人进行开放、得体和有效的互动，以及为集体福祉和可持续发展采取行动的能力。"全球素养包括 4 个维度：①审查具有地方、全球和文化意义的问题和情况的能力；②理解和欣赏他人的观点和世界观；③跨文化参与开放，适当和有效的互动；④为集体的福祉和可持续发展采取行动。简化为审查问题、理解观点、跨文化差异的互动和采取行动。①

下面对 4 个维度进行详细的介绍。

维度 1：审查具有地方、全球和文化意义的问题和情况的能力

维度①是指有全球素养的人在对全球问题形成自己的看法时，他们能有效将有关世界知识与审辩性推理结合起来。在这个层面上获得成熟发展水平的人运用高阶思维，如选择和权衡适当的证据来推理全球的发展。具有全球素养的学生可以借鉴并结合在学校获得的学科知识和思维模式来提

---

① 武宏志. 营造以批判性思维为中心的课堂思维文化 [J]. 工业和信息化教育，2018（5）：34-45；63.

问题，分析数据和观点，解释现象，并发展对地方、全球的或文化问题的立场。这个维度的人发展也需要媒体素养，被认为是访问、分析和审辩性评估媒体信息的能力，以及创造新媒体内容，只有具备全球胜任力的人才是传统媒体和数字媒体的有效使用者和创造者。（数据分析与推理能力）

维度 2：理解和欣赏他人的观点和世界观

维度②强调，有全球素养的人愿意并能够从多个角度考虑全球问题和其他人的观点和行为。当个人善于获得其他文化的历史、价值观、交流方式、信仰和实践的知识时，他们可以通过手段来认识自身的观点和行为是受到多种影响形成的，他们并不总是完全意识到这些影响，别人对世界的看法与他们截然不同。从不同的观点和世界观来看，要求个人考察自己和他人假设的起源和含义，这就意味着对他人、对现实观念和情感的深刻的尊重和关心。具备这种能力的个人也应该理解和欣赏使他们能够弥合分歧和建立共同基础的联系。他们保留自己的文化身份同时也意识到周围人的文化价值和信仰，承认他人的观点或立场并不一定要接受这一立场或信仰。然而，通过"另一种文化过滤器"的能力提供了加深和质疑自己观点的机会，从而在与他们交往时作出更成熟的决定。（反思，多元文化）

维度 3：跨文化参与开放，适当和有效的互动

维度③描述了全球有能力的人在与来自不同文化的人交往时能够做些什么。他们了解跨文化背景下的文化规范、互动风格和形式化程度，灵活地适应他们的行为和沟通。这涉及对尊重对话的欣赏，对另一方的理解及努力包容被边缘化的群体。强调个体以一种公开、适当和有效的方式与其他人进行互动的能力。开放的互动意味着所有参与者都要表现出对他们及其观点的好奇心和意愿的敏感性。在有效的沟通中，所有参与者都能互相理解。

维度 4：为集体的福祉和可持续发展采取行动

维度④侧重于青年作为社会积极且负责成员的角色，指的是个人准备应对当地、全球文化或跨文化的问题或情况。这个维度认识到年轻人拥有个人、本地、数字、全球多重影响力。有全球素养的人创造机会采取知情的反思行动，并听取他们的声音。采取行动可能意味着要站在尊严受威胁的学生一边，在学校开展全球宣传活动时，通过社交媒体传播针对难民危

机时的个人观点。具有全球素养的人致力于改善自己社区的生活条件，并建立一个更加公正、和平、包容的可持续世界。

全球素养的 4 个维度由 4 个不可分割的因素支持，知识、技能、态度和价值。知识是指全球性问题的知识及跨文化知识，即关于文化之间的相似性、差异性和关系的知识来支持的。全球素养还建立在具体的认知、交流和社会情感的技能上。技能被定义为执行复杂和组织良好思维模式（在认知技能的情况下）的能力或行为模式（行为技能）来实现特定的目标。全球素养需要多种技能，包括信息推理、不同文化背景下的沟通技巧和视角，解决冲突技巧和适应性。以上这些不断地强调全球素养，是基于审辩性思维能力、倾向和行动。在高校要培养学生具有全球素养就是在课程中进行，无论是采取专门课程还是融入课程，通识课程还是非通识课程。

实际上，在西方的教育过程中，对于全球素养培养并不是一个陌生事物，从审辩性思维开设的早期课程，从培养公民教育到世界公民教育、世界文化、21 世纪技能，审辩性思维都在其中充当着重要的角色。

（2）世界公民教育

哥伦比亚大学在 1919 年开设"当代文明"课程是为了回应美国政府要求大学成为培养积极承担责任的公民，后来各大学纷纷探索学校培养的具体模式。到了 20 世纪 40 年代，与苏联进行冷战时，对学生进行美国价值观塑造成为高校通识课程目标。在 1945 年，哈佛大学《自由社会中的通识教育》将通识教育的目的描述为打造美国共同文化和塑造美国民主社会的公民，确立了美国大学价值观教育地位。后来，詹姆斯·科南特（James Conant）对通识教育目标解释为："我们要培养的未来公民，应该是忠诚的，就像对社会大家庭的忠诚一样，这种情感，很大程度上是共同知识体和共同价值观念的产物。"[1] 在美国的意识形态下，通识教育是对美国公民进行价值观的塑造，成为美国大学的普遍现象。

西方的公民教育起源于古希腊，采取"七艺"的教学内容对自由民进行教育。这时期的苏格拉底对外声称自己不仅是一个希腊城邦的公民，而且是世界的公民，其学生进行了继承和发展。斯多葛学派将世界公民进行

---

① Conant .Education in a Divided World：The Funcction of the Public Schools in Our Unique Society[M]. Cambridge：Harvard University Press，1949：108–109.

了探索与发展。夸美纽斯提出"泛智论"教育思想，清楚表达了对全人类进行"世界意识"的培养。康德所处的西方革命时期，推翻封建主义建立民主国家，这时康德提出对人的教育重要的是使其成为国家公民，培养人的普遍理性，让其对实际生活的是非作出判断进行公民教育，强调理解力、注意力、判断力、推理力、思考力等的培养，认为教育不是简单、机械的训练，重要的是让人学会思考。

两次世界大战之后，人们认识到狭隘的民族主义给世界带来的巨大灾难，对于如何处理民族主义和世界进行思考，促使超越民族和国家的联合国成立，之后又成立教科文组织，旨在通过教育、科学和文化来促进各国之间的交流与合作，教育可以促进人类之间形成共同的理念。在1950年教科文组织提出了"世界公民"教育，世界开始走向共同的认知，教育必须适应时代的发展需求，每一个人都是世界人，可以通过对世界的认识来了解自己和他人，尊重他人及其背后的文化、思维方式、信仰与宗教、民族文化等，并在理解与共识的基础上平等而主动地与他人交流、交往与合作，从而深刻地认识到世界的依存性，最终学会共存世界，以促进世界的和平与发展。[①]

1972年，联合国教科文组织发布一份重要报告：《学会生存——教育世界的今天和明天》，其在报告中指出教育要为未来社会培养新人，也就是说世界发展所需要的新型公民，要培养新型公民的判断力，教育使命是在各个不同民族中找到共同的人性。就是要培养这种新型公民，促进世界发展。这里所提到的新型公民，世界各国都在为其共同发展进行培养，各国注重公民教育、多元文化的教育，这种目标正在逐步实现。

1974年，联合国教科文组织提出国际理解教育并在世界范围内进行推广。1994年召开的第44届国际教育大会要求世界各国在不同的年级课程中引入包含国际层面的公民世界意识教育，提出了"和平文化"和"文化民主"，自此以后，跨文化教育开始走进大学的课程之中。2006年，联合国教科文组织发布了《跨文化教育指南》，从一般目标和具体目标对认知、技能、情感进行界定，为各国制定和实施跨文化教育提供了参考。

---

① 陈洁. 国际理解教育研究 [D]. 上海：华东师范大学，2000.

在教科文组织提出"世界公民"教育之后，其在20世纪末全球化发展，人们认识到具有世界视野的公民已成为现实需求，因此学校开始进行"世界公民教育"。1994年，美国通过了《美国2000年教育目标法》，其中除对审辩性有要求之外，还对公民教育提出了要求："所有学生都要了解关于本国和世界其他地区在多元文化传统方面的知识"和"每一个美国成年人都要有文化，拥有在全球经济中竞争所需要的知识和技能,享有公民权利,承担公民责任"。[①] 自此以后，美国的高等教育逐步开展起来。

　　哈佛大学通识教育第一个目标是培养学生成为公民，为参与世界做好准备。通识课程培养和鼓励学生参与国家和世界公共生活，成为积极参与并履行公民职责的公民。要实现这一目标，要求学生理解推动地方、国家和全球变化的力量，有助于学生理解多元化文化对身份和社区的塑造，还要对政治、经济和社会机构发展和科学技术进步有正确的认知。学生需要认知到公民的身份隐含着对地方、国内和国际的责任，虽然该校人多数学生是美国公民。无论是美国公民还是其他国家到哈佛大学进行学习将来还要回到他自己国家的学生，都应该通过课程来帮助他们具备对美国的历史、美国的制度、美国的价值观有批判理解和正确理解的能力，以及他们能在全球背景下对美国价值观进行批判性的评价。美国的波士顿学院通识教育的文化多样性目标是：围绕"文化认同""文化差异"向学生介绍世界不同的文化；帮助学生从他人的眼光来审视人类的经验；培养学生对不同文化生活方式的理解和欣赏，并对自己的文化有新的认知。[②]

　　博林格林州立大学强调培养具有道德操守、理性思考和社会责任感的毕业生。为了介绍这些目标，该大学开发了BGe X，一个旨在缓解从高中到大学过渡的程序，同时，使一年级学生具有核心价值观，从而形成大学的愿景。BGe X以为期三天的定向课程开始，并持续到第一学期，开设"价值观"课程，该课程提供一门学科的常规教学，并鼓励学生反思该领域的价值观问题。例如，地质学入门课程涵盖了地质勘测的基本内容，但也考虑了价值观如何影响关于全球变暖和演化理论的争论。通过让学生对价值观问题进行批判性思考，而不用给出一组特定的结论，BGe X希望教育更

①　姜元涛. "世界公民"教育思想研究 [D]. 大连：辽宁师范大学，2012.

②　蔡瑶. 价值观教育视域下的美国大学通识教育研究 [M]. 北京：人民出版社，2017：44.

多有道德意识和有思想的公民。那些有兴趣的学生也可以进行服务性学习，参加探索学科价值的上级课程，甚至在本科以后的职业生涯中成为 BGe X 的同行促进者。

美国对于公民的教育不仅体现在课程中，还体现在实践中。美国数以百计的大学、社区学院鼓励学生参加社区服务。在飓风"卡特里娜"之后，杜兰大学已经把服务学习和公民参与提高到了另一个水平，要求所有学生无论是在核心课程还是在高级学习中，都把公共服务作为他们大学学习的一个组成部分。为了满足公共服务的毕业要求，学生必须在两年时间里参加一个服务学习班。在此期间，学生还创建并维护了一个电子档案袋，该档案袋记录了他们服务学习的进度和回报。在大学后期，学生选择第二次公共服务。这可能是另一个服务学习课程、服务学习实习、公共服务研究项目或荣誉论文项目、基于服务的出国留学计划，或者包括公共服务部分的顶峰经验。公共服务中心与社区组织保持伙伴关系，为学生的公共服务提供背景。丹佛大学的全球学习课程，2016 年 10 月份带领学生到坦桑尼亚和爱尔兰进行实习，重点是反思自我、理解、自信和人际交往技巧。最终完成任务：当你回到美国，你的同龄人和家人将会通过你的镜头，通过你在这个国家经历的故事了解坦桑尼亚，你将如何介绍坦桑尼亚的故事？赴爱尔兰进行写作精读课程，参观英国市场，观察和采访屠夫、面包师和奶酪师。当学生写一些关于当地人物的故事时，除进行客观的描述，他们被要求反思权威和责任，以及关于移情和性格的问题。

美国的玛莎·纳斯鲍姆（Martha Nussbaum）认为当前"全球化"时代中的"世界公民"，要有三种至关重要的能力，"审辩性自省能力、人类整体认同能力与叙事想象力，三种能力是相互关系的有机整体，通过审辩性反思可以认识到有与自己不同的世界、其他文化及群体，通过跨文化学习从而产生人类认同，在形成人类认同中，需要通过叙事想象力产生同情与理解；同理，人们通过叙事想象力产生的同情与理解会使人们进行审辩性反思，并超越自我认识到不同于自我的文化与群体，从而产生人类认同；在'世界公民'的培养过程中，三者是相互关联，共同作用的"[①]。

———————
① 姜元涛. "世界公民"教育思想研究 [D]. 大连：辽宁师范大学，2012.

纳斯鲍姆提出"世界公民"的三种能力，是我国在高等教育过程中要对学生进行培养，可以进行参考的。虽然我国也有公民课程，对学生进行公民教育，但由于世界发展，我国全球素养的人才与经济发展之间存在不平衡，在国际组织中的人与我国的全球影响力不匹配，因此我国在加大专业知识的同时要进行全球素养的培养。全球素养的四个维度为我国进行课程设计和课程目标提供了方向，美国成熟的做法值得我国去借鉴和探索。国际认可的公民具有多重身份，首先是法律政治框架内的，我们是哪个国家的公民、具有哪个国籍的人；其次，公民也是世界的，这是没有国别的，由于世界的发展将人们联系在一起，如战争的问题、气候的问题、因为人的流动带来全球性的问题等；最后，公民的身份是有道德边界的，会随着外在道德产生变化，影响对于公平与正义的认同等。我们与世界进行互动，就会与文化、信仰、价值观不同的人进行交往，在交往过程中会发现相同点和不同点，如何查找事实并运用事实，需要用到审辩性思维。审辩性思维是培养学生为全球参与做准备，其必需的知识、技能和情感中的核心指标。

　　（3）21世纪技能

　　人类进入21世纪，为了应对时代发展变化和未来社会发展的需要，各国均在研究如何进行课程改革来适应21世纪变化，高校要面对为社会培养什么样的学生这个重大的问题。国外对此研究比较早，笔者分别从几个大的国际组织和几个国家进行探索。

　　1996年，联合国教科文组织成立"21世纪教育委员会"并出版了教育报告：《教育——财富蕴藏其中》，首次提出了"四个学会"，为世界教育在21世纪培养什么样的人指出努力方向。由于世界各国发展不平衡，联合国教科文组织重心在教育公平上。2012年，联合国教科文组织发布报告再次从职业和社会需求角度，确定青年人需要三类技能，其在第二类可迁移技能中就谈到了问题解决能力、有效交流思想和交换信息的能力、创新意识、领导力等。2014年联合国教科文组织在报告中明确指出："教育不仅仅是帮助学生掌握基础知识，还需要培养学生作为全球公民所必需的可迁移技能，如审辩性思维、沟通能力、问题解决和冲突解决的能力等。"[①]

① 滕珺. 21世纪核心素养：国际认知及本土反思[J]. 教师教育学报，2016，3（2）：106.

经济合作与发展组织在 1997 年启动"素养的界定与遴选"研究，在后来发布的《核心素养的界定与遴选：行动纲要》中指出，信息技术的发展变化，使得社会变得更为多样化，全球化问题已经超越了国家和民族的能力范围，人们需要掌握一些关键能力，将素养划分为"互动地使用工具""在社会异质群体中互动"和"自主行动"三大类，以反思为核心，包括元认知、创造力和审辩性思维。2012 年，该组织明确指出，作为 21 世纪的学生必须掌握四方面十大核心技能：一是思维方式，包括审辩性思维、创造力、问题解决、学习能力、决策能力；二是工作方式的沟通与合作能力；三是工具方面的信息处理技术和信息技术能力；四是生活技能，包括生活和职业能力、公民素养、个人责任和社会责任等。[①] 其中，最重要的是计算机无法替代的复杂的思维方式。对审辩性思维和问题解决、决策能力进行了说明，21 世纪的学生，要学会并能运用演绎推理、归纳类比推理，去分析不同的观点，根据实际情况对各个观点进行整理，不断提出问题、分析问题、解决问题，从而提升自己解决问题的能力和决策能力；还强调能对问题进行分类是学生进行学习的一个重要领域。2013 年，强调信息通信技术（审辩性思维）对社会和个人的影响，要求在信息时代个人要有与之相匹配的新素养，其中一个就是培养和运用审辩性思维。

2005 年，欧盟发布《终身学习核心素养：欧洲参考框架》，为欧盟各国进行课程和教育政策制定提供参考，提出 8 项核心素养："母语交流能力、外语交流能力、数学素养和基本的科技素养、数字素养、学会学习、社交和公民素养、主动与创新意识、文化意识与表达。"[②] 从知识、技能和态度 3 个方面对每项素养进行了分析。在 8 项核心素养中，审辩性思维、创造性、主动性、问题解决、风险评估、决策、建设性管理情绪均在其中发挥作用。欧盟在强调未来学习时，同时也强调了终身学习。2018 年年初，欧盟提出了新的核心素养框架，致力于培养全球公民，通过正式和非正式的教育确保公民拥有终身学习的关键能力，将国际上普遍重视的"审辩性思维、问题解决能力、跨文化能力和创造力"加入核心素养，让公民在国际化、全球化的过程中掌握所需的全球素养。对于未来学习的发展，美国早

① 滕珺. 21 世纪核心素养：国际认知及本土反思 [J]. 教师教育学报，2016，3（2）：106.

② 张娜. 三大国际组织核心素养指标框架分析与启示 [J]. 教育测量与评价，2017（7）：43.

在 1990 年就开始进行探索，劳工部成立"专门委员会"，来研究青年职场取得成功所必要的技能。2002 年，美国教育部与微软、苹果等公司成立 21 世纪技能联盟，研究在信息时代能让学生获得成功的技能。2009 年，美国 21 世纪技能、课程和支持系统之间的相互关系图形成，21 世纪的技能包括"生活与职业技能""学习与创新技能"和"信息、媒体与技术技能"三个方面。这三个核心素养落实在"核心科目与 21 世纪主题"的学习上，而支持学习的是学习环境、教师专业发展、课程与教学、标准与评价。其中，学习与创新技能包括创造力与创新、审辩性思维与问题解决、交流沟通与合作。

2010 年，新加坡将 20 世纪和 21 世纪的劳动力特点进行对比后，提出建设"思考型学校和学习型国家"的愿景，提出"培养充满自信的人""能主动学习的人""积极奉献的人""心系祖国的公民"等 4 个教育理想目标。其框架图中最上的是核心价值观，包括"尊重""诚信""关爱""抗逆""和谐""负责"等，决定了培养什么样的社交及情商能力。社交及情商能力就是"自我意识""自我管理""自我决策""社会意识"和"人际关系管理"。新加坡的 21 世纪技能包括：一是交流、合作与信息技能；二是公民素养、全球意识和跨文化交流技能；三是批判性、创新性思维。其中，批判性、创新性思维包括合理的推理与决策、反思性思维、好奇心与创造力、处理复杂性和模糊性。新加坡政府希望所有学校能通过这种核心素养达到提出的 4 个教育理想目标。

我国北京师范大学课题组专家在历经了 3 年的研究后，2016 年发布了《中国学生发展核心素养》研究成果，1 个核心是培养全面发展的人，3 个方面是文化基础、自主发展、社会参与，6 大素养是学会学习、健康生活、责任担当、实践创新、人文底蕴和科学精神。在 6 大素养方面具体细分了 18 个要点。科学精神的 3 个要点分别为理性思维、批判质疑、勇于探究，这里重点强调审辩性思维的培养。这是根据我国"立德树人"的总要求，对人才培养的一个具体的过程，倡导在进行人才培养时要把我国的核心价值观融入培养全过程，明确学生在未来发展过程中必备的关键能力和必备品格。

各国专家学者也在对核心素养进行研究，哈佛大学费尔南多·赖默斯

（Fernando Reimers）教授认为，学生在 21 世纪要具备的三大核心技能：认知技能、人际技能和自我技能。[①] 认知技能的认知策略包括审辩性思维、问题解决、分析、逻辑、推理、解释、决策、执行功能等。

从核心素养框架和专家的研究中，我们看到对于审辩性思维的重视，无论是联合国教科文组织为适应未来社会必备技能框架、经济合作与发展组织以社会和个人发展为目的框架、欧盟终身学习框架、美国突出 21 世纪职场需要，还是新加坡的核心价值观、我国的注重学生必备技能和品格的核心素养框架，都在未来人才教育中把审辩性思维放在最重要的位置，这是和当今世界发展分不开的。信息技术的发展带来全球化便利的同时，也给人们带来了困惑，让人无法认清哪个才是我们需要的，理性的思维方式是一个人面对世界的应有方式，世界价值观要求不仅教授学生知识和技能，而且要让学生成为一个有责任的公民、世界公民。这很重要，所以在 21 世纪的教育，不但是教育学生有知识、有文化，还要教育学生有促进世界发展的能力。审辩性思维就是所有核心技能中的重要部分，是我们在进行课程设计时重点考虑的问题，培养审辩性思维有利于学生的成长，有利于世界的发展，有利于满足创新型国家的需要。

3. 课程定位：打造"金课"

教育部印发《关于狠抓新时代全国高等学校本科教育工作会议精神落实的通知》，要求加强本科教育，严格本科教育教学过程管理，淘汰"水课"，打造"金课"，加大过程考核成绩在课程总成绩中的比重，严把毕业出口关，坚决取消"清考"制度。

"水课"在高校表现为缺乏专业的师资力量，承担课程的教师大多数为非专业或非业界，课程内容陈旧、乏味，教学方法老套、作业少，课程管理松散，学生取得学分难度小。"水课"在教育目标上表现为低阶性。

教育部和其他 14 个部委联合发出的"六卓越一拔尖"计划 2.0，教育部、财政部和国家发展改革委员会联合发布的《关于高等学校加快"双一流"建设的指导意见》，明确提出强化人才培养，明确"双一流"建设的核心是人才培养，在当前本科教育的主题是振兴中国本科教育，提升本科教育

---

① 滕珺. 21 世纪核心素养：国际认知及本土反思 [J]. 教师教育学报，2016，3（2）：109.

质量。"水课"显然与国家人才培养的要求不相符,因此提出打造"金课"。

课程是承载人才培养中的战略目标,体现高等教育中"以学生为中心"的理念最后一公里,是落实"立德树人"根本任务的具体化、目标化和操作化,但目前我国高校审辩性思维课程普遍存在短板、软肋、瓶颈,只是各个学校呈现的问题轻重、方式不同而已。

与"水课"相对,"金课"表现在教育目标上是高阶的,在认知维度上表现为分析、评价和创造。"金课"归纳为具有高阶性、创新性和挑战度,教学过程中注重师生互动、关注过程、严格要求。[1]审辩性思维课程通过师生交互、过程评价、注重推理、强调分析等来进行能力和思维的训练。从以上分析,审辩性思维是"金课"具体课程形式,也是"金课"其他课程目标的具体要求。

审辩性思维课程具有高阶性。课程教学不再是简单的知识传授,而是知识转化为能力的过程,使学生能把知识、能力和素质进行有机结合,解决复杂问题,具备分析、判断、解决和创造思维。

审辩性思维课程具有创新性。课程内容要与时代发展相结合,具有时代特征,将最新理论知识和研究成果融入课程内容,保持课程内容前沿性和时代性。教学形式上要创新,不再是教师讲、学生听,满堂灌输,而是要运用审辩性思维讲练结合。例如:利用 PMI 教学模式、"六顶帽子"思维法等来进行师生互动、学生互动,使学生能提出好问题、真问题,师生之间能为问题、知识进行"辩论",进行良好互动;学习结果的个性化和探究性,学生对于问题的看法、思考、探索是不相同的,每一个学生都会有不同的认知,也许问题并没有对与错之分,关键是对问题的理解与论证,学生在探索过程中形成反思思维,从而进一步形成创新性思维。课程中提出的问题不再是简单的封闭式的,而是需要教师和学生一起才能完成。教师需要花费大量的时间去认真设计好每一节课,仔细备课,上好每一节课,提出让学生不断去思考的问题;学生需要阅读大量的文献资料去完成作业,有针对性地进行汇报。

目前,高校"水课"主要集中在大学通识课程上。造成的假象是这类

---

① 陆国栋. 治理"水课"打造"金课"[J]. 中国大学教学, 2018(9): 23-25.

课程学生选课人数很多，其实是为了拿到学分而已。在通识课程中加入审辩性思维课程，从而避免出现"水课"的现象，以"金课"来进行课程定位。

二、整合重组通识教育课程内容

当前，世界正在经历大变化、大调整，各种各样的产业结构形态和商业组织模式已经出现，由于经济发展对于创新创造的重视程度加深、对新知识和新技能的需求，未来人才需要学习和处理来自多领域、多渠道的知识，才有可能适应新材料和新技术层出不穷的工作环境。计算思维已经成为许多领域的核心，分析能力、可视化数据已经成为不可缺少的，在数字化生存时代，人类不仅要面临人与人、人与自然的关系，更要理解并维持人与智能机器、智能机器与自然社会的和谐关系。此外，大众创业万众创新的普遍发展趋势使得运行管理、财税金融、公共法律等知识与个人的关联性越来越高，创新精神、创业能力成为人人都需要具备的通识能力。[①]这些变化已远远超出传统通识教育内容所囊括的范围，以学科交叉融合为主要特征的高校建设，尤其是新工科建设要求整合重组通识课程内容体系，提供给学生丰富且具有内在关联性的通识课程。

首先，通识教育课程的设置要围绕通识课程体系目标要求一以贯之，将课程目标作为通识课程分类、增添、删减的依据。再依据能力类型细化的通识目标要求精心选择和组织课程，明确各门通识课程在通识目标要求中的功能指向，清楚每一项细化的通识目标的达成需要由哪些具体的通识课程合力协作，以确保通识课程的设置有效支撑通识教育目标的实现。其次，通识课程内容体系要体现文理均衡的结构布局，突破自然科学与人文、社会科学的界限，通过整合自然科学、社会科学和人文艺术学科关键要点，奠定学生广泛深厚的数理化文史哲基础，通过加强基础科学教育以帮助学生适应现代科学技术迅速发展的变化趋势，通过人文素质教育提高学生的人文修养和情感态度。通识课程教学内容的组织要强调体现文理工等多学科在知识、理论、方法等方面的相互融合，让学生认识到不同学科专业知

---

① 周光礼. 从就业能力到创业能力：大学课程的挑战与应对[J]. 清华大学教育研究，2018, 39(6)：28-36.

识之间的相互关联，形成全面把握和解决问题的视野与方法。

1. 将通识必修与选修纳入同一体系统一设置，提高通选课学分比例

通识必修与通识选修课程内容常常处于割裂状态是我国高校的"通病"。台湾地区在实施通识教育初期也曾遇到类似的问题，其发展道路可以借鉴。台湾地区在实施通识教育初期，其教育部门也硬性规定高校要开设本地区历史等课程。但这种课程设置具有鲜明的政治色彩，导致了共同必修与通选课内容脱节，社会各界对此的批评之声不绝于耳。随后，台湾地区"教育部门"将课程设置权下放至高校，让各大学按课程修订程序自行规划。此后，许多高校提出了共同必修通识化计划，将本地区历史、法律等政治类必修纳入通选课内统一规划，并相应地提高了通选课的学分比例。例如，台湾成功大学将国文、英文等共同必修课融入通识核心课程中，形成由基础国文、国际语言、公民与历史、哲学与艺术等领域组成的核心课程体系，共同必修通识化后，通识课程质量得到提高，体系得到完善。

由于台湾地区高校将类似于大陆的"两课"纳入通选课中统一设置，并以限定性选修的方式让学生进行选修，其通识选课的学分比例较高。台湾成功大学的所有通识课程实行的是限定性选修，学生的选择自由度较高，这有利于在保证学生对各学科领域知识都有所涉猎的同时，关注学生兴趣与个性发展。目前，大陆高校的通识必修课设置仍需按教育部的规定来执行，通识必修的学分比例远高于通识选修，通识课程的刚性有余而柔性不足。大陆高校可以将教育部规定的通识课程与通选课一起规划，使必修与选修课程内容得到有机融合，以突显通识教育的理念与精神。例如，大学英语可加入世界文化文明相关知识作为语言教学的内容，使语言教学与文化素质教育得到融合，同时培养学生的跨文化交际能力。政治素养类的课程也可以与文化素质教育内容相结合。进步论者强调通识课程要以学生为中心，关注学生的兴趣，注重学生的个性发展，主张让学生自主选择所修习的课程。因此，为了促进学生兴趣及个性发展，需提高通识选修课的学分比例，将通识必修课以限制性选修的方式开设，在规定必修领域内提供多元化的通识课程内容以便学生选择。

2. 采用混合式的通识课程设置模式，构建三层次的通识课程体系

我国高校通识课程设置面临通识课程内容杂、结构散乱的困境，这主

要与我国高校通识课程设置缺乏理论指导或者单纯按学科设置模式来设置有关。目前，通识课程设置模式主要有学科模式、能力模式和基于学科和能力的混合模式三种。学科模式是指按人文、社会、自然等学科分类来安排和搭配通识课程，这种课程设置模式对应的是课程设置的均衡论。能力模式是指课程设置不是以学科为出发点，而是以通识课程所培养学生的能力或掌握知识的主题为出发点，这种课程设置模式对应的是通识课程的融通论和联结论。混合模式是按学科与能力设置的结合，其对应的课程设置理论主要是均衡论加融通论。美国等国家与我国台湾地区高校的研究型大学都是以基于学科与能力的混合设置模式为主导，而我国其他地区高校是以学科设置模式为主导。虽有些高校各学科领域下又细分了多个模块，但是学生依然被要求按学科领域来选课，这种方式有模仿哈佛大学等美国高校通识核心课程的痕迹，但达到的往往是形似而神不似的效果。由于在学科大类内的选择过于宽泛，学校相关部门也并未对各模块的课程进行组合和搭配，导致学生所选取的课程内容往往是拼凑的、割裂的。正如前文通识课程设置理论章节所述，每种课程设置模式都有各自的优缺点，高校应各取其优，采用组合型课程模式。高校可采用基于学科和能力的混合课程设置模式，即采用学科模式设置学科领域课程，采用能力模式设置核心课程。

台湾清华大学的通识课程设置采用的是混合课程设置模式。台湾清华大学对不同类别的通识课程都有不一样的课程定位。进阶或多元通选课采用的是学科设置模式，其注重知识的系统性与深入性。核心课程采用的是能力设置模式，侧重于知识的融会贯通，注重知识的广度。该校的通识课程体系采用的是基于能力加学科的混合模式，从而实现课程内容广度与深度的结合。

促进各学科领域知识的融合应是下一步通识课程设置的重点，高校应加强核心课程建设。核心课程应能把人类、社会、科学和与人类休戚相关的事物联系起来。受过核心课程教育可以使你对生活有多维度的理解，你不会对事件仅做出被动反应，也不会仅仅只从个人角度去关心它们，至少你可以把自己的命运，看作是人类环境和人类命运的反应，这就是核心课程的愿望。[①] 纵观各高校所开设的核心通识课程尚难以达成这种愿望，核心课程的数量和课程内容的多维度仍不足。因此，开设贯通各学科领域内容的跨学科核心课程，对促进知识的融会贯通、完善课程结构有着重要意义。台湾地区不少高校开设了这种跨学科课程以推行全人教育。例如，台湾成功大学的通识课程体系便是由核心课程加跨学科领域课程组成。学生需要在核心课程领域修 16 学分，在跨学科领域至少修 10 学分。目前，该校已开设了 21 世纪环境议题等 74 门科际整合课程。美国加州大学洛杉矶分校所开设的聚合课程和杜克大学的 FOCUS 课程都属于为了促进知识的融会贯通的跨学科课程。台湾中原大学在前些年便开了"生死学""认识新新人类"等跨学科课程，其中，"生死学"这门跨学科课程更堪称经典。这门课程由不同的教师围绕着"生死"这个主题从哲学、艺术、法律、中国文字、戏剧艺术、流行音乐、西方文学、临终照顾、中国墓葬、台湾地区的丧葬习俗、基督教等角度对生死学进行了全方位的探讨，这样的课程内容组织有利于培养学生运用多视角的观点去考虑、解决问题和提高学生思维的广度与深度。高校可以选取现代社会的重点、热点问题或者人类社会永恒主题组织课程内容，让不同的教师从不同的视角进行解读。例如，可以选取互联网这一时代的热点问题，从技术、经济、法律、伦理、教育、文学、新闻传播、全球化等角度组织课程内容。通过这样一门课程，学生接触到各门学科领域的入门知识，并对互联网这一主题内容有了较为深入的了解。而且，选取现代社会的重大问题和热点问题作为课程内容从不同视角进行解读有利于学生对现代社会重要问题形成深刻的见解和提高学生的社会责任感。

综上所述，为了完善通识课程设置，构建更为科学的通识课程体系，高校可将通识必修与通识选修进行统一规划；增加通识课程的柔性，提高选修课的学分比例；采用混合课程设置模式，构建起学科领域通识课程、核心通识课程、跨学科领域通识课程三层级的通识课程体系，让学生在每一层级选择一定的学分，即按学科模式设置学科领域通识课程，按能力设置核心课程，按主题设置跨学科领域课程。学科领域通识课程注重知识的

---

① 哈佛委员会. 哈佛通识教育红皮书 [M]. 李曼丽，译. 北京：北京大学出版社，2010：11.

系统性，核心课程的知识广度比学科领域课程更大，而跨学科领域的课程注重各学科领域知识的融会贯通，其知识的广度最大。通过不同层次通识课程的组合，使学生的学习实现系统性与融通性、深度和广度的结合。

三、创新通识教育课程实施方式

在互联网变革和信息化时代，以人工智能为核心的信息技术融入人类生活，改变人们的思维方式和习惯。随着认知科学快速发展，信息技术更新迭代，科技创新延伸至教育和学习领域，并产生变革性的影响。在基于数据科学支撑的数字经济发展时代，人工智能、云计算、虚拟现实（VR）、增强现实（AR）通过融入教育教学过程和教学资源的设计、开发、管理和评价，重塑教育的学习环境和学习场景，带来教学方法与学习方式的重要革新，赋能教学过程中的教师与学生及教学过程所依托的教育影响，推动教与学智能增强空间的形成以及泛在学习环境的普及发展，带领人类社会进入人机协同、共创分享的学习时代。[①] 首先，教学过程从讲授知识转向师生共生学习，学生作为学习者、合作者和发现者，更倾向开展基于自身兴趣和发展需要的个性化和开放式学习，对问题探究和体验式教学更加青睐。其次，教师由传统的知识传授者转为学习活动的设计者、支持者和指导者。教师除了要致力于钻研知识技能传授的教学方法，还要注重创设良好学习环境以激发和锻炼学生的问题意识和实践探究能力，促进学生多元化的认知、能力、情感的发展，体现以学生发展为本的教育价值取向。最后，在学习场景方面，教学的情景发展为虚拟环境与真实环境相结合，学习资源经过数字化处理可以在多媒体计算机上或网络环境下运行，具有即时即用、互通共享的开放格局。课堂教学活动不再仅依靠教师的"教"，也不再局限于教室，课堂之外的实践探究和自主学习的重要性更为突出。学习依赖于社会互动和意义创造，学生只有通过参与、交流和体验，才能获得应对复杂多样、快速多变的世界挑战的可持续竞争能力。因此，注重综合素质和创新能力培育的通识教育课程的实施过程要注重加强学生学习兴趣、学习投入和关键能力的提升，充分利用现代信息技术与课程资源整合，提供

---

① 吴朝晖. 为未来而学习：面向 21 世纪的通识教育 [J]. 中国高等教育，2018（E3）：29-31.

给学生更多基于智慧创造、协同合作、意义建构的教育体验。

通识课程教学体系和实践环节是培养学生跨学科与文理综合的视角和动态适应品质的必然要求，是适应新技术与未来产业发展、实现可持续竞争力的创新人才培养的有效方式。在通识课程教学实施过程中，教师要以提高学生学习效果、学习参与度和有利于优化学生学习方式与学习策略为出发点，积极开展学科专业的渗透教学，通过师生互动和共同实践，让学生在教学中进行主动观察、探究、体悟等，充分发挥学生的内在潜能和优势，加强学生自身意义建构和问题解决，促进学生知识、能力、素质情感等全方位、全过程的协调发展。

首先，高校要推进信息技术与教育教学的深度融合，充分利用科技创新成果和信息化手段，加强现代高新技术对通识课程教学过程的支撑，开发基于计算机技术和促进学生学习效果的教学方式和学习方式。结合传统教学手段和现代教学方式，实施慕课、翻转课堂、混合式等多种通识授课形式，支撑学生开展自定节奏的自主和开放式学习，吸引学生积极参与工科通识课程的学习。其次，提高通识课程教学的实践性和互动性，让通识课程的学习过程更加生动有吸引力。教师要尽可能为学生创设理想的学习情境，广泛采用小班授课、深度学习和有效研讨的方式，鼓励学生基于个人思考和观察提问与质疑，让学生有更多机会和教师面对面交流，让不同学科专业背景的学生在团队协作沟通过程中经历思想的碰撞。再次，增加实践性质的通识课程，充分发挥非正式通识课程的功能，打造有利于科技创新人才成长的多元生态环境。组织人文与科学的系列讲座，各类学术讲座可以丰富学生的人文与科学知识，开阔视野，拓宽思维，与课堂教学相辅相成、相得益彰；开展形式多样的课外实践活动，如艺术表演、科技宣传展览、社会志愿服务、课外兴趣研究小组活动，能起到陶冶情操和启迪心灵的作用。通过丰富多彩的课外实践活动，学生可以获得在通识课程课堂教学中难以接触的体悟探究，培养实践精神和动手能力，在与多学科背景团队开展实践探究和合作交流过程中实现手脑联动、做学融通；同样，校园文化体系建设的重要性不言而喻，在言传身教之外，学校科研文化、军工文化、领袖文化等都赋予校园创新氛围和人文与科学的精神价值，良好的校园文化环境是一种潜移默化式的"无言之教"，能让学生身处其境就能接受科学文化教育的洗礼。最后，设立覆盖全校大部分专业的辅修、双专业、双学位学习项目，促进学科交叉培养和跨界知识融合的教学环境和制度的建立，让学生得以在开放多元的学习环境中实现多样成长和多元学习。

四、建立通识课程评价机制

1. 关注学生学习成果评价，促进通识课程体系持续改进

科学合理的通识课程评价制度能帮助学校和教师了解通识课程的实施效果，引导通识教育课程体系有效地运行，推动通识课程体系的高质量发展。通过关注以学生学习成果为导向的通识课程评价，推进通识教育课程持续改进的要求主要源于三个方面。第一，为了满足异质性凸显的学生群体的学习诉求。当代学生的学习动机、学习兴趣趋于多样化，学生更看重学习的质而不是学习的量，因而对通识课程的学习体验的质量要求相对更高。学习成果强调基于知识习得和素养积累基础上学生的能力发展，成果导向的通识教育评价关注学生的学习成效，关注学生核心通识能力的实现。第二，专业认证强调培养目标与课程体系的对应关系，通识课程开设与培养目标不匹配，各门通识课程设置各自为政的组织结构的问题必然会阻碍专业认证工作的深入开展，而基于学生学习成果导向的通识课程评价能有效促进通识教育目标与通识课程的最佳耦合。第三，随着技术创新与产业变革，社会行业及企业对学生综合能力和素质的要求有增无减，而近几年国内高校通识教育改革进展缓慢、通识课程缺乏实质性的推进等引发社会公众对通识教育课程实施效果的质疑。为保证通识教育课程体系的持续发展和完善，为落实通识教育多维度的目标要求，体现学生主体发展的根本价值，通识课程体系的课程考核、学业评价、通识课程评估要明确合理地界定学生的预期学习成果，以是否促进学生的各方面能力发展作为主要评价标准，通过建立通识课程评估指标体系，依据评估结果与预期学习结果之间的差距，对通识课程体系设计和实施进行进一步优化和调整。

首先，通识课程考核和学业评价应融于教学和学生的学习过程中，增加对学生参与学习和有效学习程度的考查。为此，评价主体要具备良好的

学习理论和心理学相关知识，从学生学习的角度设计科学合理的评价项目，除了考核学生的知识面的广度，还要系统考查学生应用各方面知识理论时所表现的非认知因素的发展。核心课程的教学目标通常关注学生综合素养和能力的培养，如关于学生跨界思维和整合能力的考查，以这类能力为目标的通识课程在开展教学之后，教师要明确使用哪些方式和环节来检测学生是否达到教学要求，这些都要教师在教学计划中提前规划好。

其次，通过成立通识教育课程审核专家组，对拟开设的通识课程的预期学习结果设计、教学计划、考核方式和标准多项内容进行系统评估，对优质通识课程学校要进行政策和资源的倾斜。同时，在教师考评过程中加大通识课程教学任务的考核权重，通识课程尽量安排在工作日白天或者上午，以此充分调动师生参与通识课程的积极性和主动性。

2. 建立长效的通识课程评价机制，保障通识课程质量

我国台湾地区高校建立起了内外部相结合的通识课程评价机制。除要接受台湾"教育部门"的外部评鉴外，其还需定期开展全面的自我评鉴并根据评鉴结果作出改善。台湾地区高校注重对通识课程进行全方位的监控以保障通识课程质量。组织机构分工的明确也使其形成严格的通识课程审批制度和恰当的通识课程退出机制。台湾地区大多高校的通识课程需层层审核通过方能开设，新开设的通识课程还请校外相关领域的专家审核。对于质量尚未达到学校标准的通识课程，经审议后将停开该门课程。此外，该地区大部分高校将学生、教师、已毕业校友所回馈的意见提交各级通识课程委员会探讨，对做得不足之处作出改进。为了全面地了解通识课程现状，明确下一步的改革方向，台南大学除咨询学生、教师的意见外，还运用SWTO分析法对该校的通识教育实施情况进行全面的评价分析。运用SWTO分析法对通识教育实施进行全面的评鉴，有利于对通识教育的实施现状形成较为清醒的认识，为下一步改进奠定基础。

我国大陆高校外部的通识课程评价与监督机制的缺失，影响其内部评价与监督机制的建立与实行。虽然部分高校会调查学生对通识课程的意见，根据学生反馈的意见进行恰当的改进，但定期对通识课程进行全面的自我评鉴并根据评鉴结果明确各个阶段的目标并尽力去执行是目前较多高校所欠缺的。高校可在通识教育中心下分设专门的通识课程评价委员会负责通

识课程评价方案的制订与执行，根据评价结果督促通识课程改进。高校的通识课程评价委员会可采用SWTO分析法或者绩效评价的方法，定期对通识课程进行全面的自我评价，并根据不足之处进行改进，建立起长效的通识课程评价与监督机制，保障通识课程的质量。

第六章 创新高校通识课程的建设路径

通识教育课程建设在大学课程改革中一直是重点和难点。通识教育的理念赢得了广大民众的支持，其重要性和必要性也被教育学者普遍认同，但通识教育课程建设的道路却是坎坷艰涩的。本章试图针对通识教育课程建设存在的问题，在借鉴国内外高校通识教育课程建设经验的基础上，对通识教育课程的建设路径提出相应的对策。

第一节 确立建设原则

一、以人为本原则

对"以人为本"最早的记载是《管子·霸言》，其中写道："夫霸王之所始也，以人为本。本理则国固，本乱则国危。"这是春秋时期齐国名相管仲提出的。这两句话的意思是，霸王之业的创始，以人为根本。本治则国家巩固，本乱则国家危亡。这里的人指的是民。在高等教育中，以人为本，需要从两个方面来把握。首先是"人"这个概念，"人"就是指大学生，以大学生发展为本，用"人"的方式去对待人、理解人、关怀人，不仅要关注大学生的学习，更要关注其生活、心理，让大学生能在宽松、自由、充满爱的环境中自由的成长。其次是"本"这个概念，"本"在哲学中有两种含义，一种是世界的"本源"，一种是事物的"根本"，在这里我们取第二个含义，什么是最重要的，什么是最根本的，什么最值得我们关注。答案显而易见，即学生最为重要，学校教育，学生为本。

在学校，教师倾向于向学生传授实用性知识，学生最感兴趣、更愿意学习的也是实用性知识，人文类、科学类的基本知识被忽视，这可能会造成学生的片面发展，成为只懂技术不懂其他的专业实用性人才。学校成了培养标准化人才的工厂，在人才生成的过程中，教师和学生的思想、个性和创造力统统被抹杀，成为"墙上的另一块砖"。

通识教育课程构建的过程中要重视以人为本的原则，通识教育的目标，要更从学生的角度考虑，注重以学生为本。不仅重视学生学习的成绩、学生学习到的知识，更要重视学生的德育、学生的身体素质、学生的心理素养，还有各种能力的训练，如批判性思维、语言表达能力、沟通能力等，重视学生的全面发展。课程内容以人为本，不仅传授专业知识，也重视文学类和理科类基础知识的传授，让大学生对中华五千年的历史中经典的故事有所了解；让大学生知道什么是结构美，什么是色彩美，如何发现美，如何欣赏美；让大学生了解航天、天眼及世界科技发展的现状；让大学生知道国际关系、洞悉国际事情，心系祖国，放眼世界。课程实施中以人为本就是指以学生为中心，从以教师讲课为主转向学生能真正参与课堂中来，成为课堂的中心。以学生为中心的课堂，学生独立思考问题，以自我学习为主，教师起到指导、监督的作用。以学生为中心，不是忽视教师，而是对教师提出了更高的要求，对全局要有把握，从讲台走向了幕后。课程评价中以人为本，是指更重视学生的评价结果，尊重学生的评价，认真分析，然后具体到各个教师对其提出要求。

二、整体性原则

整体性是指在规范课程建构原则和方法的过程中，对制约课程的各种因素进行全方位、全过程的立体整合分析。教育是一种全面的人生经验的传递，"通识教育"在全程而全面的教育中担负职责、扮演功能。[1] 我们要明确通识教育课程在整体课程中的地位。在学校中存在着通识教育被"边缘化"和"补充"的现象，把其看作在主课以外"扩大"一点儿学生的兴

---

① 徐斯雄，吴叶林. 当前高校专业设置的问题审视——基于学术资本主义的视角 [J]. 教育学报，2011，7（1）：87-92.

趣和知识的教育。通识教育课程不是现行课程体系的补充，也不是专业课程的对立面，它与专业课程相辅相成，共同构成完整的课程体系，使两者相隔离必然会使学生无法体会不同学科知识内在的系统性。

整体性决定于高等教育系统的整体性，又受限于培养人才的高等教育目的。在制定课程的过程中，各个环节和各个方面都围绕着一个统一的目标而运转。这个统一的目标使课程重构的各项工作融为一体。通识教育课程在制定目标的过程中，要与学校的教育理念相一致，与学校的培养目标相契合，通识教育每一节课程的目标均要考虑是否与通识教育的目标一致，不能因为细分到课程中去，使目标偏离。同时，其目标也应该关注学生的全面性。完整统一的客观世界孕育出了完美、完整的人格，通识教育的"通"，是针对知识整体性而论。在通识教育中，学习者通过学习自然科学、社会科学、人文科学的知识，从而使知识结构完整，实现人的全面协调发展。通识教育课程内容应该有利于学生形成整体性的知识体系，形成反思能力和创新能力，体会知识背后的"美好生活"的意义。传统的学生评价体系只是检测学生对知识是否达到了完整体系，而忽视人的全面发展，不仅仅是知识，还有能力、道德等，因而应增加评价方式，对学生进行全面评价。建立全面统筹的管理机构，协调教务处、学生处等部门，建立与通识教育统一的配套性制度，实现各管理部门的整体联动。

三、多元性原则

通识教育是指对所有大学生进行的共同内容的学习，通识教育虽然强调的是共性，但任何事物都有其特殊性和个性，这种个性和共性决定了通识教育的多元性。多元性是指不同时代、不同学校、不同学科及不同学生个体的通识教育在目标、内容、授课方式及评价方式上表现出的多样性。

1. 目标多元性

通识教育课程目标决定着课程内容的选择，为教学手段的选择提供指引，为课程评价提供合理的基础，使课程系统最终达到内部的统一性，把从理论上确定的目的在系统内最终通过教学实践得以实现，能成为沟通的媒介，能成为个别化教学的基础。[①]之前的通识教育目标强调学生知识的获得和能力的获得，但是忽视学生的心理健康、道德教育，造成了目标的单一化。通识教育的课程目标既要考虑知识的传授、技能的提升，也要考虑学生树立正确的世界观、人生观、价值观。

2. 内容多元性

课程内容可以定义为"教"与"学"的内容，应该包括知识、技能、概念、态度及价值、方法、行为模式等。"课程必须要符合学术领域的改变及世界的改变……适合于 20 世纪 30 年代的课程，不会适合于 60 或 90 年代。是 10 年前的课程设计，亦可能过时。不仅是内容有异，整个的观点、角度、方法都有不同。"[②]课程内容的选择与当时的政治、经济、文化等都有关系。伴随着全球化的进程，中国与外界的联系越来越密切，对我国的高等教育也提出了新的要求，培养的人才要适应全球化的步伐。课程内容要考虑通识教育是为大学生全面发展提供的通识性、广博性的基础知识，为大学生获得如何思考问题提供基础性的方法论和宽广的思维视野，开阔大学生的胸襟。

3. 课程实施多元性

实践中常常存在一些课程的效果不太理想的问题，很多时候被看成是课程本身的失败，其实不然，可能是实施过程中某种因素没有得到实施或者实施过程中效果不好，因而实施过程是一个必须要重视的过程。互联网时代的发展，使网络教学成为课堂教学的重要补充，许多学校进行慕课、微课的建设和推广，学校扩充课堂实施途径，增加学生的选课种类。课程实施的主体多元化，不仅仅是教师，还包括教育管理人员、家长、学生等。拉赛克（Lasegue）等在论述终身教育对教育评价的影响时说："诸如知识的相对性、科技的双重性、信息来源的多样化及技术信息的迅速过时和世界问题的普遍多学科性之类的观点，都应该反映在目标或目的里，以便于将来用新方法安排教和学的过程。"[③]拉赛克指出，随着社会的变化，对评

---

① 周海涛. 大学课程研究 [M]. 北京：中国社会科学出版社，2008：11.

② 黄俊杰. 大学通识教育的理念与实践 [M]. 武汉：华中师范大学出版社，2001：229.

③ 拉赛克，维迪努. 从现在到 2000 年教育内容发展的全球展望 [M]. 马胜利，高毅，丛莉，等译. 北京：教育科学出版社，1996：192.

价来自越来越多方面的影响，因而评价也将更加多元化，合乎课程实际和学生个性发展。对学生的评价，不仅仅是知识的获得，还应该包括学生个体的态度、情绪、心理在学习过程中的发展和改进。

四、科学性、系统性原则

科学性原则是指教学内容的真理性和方法的正确性。这条原则要求：教学内容要向学生介绍客观的科学事实、概念、规律和理论，教学要尽最大可能地指出现代科学成就，教学要在允许的范围内向学生介绍该知识部门的发展前景。贯彻这条原则还要求教师把问题教学的因素、研究性实验室活动与实践活动的因素运用到教学中去，培养学生具有观察现象、记录和分析观察结果的能力；提高开发科学争论、论证自己的观点及合理使用文献和图书资料等的能力。此外，为有效开展通识课程教学，这条原则还要求学校应根据自身条件来设置通识课程，实施通识教育。

系统性原则要求学生的知识和技能掌握得有系统、有条理；要求教材的每个组成部分与其他部分之间有逻辑联系，后面内容建立在前面内容的基础之上，并为学习新内容做好准备。贯彻教学的系统性原则，首先要求教师要按照教学大纲和教科书的系统来教学。因为教学大纲和教科书的体系是科学本身系统和学生认识过程顺序的有机统一。其次，要注意做好知识系统化工作，帮助学生掌握所学学科的知识体系，培养学生系统的、循序渐进的学习习惯。

五、教学优化原则

教学优化原则是指教学过程中，对教学效率起制约作用的各种因素，实行综合调控、进行最优的教学、取得最优的教学效果。[①] 教学优化原则主要根据教学效果取决于教学诸因素构成的合力这一规律提出的。教学优化的标准是指在一定的条件下，既取得最大可能的教育教学效果，又使师生只花费较少的必要时间。在通识课程教学中贯彻这条原则，教师就要做到

---

① 李新生，曹洞颇. 艺术教育学 [M]. 郑州：河南美术出版社，1997：245.

全面综合地规划教学任务。考虑教学中各种因素之间的内在联系，注重"教"和"学"的密切配合，使用合适的教学方式和手段，尽可能地提高教学效果，使教学系统中的各个要素都能最大限度地发挥它在教学工作中的作用。

六、师生协同原则

师生协同原则是指教学活动中，教师充分发挥主导作用的同时，还要充分调动学生学习的主动性和积极性，使教学过程完全处在师生协同活动、相互促进的状态之中，其实质就是要处理好教师和学生、"教"与"学"之间的关系。教学是教师的"教"与学生的"学"的双边活动，在这个过程中，教师的活动与学生的活动必须方向一致，相互配合，协调一致，才能取得好的教学效果。在通识课程教学过程中应充分体现学生是学习的主体，强调学生主体在教学中的积极作用。这是因为学生的学习只有作为一种自觉、能动的活动时，才能发挥出最高的效率，才能取得最优的教学效果。

第二节　完善建设方法

"方法是主体为了达到预期目的，在认识世界和改造世界中所采用的方式和手段。"[①] 方法用得不当，就会使高校通识教育的收获甚微，甚至适得其反；方法得当，可以使通识教育内容较好地被人接受，取得理想教育效果。毛泽东对方法的重要性问题曾有过一段生动的阐述："我们不但要提出任务，而且要解决完成任务的方法问题。我们的任务是过河，但没有桥或没有船就不能过。不解决桥或船的问题，过河就是一句空话。不解决方法问题，任务也只是瞎说一顿。"[②] 中国高校通识教育要适应全球化时代人才培养的客观要求，不但需要在目标维度上进行适当发展，在实施途径方面有所创新，而且需要结合通识教育的时代特点进行方法维度上的变革，

---

① 徐建军. 大学生网络思想政治教育理论与方法 [M]. 北京：人民出版社，2010：75.

② 毛泽东. 毛泽东选集：第 1 卷 [M]. 北京：人民出版社，1991：139.

因为"一定的时代内容、理论内容、环境内容决定一定的方法"[①]。全球化时代，通识教育要培养学生的国际视野、多元文化的理解能力、创造能力等，教师的教学方法具有很大的作用，如果教师仍然保持呆板、陈旧的教学方法不变，很难提高教学效果、完成教学任务。在此，主要探索几种特殊的、新颖的教学方法，包括互动教学法、启发教育法、游学活动法、实践参与法、探究学习法等。

一、互动教学法

互动教学法是以培养学生自主意识和创新能力，激发教学双方的主动性拓展创造性思维，以让学生爱学、会学、善学为目标，从而达到提高教学效果的一种教学方式。这种方法既发挥教师的主导作用又能充分体现学生认知的主体作用，既注重教师的"教"，又注重学生的"学"，把教师和学生两方面的主动性、积极性都调动起来，优化了学习过程和学习效果。在互动教学法中主要包括讨论、角色扮演、模拟游戏等。在此，笔者要重点介绍一种回应历史教学法，此教学法能够有效实现以下通识教育目标：全球化的视野、公民参与能力、批判性思维等。

回应历史教学法（Reacting to The Past Pedaogy，简称 RTTP 教学法），是由美国哥伦比亚大学历史学教授马克·卡尼斯（Mark Carnes）设计与创造的，这种教学法通过让学生扮演角色的方式参加一种或多种根据历史情境精心设计的游戏，以有效地实现通识教育目标。曾经在通识课程中运用过回应历史教学法的教师普遍认为，该教学法对于实现美国学院与大学联合会在《全球化时代的大学学习》（*College Learning for the new Global Century*，2007）研究报告中提出的 21 世纪大学通识教育目标是十分有效的，但在通识教育中运用回应历史教学法必须注意以下几点。

1. 对重要文本的批判阅读

RTTP 教学法的主要前提是：思想与生活相互交织在一起；特定生活所面对的问题则影响着思想的演变。对思想的研究不可能脱离思想出现的社会情境；对人的研究则需要了解决定人类社会和文化进程的知识建构。名

---

① 毛泽东. 毛泽东选集：第 1 卷 [M]. 北京：人民出版社，1991：139.

著教学法主要是讨论经典著作，但很少论及著作出现的历史情境。与此不同的是，RTTP 教学法要求根据名著出现的历史背景来审视这些经典文本。因此，学生的阅读材料主要有两类：重要思想家的著作和反映当时社会或历史背景的著作与论文。如果学生扮演的角色是 1945 年印度的印度教激进分子，那么他就会被建议阅读有关印度教兴起和伊斯兰民族主义的文学作品，以及比姆拉奥·拉姆齐·阿姆倍加尔（Bhimrao Ramji Ambedkar）、莫罕达斯·卡拉姆昌德·甘地（Mohandas Karamchand Gandhi）等人的著作。初次阅读柏拉图的《理想国》、孔子的《论语》或清教徒的布道时，学生可能会有点胆怯，没有足够的信心，因为这些思想本身就很深邃，不能轻易读懂。但是，为了能够说服他人接受自己的观点并在游戏辩论中获胜，学生必须在课前深入地研究和理解这些文本，使自己的论点建立在充分的论据基础上。

2. 有效而有目的的写作

RTTP 教学法中，学生有口头和书面两种主要途径表达自己的观点。每种游戏都包含写作任务，通常要求学生写 2~3 篇，共 10~12 页的正式论文。学生必须理解影响他们所扮演的历史角色的思想，必须说服他人"他们的"思想是有意义的。RTTP 教学法中，写作是一种说服的练习。学生在论文中提出强有力的观点，并将论文通过电子邮件或课程管理系统发给全班同学阅读，等待扮演对立角色的学生的批驳。同时，在学生反驳对立观点之前，他们也必须批判地阅读每一位学生的论文。书面作业是课堂讨论的一个重要部分。此外，只要学生认为有利于达到说服他人并赢得比赛的目的，他们就可以自由地选择书面表达方式，如法律起诉书、诗歌、宗教教旨、新闻稿、日记等。

3. 有目的的课堂参与

RTTP 教学法中，学生也必须通过在全班同学面前表达自己的观点来实现游戏目的。无论扮演的是何种角色，学生必须通过说服他人来实现目标并赢得比赛。在绝大多数游戏中，学生既站在讲坛上做简短的正式演讲，也通过提问、驳斥对手、澄清自己的观点等方式参加课堂的辩论。为了确保每一位学生都有机会发言，课堂上通常设有一个讲坛，由扮演"管理者"角色的学生决定由何人、在何时发言。如果某位学生已经站在讲坛上，那么其他学生必须排队。任何走上讲坛的学生都有权利发表演讲、提出问题或与全班同学对话。

总之，合理运用 RTTP 教学法，不仅能够激发学生的学习兴趣，而且能够有效地实现全球化时代通识教育的诸多重要目标。

二、启发教育法

启发教育法是指充分发挥教师的主导作用和学生的主体作用，在教师与学生积极互动的教学过程中，处理好传授知识与培养能力的关系，激发学生学习的主动性和积极性，引导学生积极思维，独立思考，融会贯通地领会知识，陶冶品德情感，培养学生掌握和运用知识的态度和能力，提高学生发现问题、分析问题和解决问题的能力，引导学生质疑、探究、创新和实践，尊重学生的人格，关注个体差异，满足不同学生的学习需要，使每个学生都能得到充分发展的教学方法。在此，笔者主要探索启发教育法中一种具体的、特殊的方法——启发讲授法。

启发讲授法是教师创造性地运用语言因素，通过激发学生的学习兴趣和启发学生的借鉴思维来促使学生主动获得知识的教学方法。通识教育中离不开教师的讲授，但这里的讲授不是让学生被动地接受，它应当是发现教学与接受教学的有机融合。因此，教师在教学中必须抛弃单向的纯粹知识和信息的传递方式，充分激发学生主体积极融入教学过程的热情，课堂教学要取消叙述式、纯粹推理式和满堂灌的方式。教师可以先提出问题或设立情景，或者将某些重大而有争议的问题的多种观点呈现出来，由此激发学生自己去思考、判断、选择，在与教师交流中提高创新意识和创新思维能力。在启发讲授法的具体运用过程中必须注意以下几点。

1. 注意讲授的结构性和逻辑性

教师的讲授必须在充分准备的基础上，做到有条理、层次清晰、知识前后关联、由浅入深、由易到难，每一个结论都合乎逻辑的发展，让学生完整地感知知识地图。

2. 注意讲授的情感性、艺术性、形象性

教师在给学生传递知识时，通过形象、优美的语言，表现、表达个人的情感与理解，表现自己的语言风格。

3. 注意讲授的重点和难点

重点是就知识结构中知识地位来说的，难点是就学生的认识过程而言的。突出重点就是要求教师讲授要强调"核心内容"，不要求面面俱到；突破难点就是要求教师要有针对性地讲，在学生困惑的地方多花时间和精力，使学生清楚明了。

4. 注意讲授的双边性

尽管讲授主要是教师讲，但学生的插话、提问甚至打断教师的讲授是可能的和必要的，教师应该鼓励学生这样做。恰当地运用启发讲授法，对于调动学生的学习积极性，培养学生的独立思考能力不无裨益。

三、游学活动法

在人类相互依赖、共存共荣的时代，将"'全球化'与'学习'的概念系统地关联起来"[1]已成为历史之所趋，游学活动法作为一种重要的实践教学形式，不仅有悠久的历史，影响相当广泛，还是个人获得身份认同和习得道德规范行为的重要途径。游学活动法以其宽广的国际视野和对不同文化背景学生之间互相交流、学习的高度重视而成为常规教学方式的有益补充，是实现中国高校通识教育增进大学生对多种文化理解与适应目的的有效方法。根据《辞海》的解释，旅行意指人们离开家乡，去往外地，它既是体育手段之一，也是文化休闲的良好内容。[2]也有人把异地度假、娱乐、观光、访友、求知、探险、考察等活动纳入其范围，将其中求知、求新、求奇、求异、求乐看作一项综合性审美活动。[3]相比之下，广义上的教育则指以影响人的身心发展为直接目的的社会活动，狭义上的教育则指由专职人员和专门机构进行的学校教育，在此所指的是后者，亦可称之为"修学旅行""教育旅行"等。游学活动法作为教学实践形式主要有以下特点。其一，要有名师或名胜作为游学的对象，这既是游学最主要的特点，也是首要的因素。

---

[1] 钟启泉. 对话教育国际视野与本土行动 [M]. 上海：华东师范大学出版社，2006：76.

[2] 辞海编辑委员会. 辞海 [M]. 上海：上海辞书出版社，1999：2356.

[3] 张超. 论旅行与教育 [J]. 西南民族学院学报（哲学社会科学版），1997（3）：137-142.

其二，游学过程中有理论教学，但是理论教学所占比重较少，而且理论学习以学生的自学为主，参与式的实践活动却很多，重视身体力行胜于理论识记。"尽管游学活动法是实践教学的一种基本形式，但是并不意味着从游中就没有理论教学。"①事实上，在特定的条件下，理论教学还可能占有相当大的比重。比如，在游学实践活动中，你所游学的对象是一名只能"口授经典"的长者，学生就只能耳听心记。其三，游学活动法主要是帮助学生进行道德实践，从游学活动中习得的主要是道德规范行为，对科学技术的学习不够重视。

游学活动法作为重要的实践教学形式，历经千年并贯穿中西方高等教育之中，随着时代发展、社会变迁正以新的形式在大学教育中发挥着积极作用，当今游学活动法被更多地运用于开阔学生视野、陶冶情操的教学活动中，按照游学对象可划分为国内游学和国外游学。

1. 国内游学

国内游学是围绕一定的教育主题，以国内的某人或某名胜为游学对象，将旅行与不同的学科或学习内容相结合的学习方法。例如：在国内游学活动过程中，主题内容如果偏重于历史、文化、政治，可以选择北京、西安、洛阳、杭州等作为旅行目的地，可以让学生在游历历史名城中感悟中华文明的嬗变，催生对古代文明和古典文明不同命运的宏观思考，在聆听历史人物详细介绍过程中学会人性善恶本质的哲学分析；主题内容如果选择生物学科、植物学科，内蒙古草原是旅行目的地的首选，当学生置身于呼伦贝尔大草原奇特的自然风光时，不仅有对人类物种多样性的惊叹，也有对现代工业文明究竟是"诅咒"还是"福音"的辩证分析。

2. 国外游学

国外游学是以国外的某人或某名胜为游学对象，将国际旅行与不同的教育主题相结合的学习方法。随着全球化议题越来越受到高校的重视，为了开阔学生的国际视野、增加学生的国际理解能力，许多高校选择了国外游学。例如：以"科技革命"为教育主题的游学活动大多选择前往美国，参观云集世界的著名企业谷歌、雅虎、英特尔的硅谷，在感受"科技神奇"

① 李伟. 实践范式转换与实践教学改革 [M]. 北京：教育科学出版社，2010：53.

的同时激发内心对创新的渴求；为了提升人们的"跨文化交际能力"和"英语学习"，一些学校组织学生到美国加州大学洛杉矶分校（UCLA）及南加州大学（USC）等高校进行教育旅行夏令营活动，在学习语言的同时增进对世界多元文化的理解。"素质教育"主题的旅行其目的地以日本居多，其先进的教育理念、丰富的教育内容、灵活的教育方法，特别是日本政府对教育的重视程度开阔了人们的视野，同时也引发了对我国教育现状中所存问题的忧思。游学活动法不仅主题内容丰富，且教育形式灵活多样，包括观光考察、学校访问交流、演讲会、专题讲座、居家体验等。这些形式注重追求生命体悟、道德情操的陶冶和提高及宽广的国际化视野和强烈的创新意识，让参加者拥有"游有所学，学有所游"的实践体验。

尽管与其他常规学习方法相比，游学活动法在提升大学生国际理解力、增强国际化视野方面具有一定的优势，但要真正达到所预期的教育效果，必须在通识教育过程中结合我国高校的实际情况加以实施。

（1）加强游学活动的行前教育

在海外学习开始之前，应加强学生的外语训练以确保达到最基本的要求。另外，学生应该选修或自学与教育旅行目的地相关的知识内容，以便对目的地的历史、政治、文化进行初步了解，为游学活动做好充分的准备，更加充分有效地利用这一宝贵时光。

（2）规范游学活动的管理机制

制订组织游学活动的具体方案，包括前往国家（大学）名称、具体时间、活动的主题内容等，便于学生提前做好各项准备工作，减少整个游学活动的随意性。加强培养大学生国际视野总体方案的设计，如经费支持、学习时间的制度保障、目的地选择的引导等，尤其要重视其他国际课程对游学活动学习的辅助效果。

（3）加强游学活动的反思与指导评价工作

反思与指导评价在学习中占有重要地位。有研究发现，反思有助于自我教育和自省自律，促进价值观的内化，因此游学活动结束后应要求学生准备口头或书面的反思报告，其主要内容包括对不同国家的文化历史、宗教信仰、价值观等的理解与认识，并对学生的反思给予指导评价，总结整个学习活动的经验与不足，进一步完善游学活动。

总之，在现行教育体制短期内仍无法改变的前提下，游学活动不啻为学生课堂学习的适当延伸——无论是国内还是国外，游学活动将使青年学子在成长的关键期感受到异地或异域文化的别样风情，通过与不同人群的交流和沟通进一步增进了解，消除原有歧见和误会，这无疑也将有利于和谐中国与和谐世界的全面建设。此外，中国传统文化素以强调"修、齐、治、平"而著称，君子人格之养成首先在于其修养，这也是通识教育的重要旨趣。在当今全球化时代，个人自身修养的提高已很难仅靠古代圣贤笔下的四书五经来进行，而游学活动将融教育于大旅行中，不仅"走走看看"，更有"学习讨论"，是大学生开拓视野、增进新知、内修外练的重要手段和方法。

四、实践参与法

尽管通识教育所指向的是形而上的世界，但只有通过社会实践深深扎根于现实生活世界才能形成正确的思想和价值观念。实践参与法是实现通识教育目标、提高通识教育效果的最有效方法，主要包括课堂实践、课外实践。

1. 课堂实践

课堂实践主要通过教师在课前布置作业，让学生收集生活中的素材，用生活中的素材，在课堂上以讨论的形式进行教学；在开展课堂实践过程中，教师应选择与学生日常生活可以亲身接触到甚至自己亲手可以操作的主题内容，便于学生在课堂上讨论、理解和掌握，以达到良好的育人效果。例如，在公民教育课程中，采用现场模拟形式，如模拟法院审判活动、模拟利益集团的院外活动等。为加深学生对相关知识的理解，教师在教学中注重将时事、热点问题及当地乃至社区的问题与基本原理联系起来，组织学生参与讨论、发表意见，以锻炼学生独立思考能力、综合分析能力和批判思维能力。另外，通过辩论、口头报告、模拟法庭等形式不仅增加了学生学习的兴趣，让学生获得了公民教育知识，还训练了学生的逻辑推理能力、判断分析能力、组织协调能力及语言表达能力。

2. 课外实践

课外实践对培养学生世界观、人生观和价值观有着十分重要的作用，课外实践和课堂理论两者之间能够相互补充、相互促进。因此，高校通识教育不应局限于课堂和课本，而应将触角延伸到课堂以外的校园、社会和社区，让学生在校园和社会环境中接受教育和熏陶。与传统学习方法相比，服务学习是一种很好的课外实践学习方法，这种学习方法通过社区服务项目将学生所学的伦理知识转化为道德行动，把学习拓展到课堂之外以强化在校内所学，培养大学生关爱他人、关心社会及人类共同命运，引导学生将通识教育中的价值理想融入现实生活世界。

根据我国高校通识教育的实际情况，可以在大一阶段采取一次性或短期服务性学习方法培养学生的公民意识、社会责任感，大致可包括以下几种形式。

第一，全校性的活动。学校组织成百上千的学生、社区成员等，进行为期一天或者周末的全校性的服务性学习活动，这种活动可以选择在全国性活动期间，如雷锋精神活动月、国际劳动节、国际青年节等，这种活动都是服务性学习组织倡导的活动，容易吸引媒体的关注，能够对学生的内心价值世界产生深刻的积极影响，深受大学决策者的欢迎。

第二，与课程相关的服务性学习活动。在课程中实施一次性或短期服务性学习方法，给学生的书面作业和小组项目提供实际生活经验，促进学生对社会现实问题的理解。例如，思想政治课程要求学生去偏远乡村体验生活，新闻课程要求写一篇义务献血的体验。这些服务性学习活动紧密结合课堂教学的目标给学生提供充分的准备和反思机会，将书面知识与解决实际问题结合起来。

第三，专业定向活动。把一次性或短期服务性学习与一年级课外活动、领导能力培养课程等结合起来，作为学生专业定向的措施之一。

第四，学生组织或小组的活动。通过学生社团组织广大学生参加一天的有关社会、环境、政治问题的服务性学习活动。此外，大学的学生会或党支部，也可以在社会服务拓展计划中实施服务性学习方法，为学生参加服务活动提供机会。例如，学生会组织学生去社区参加义务劳动，帮助周围的留守儿童、贫困家庭等。

服务性学习重视实践在学习中的作用值得肯定，但在实施服务性学习方法过程中应加强与通识教育的融合或满足通识某一领域的分布必修要求，避免因缺乏学术课程目标而阻碍大学生通过实践对理论进行深入探究和思考。"零散的社会服务项目和零散的通识课程一样，无法培养学生广阔的视野、高远的人生目标和为公奋斗的情怀。"[1] 高标准的服务学习，不仅需要学生调查社区的真实需要，运用所学知识创造性地提出具体的服务方案，而且需要学生身体力行，亲身体验服务过程，并批评性地反思自身在服务学习中获得的经验。因此，加强高校通识教育为服务活动奠定坚实的知识基础，通过精心设计将服务性学习引入通识课程中，才能有助于实现培养具有高度责任感的世界公民的通识目标。

五、探究学习法

教育的任务不是让学生掌握现成的知识而是要培养创造意识、创造能力。探究学习法对于培养大学生的创新能力，达到启发效果不无裨益。所谓探究学习，是指"学生围绕一定的问题、文本或材料，在教师的帮助和支持下，自主寻求或自主建构答案、意义、理解或信息的活动或过程"[2]。在通识教育中运用探究学习，促使大学生在主动探索中学会收集、分析和判断信息，这不仅有利于增强大学生自主学习的意识、营造积极主动的学习氛围，也有利于培养大学生对学习过程及内容进行反思、创新的能力，从独特视角发现问题、提出问题，进行深入探究、取得创新成果，从总体上提高通识教育效果。与传统的背诵记忆、经典阅读等通识教育中常用的基本学习方法相比较，探究学习主要具有以下基本特点。

1. 探究性

学生敏锐地发现、提出问题，积极地分析、解决问题，而不是被动地记忆、理解教师所传授的知识，探究以不同形式贯穿于整个学习过程，这是探究学习法的主要特征。正如美国国家研究理事会所描述："探究是一种有多侧面的活动，需要做观察；需要提出问题；需要查阅书刊及其他信息源以便弄清楚什么情况已经是为人所知的东西；需要设计调研方案；需要根据实验证据来检验已经为人所知的东西；需要运用各种手段来搜集、分析和解读数据；需要提出答案、解释和预测；需要把研究结果告之于人。探究

---

① 王霞. 美国研究型大学通识教育反思 [M]. 杭州：浙江大学出版社，2010：92.

② 任长松. 探究式学习：学生知识的自主建构 [M]. 北京：教育科学出版社，2005：28.

需要明确假设，需要运用判断思维和逻辑思维，需要考虑可能的其他解释。学生在学习探知自然界的科学方法时将会参与科学探究活动中的某些方面的工作，但是学生也应该培养自己从事完整的探究活动的能力。"①

2. 自主性

学生积极主动地去探索知识，而不是被动接受式的学习。在探究学习中，教师并非具有居高临下的权威，只是探究学习的促进者、指导者、顾问、教练或共同学习者，学生可以按照自己的兴趣选择和确定研究学习的内容、进度、成果、形式等。

3. 合作性

应用于通识教育中的探究学习，鼓励学生与他人进行合作，反对个人化、竞争性的学习方式，在合作探究性的学习活动中弥补自身对事物认知的欠缺和不足，提高团队精神、合作精神及人际交往能力。

4. 开放性

与传统的学习方式不同，探究学习呈现开放性的特点：在内容方面，探究学习不局限于书本内容，可以关注社会、生活、自然等实践中自身感兴趣的问题，对于探究结果，反对预先设置"唯一正确的答案"；在空间方面，探究学习法并不止限定于校园范围，学习空间可以扩展到校外、社会和家庭，有利于校内外的各种教育资源的有效整合和优化配置；在学科方面，探究学习法突破了学科之间的界限与藩篱，还原知识的一体性和融贯性。

"通识课程的教学必须以思考为导向，才能提升课程的深度，奠定学生为了终身学习的基础。"② 探究学习是一种价值导向十分明显的活动，教师可以在通识教育中采用抛锚式教学和随机进入教学两种教学模式加以引导。其一，抛锚式教学。这种教学模式以具有感染力的真实事件或问题为前提，基本环节包括：在学习过程中创设与真实情况类似或一致的情境，并在此基础上确定与当前学习主题密切相关的问题为探究的中心内容，由教师进行协助探索解决问题的方案，最后通过讨论、交流时不同观点的交锋加深、修正学生对问题的理解，由教师观察、记录学生表现后给出学生

---

① 美国国家研究理事会. 美国国家科学教育标准[M]. 戢守志，等，译. 北京：科学技术文献出版社，1999：30.

② 黄俊杰. 全球化时代的大学通识教育[M]. 北京：北京大学出版社，2006：65.

分析、解决问题能力的效果评价。例如，在通识教育的自然学科内容学习中可以运用这种模式引导学生了解那些支配世界的定律和定理是如何被科学家发现、推导及证明其正确性的。其二，随机进入教学。随机进入教学采取对同一教学内容在不同场景、目的用不同方式进行呈现，目的在于提高学生的知识迁移能力和理解能力，基本环节包括：向学生呈现与探究主题相关的基本内容，随机进入学习，展现探究主体不同维度的特性情景，发展学生的思维能力，并就不同侧面情境所获认识加以讨论，最后对学习效果进行小组或者自我评价。例如，在通识教育的人文学科内容学习中可以运用这种模式展现特定历史时期、环境和条件是如何共同作用于特定事件发展的。

　　理想的高校通识教育应贯穿于人的一生而非限于短短的大学阶段，当今时代信息不断更新，新的知识层出不穷，大学生不可能接受并掌握所有知识，唯有掌握创新知识的方法才能更好地应对未来世界的风险和挑战。探究学习法能够积极引导学生对复杂问题进行思考，提升学生的洞察、选择、整合、迁移和集成创新能力。与此同时，探究学习法还能提高学生的判断力以有效应对事物本身的相对性和易变性，形成对事物的正确判断尤其是价值判断，如美国哈佛大学前校长德里克·博克（Derek Bok）所说："对当代大学生不要进行简单的说教、灌输，不要向他们直接说明'正确的答案'，而应该通过积极引导，使之自己得出正确的道德判断。"[①] 由此可见，探究学习法是帮助学生学会思考、推理、比较和辨析的方法，是会令大学生终生受益的方法。

---

① 施晓光. 美国大学思想论纲 [M]. 北京：北京师范大学出版社，2001：186.

第三节　创新建设路径

　　路径是指实施通识教育课程建设时可以利用和选择的渠道，是为了达到通识教育目的，在实施过程所要通过的基本道路。随着全球化深入发展及大众传媒技术的突飞猛进，大学生的价值取向、生活方式、知识获取方式等发生了深刻变化，依靠传统单一的通识教育课程建设路径已无法满足新时代背景下的通识教育多层次的内在要求。有效实施通识教育课程建设，必须创新实施路径，综合运用多种路径，充分发挥其培养高素质国际化人才的协同效应。

一、重视通识教育理念

　　通识教育的开展必须以理念的确立为先导。对于人一生的学习来说，在人生的任何阶段，通识教育可以存在于任何的教育形式中，这就是通识教育和其他教育相区别的一个显著特点。所以，理论的有无体现了通识教育的存在与否。可见，大学的办学理念对通识教育课程的重要性。一所大学的办学理念已决定了这所大学是什么样的学校，培养怎样的学生，这是所有教育活动的核心和灵魂。改革开放以来，通识教育课程建设进程十分缓慢，长期以来，我国高等院校的培养目标一直定位于"培养高级专门人才"，这就使我国还不完全具备通识教育课程建设的社会环境，而且缺乏通识教育的办学理念。我国曾经提出"淡化专业、加强基础""拓宽专业口径""加强人文素养教育"等理念，其成效不是很理想。《中华人民共和国高等教育法》中规定："高等教育的任务是培养具有社会责任感、创新精神和实践能力的高级专门人才，发展科学技术文化，促进社会主义现代化建设。"由于通识教育的内涵随着时代的发展而不断变化，而且影响通识教育课程的因素很多，因此我们需要不间断地探索通识教育的理念。教育课程建设是一个理想变成现实的过程，这一过程所追求的目标可能有所偏差，通识教育课程目标的偏离、扭曲，通识教育内容的空洞化或者课程的过度专业化等现象时有发生，所以时刻用通识教育的理念对教育课程建设进行审查和修正是非常必要的。

缺乏教育理念的大学课程是不完整的，特别是缺乏通识教育思想的通识教育课程已经完全失去了其存在的必要性，没有关联性的各种科目也只是独自存在于各种学科之中，也没有任何通识教育意义。我国高校目前开设的通识教育课程中，工具类型的课程占有较大比例和较多的学时，人本主义、人文主义的课程相对较少。开设的思想政治理论课又更多地强调培养学生政治素质的一面，其结果必然导致对学生最基本的做人、做事素质养成和人格培养方面的忽略。现代大学的通识教育就是针对大学生人文素质的缺乏而提出的，因为人文精神并不直接彰显其社会与市场价值，但人文精神一旦与科学相结合必将产生超自然的力量。通识教育课程开设的目的不是削弱专业课，而是注重自然科学、社会科学和人文科学之间的相互渗透、交叉与融合，以期培养社会所需要的、健全的、"完整的"人。因此，高校应当在新的形势下重新认识通识教育课开设的内涵及时代要求，把它开设的理念统一到社会发展的总体目标要求上来。

二、完善通识教育课程内容

教学内容和课程体系是实现培养目标，提高人才质量的核心。长期以来，我国高等教育的课程体系主要是根据各自专业发展的需求进行设置和管理的。课程的建设和改革主要是对课程体系进行局部优化，追求自身的系统性和完整性，缺乏全局性和总体性，在教学内容上越来越专业、细化，不能适应通识教育关于"人才培养"价值取向的要求。各个学校应该结合自身的实际情况，通过开设少而精的高品质通识课程，提升通识课程的教学效果，逐步改善通识教育课程"杂、乱、差"的地位和形象，使有限的通选课学分能够真正地发挥作用。

我国大学的通识教育课程中，通识教育所占的教学课时并不算低，但是课程内容却没有得到很好的规划，分布杂乱无章，特别是自然科学的课程内容，它的专业性很强，虽然注重应用性，但是忽视了基础知识的教授，使得我国高等学校的通识教育课程具有片面性的特点，学生的知识、能力和素质不能得到全面充分的培养和发展。要根据通识教育的目标，体现通识教育基础性、综合性、多样化的特点，内容要涉及人文、社会、自然科学的基本领域及本国语言、写作等基本的技能型课程，形式上可以采取必修与选修相结合的方式，既能够使学生通过必修的课程掌握不可或缺的专业知识、核心技能，又能够通过选修课程满足学生的个人兴趣，拓宽视野，进一步地完善自身的知识结构和能力结构。

现代通识教育从内涵上已经超越了原来只是代表传统人文教育的界限，科学主义教育已经成为现代通识教育的一个重要组成部分。这也可以用来解释不管什么样的学科和专业都可以通过通识教育的实施来培养全面发展的人才，通识教育的范围扩大到了现代大学教育的全体。现代大学通识教育的基本宗旨，便是在课程设置上能够充分体现人文与科学两种文化在思想精髓上的融合，促使现代大学不仅能够培养出具有深厚人文精神的人才，还能够兼具现代化的科学精神，进一步满足现阶段社会对人才质量的要求，形成符合现代社会理想的健康人格。因此，现代大学实施通识教育的过程，也就是以传统的单纯强调某一方面的人文和社会科学课程为主，重视并促进现代大学教育向人文与科学课程的融合方向转化。

为了实现课程内容的整合，首先在教育思想上要有所转变，过去以学科为中心的教育思想不能适应课程整合的要求，而要树立整体化知识教育观念。与人类知识、科学技术和社会生活的发展规律相适应，高等教育的教学内容由最初的"统一的知识教育"阶段到近代的"分科教育（科学教育）的知识教育"阶段再到现代的"交叉学科的综合知识教育"阶段。① 因此，高等学校必须由以"学科为中心"的教育转向"整体化、综合化"的知识教育，以此来适应学生的知识结构和能力结构的综合化发展要求，培养学生综合运用多门学科的知识。其次，通过加强学科与学科之间的科类综合，实现整体化的知识教育。应该大力发展跨学科课程和广域课程，创立跨学科的交叉和边缘学科课程，从文科和理科中筛选出灵活性较强的课程，可以进行文理融合，形成理工结合的新课程。在这些课程中，有的是由两门

---

① 宋尚桂，王希标. 大学通识教育的理论与模式 [M]. 青岛：中国海洋大学出版社，2007：271.

学科融合而来，有的是由三门或多门学科融合而成的，科际融合课程占课程总量的比重可以用来衡量课程体系的综合化程度。

三、设置通识教育课程的专门组织机构

大学的内部结构也是影响通识教育课程设置的重要因素。各个高校都是根据自身的教育需要建立相应的组织机构。其中，最常见的为学校、学院、系科的三层结构，这样的划分法是进行的纵向分割，也就是从学院这个主干分支出学院枝干，以此类推，学院里面分出系科，系里产生相对应的专业。其中，学院是学校里最基本的单位，并且具有教学组织、科研机构、教师组织和学生组织的多重性质。

20世纪50年代，我国大学经历了院系调整，大多数大学成为单科性的大学院校，保留少量的综合性大学，也在文科和理科中选择一个侧重点。在大学教育的实践过程中，越来越多的人认识到了单科性大学的缺点。我国改革开放后，大学开始恢复学院制度，但在恢复学院的过程中，采取的是最简单方便的"升级"的方法，即只是对原来的系进行了升级，学生的数量是升级的主要指标。原来的系只是一种学科组织，如外语系、计算机系、物理系，是同一类别的教师的组织。此种升级的方法只是把系简单地变为学院，实际上是促使专业分化，各个学院只对自己学科内的教学工作和科研工作负责。因为教师本身的单一结构，所以学院内不能产生跨学科和多学科融合。

现在，我国的大学学校一般只负责公共课的设置，而其他课程的设置权则属于学院，每个学院都包含各个不同的专业，根据自身专业的要求来设置课程是基本原则，学院内的教学、教师、学生相对于其他学院来说都是独立的个体，几乎没有交集，其实在大学内，每个学院都相当于一个封闭的教育组织，表现出十分明显的纵向分割性质。在这种组织形态下是无法打破学科之间的壁垒的，更别说建立通识教育的课程体系，促进学科之间的交流了。

要建立专门的通识教育组织和管理机构，并且要赋予其一定的权责和地位来推动通识教育的实施。通识教育是针对功利主义、过分专业化、学

科知识割裂造成的弊端而产生的，显然它没有学科归属，是理想主义的。因为缺乏利益的驱动，通识教育不可能依靠自上而下的路径推动，必须以制度为依托来得到相应的保障才能顺利实施。因此，大学可以设置专门机构，如通识教育中心，专门组织实施通识教育课程或者开展有关活动。同时，在自然科学、人文社会科学领域聘请相关教授，负责总体规划通识教育课程体系，保证课程的质量和水准。

四、注重非正式课程的建设

无论是独立的核心课程或专业课程，都属于正式课程。正式课程也只是从各种知识中选择出的一小部分，其包含的知识面是非常有限的。通识教育的一部分内容在很大程度上是学生在课堂外直接经验积累的结果。可以说，通识教育在深层意义上是一种精神，是对人的整个精神世界的完美和丰富，对人的文化品位的陶冶和熏陶，通识教育不是对学生简单纯粹地"教授"知识，而仅仅通过程序化的正式课程是不能实现其目标的。因此，也就出现了与正式课程相对应的非正式课程。学校的教育计划，确立了正式课程的实施，非正式课程则是学生在正式课程之外所学到的超过预期计划中的知识、价值观、规范和态度，是隐藏的潜在课程。正式课程和非正式课程一起构成了学校中实际发生的课程。非正式课程和正式课程是同样重要的，非正式课程更加具有愉悦性、易接受性和教育功能的全面性等特点，能够很好地达到习惯、态度等教育目标，并且比正式课程的明确目标能保持得更久。

非正式课程主要包括以下几个方面。首先，高等院校中的设施、建筑物、景物等物质环境使学生感受到的物质文化，传达给学生一种崇尚广博的、自然的、深邃的文化气息，使大学生在校学习期间能感受到一种美妙的、高雅的文化气息。其次，学校制度文化和规范文化，包括各种教学、科研、生产和生活管理制度，以及群体行为的规范和礼仪。当前正在运行的院系结构和教学制度，总体上将反映一种有利于专业教育的制度文化。加强学校的制度文化建设，可以通过合并行进的系科，组成相应的学院，拆除人为设置的各种壁垒，实现师资队伍知识结构的多元化和课程设置的多样化。

再次，学校的行为文化，包括高校工作人员、教师和学生的生活方式，行为方式和在此基础上形成的相互影响和模仿。教师和学生在"教"与"学"的过程中不应存在壁垒分明的系科限制，对其他学科知识应该抱有开放的胸襟，汲取各种文化知识的营养。最后，学校的精神文化，也就是校园文化，如学校的历史传统、人文氛围、教师的教育方式、学生的学习态度、理想、信念、价值观等。校园精神是校园文化观念、历史传统的集中体现，为校园大多数师生所认可，是他们共同遵循的思想意识、价值观和生活信念，对学生做人、做事都有深刻的影响。

对非正式课程要给予高度重视，通过有目的的设计和组织来发挥其通识教育作用。例如，应该高度重视宿舍文化建设，充分发挥大学生宿舍的育人功能。随着学分制、全面选课制乃至更灵活的专业选择制度的实施，以往的自然班级优势已经不复存在，建立以宿舍为单位的学生组织管理体系或者住宿学院制非常重要。这样，一则有利于不同学科专业学生之间的交流；二则可以充分发挥宿舍管理独对学生的通识教育作用；三则可以淡化学生的专业隶属身份，打破学科壁垒。

五、开发通识教育的"校本课程"体系

通识教育课程的开发和选择要从各个高校的实际情况来进行，根据各校自身的客观条件来决定。各校要根据不同的学科条件、学生需求、社会要求、师资力量等各种条件开设相应的通识教育课程，做到取长补短，全面发展。

综合性大学本身就拥有完整的学科体系、雄厚的师资力量，在这种有利的条件下可以开设众多的选修课和综合课程，因此在课程的组织方面既可实行自由选修模式也可以选择其他类型的通识教育课程模式。而在课程结构方面则宜采用横跨型模式，以保证通识教育的一贯性。

多学科院校由于学科体系的不完善，师资力量的不充足，因此自由选课模式不是这种学校最好的选择，必须对通识教育课程进行精心组织和设计。因此，课程的建构可以通过一个模型的核心课程或分布必修课程模式，课程结构应采用并列型结构模型来弥补学科结构缺陷。

学科结构比较单薄的或单科性院校由于先天不足，很难建立起理想的通识教育课程体系，作为妥协方案可以采用并列性课程结构模式，采用主辅修或者转学制度，并加强导论课程、共同核心课程和跨学科综合课程的建设，以期用较小的课程体系实现通识教育的目标。

历史的原因使我国大多数高校学科专业较为狭窄，这成为这些高校通识教育课程改革的先天性缺陷。为了克服这一困难，可以通过组建高校联合体，探索联合周边一些不同学科的高校共同开发一个可共享的通识教育课程体系的可能性。

六、加强通识课程师资队伍建设

通识课程的质量需要师资质量来保障，尤其是通识核心课程对通识课程的师资提出了更高的要求，而完善的师资管理制度可以为师资质量"保驾护航"。但由于经费投入和师资管理制度对激励教师参与通识课程教学的作用甚微，通识教育组织机构也尚未对通识课程教师开展专门的通识课程教学培训，通识课程的师资在规模和质量上都面临着较大的挑战，因此加强通识教育师资队伍建设，完善通识课程师资管理制度应是加强通识课程建设的重中之重。

1. 树立以人为本的师资管理理念，做好通识教育师资管理规划

高校要做好通识教育师资管理工作就必须转变对通识教育教师群体的认识并树立科学的管理理念。首先，高校管理者必须认识到通识教育和专业教育不同，认识到通识教育教师群体的特殊性，不能直接沿用专业教师的管理方法开展通识教育师资管理工作。其次，管理者要树立以人为本的管理理念，认识到教师是高校发展的核心资源，教师应该获得尊重，教师的需求应该得到满足，教师的潜能应该得到最大化的激发，教师个人和高校之间应该能够实现同步的发展和提升。在以人为本的管理理念下，高校管理者才能真正关注教师，让教师的主体性和主导性作用得到发挥。清华大学第九任校长梅贻琦曾有言："所谓大学者，非谓有大楼之谓也，有大师之谓也。"对高校的通识教育实践而言，通识教育的成功关键不在于具备多么好的硬件设施，而在于拥有多少真正的"大师"。所以，通识教育

要想获得长远的发展，必须要关注通识教育教师，必须要构建高素质、高水平的通识教育教师队伍。如果拥有高素质的通识教育教师团队，通识教育的发展将不是难题。只有在观念上真正地将通识教育教师放置于通识教育发展的核心，通识教育师资管理才能发挥实效，为通识教育的发展奠定基础。要想达到较好的通识教育教学质量需要通识教育教师付出很多的努力和精力，在通识教育师资管理中要秉承以人为本的管理理念，尊重并承认通识教育教师的付出，并通过相应的奖励和激励措施对他们的付出给予相应的回报。

《礼记·中庸》有云："凡事豫（预）则立，不豫（预）则废。"通识教育是长期的事业，通识教育师资的管理也需要长期的规划和科学的设置。只有在科学的管理理念和合理清晰的规划下，通识教育师资管理的目标才更易达成。首先，要根据通识教育课程体系的设置对所需的通识教育师资做好预测，同时也要根据通识教育师资的实际情况对通识教育课程设置做出相应的调整，以保证通识教育教学有计划地展开，杜绝"任意开课、人走课停"情况的出现。其次，不仅在通识教育教师的任用上要做好规划，也要在通识教育教师的培训、评价考核、激励等师资管理的各项内容上做好规划，并时刻关注实施的情况和实施的效果。需要注意的是，进行师资管理规划是为了降低通识教育教学的盲目性，所以在实施规划的过程中，并不需要完全刻板地按照规划内容进行，可以做出适当的调整。但这些调整必须保证在控制的范围内，否则再美好的规划、再远大的规划都只是"镜中花"。

2. 成立专门的通识教育师资管理机构

我国大多数高校是由教务处进行通识教育师资管理的，在相关事务开展时缺乏明确的责任主体，缺乏一个具体的团体或机构负责通识教育师资管理工作并致力于解决管理过程中存在的问题。这种情况下，就需要设立一个专门的通识教育师资管理机构，即"通识教育中心"或"通识教育委员会"。通过这样的专门机构，能使每位通识教育教师清楚地意识到自己是通识教育教师群体的一员，同时使通识教育师资管理相关工作常态化、规范化，形成一个完整的管理体系。通识教育师资管理专门机构的职责应该包括：负责构建通识教育课程体系；负责组织通识师资和课程实施；负责通识课程的遴选、考核及反馈考核结果，统筹全校的通识教育课程；负责通识教育师资的任用、培训、考核评价和激励；负责建立本校的通识教育网站；等等。需要注意的是，通识教育专门机构要设立在学校级别上，高于各院系的级别。如果通识教育专门机构是依托于某一学院设立的话，这样就不能统筹来自各院的教师资源，就会造成权责不清和多头领导的局面，不能保障通识教育管理机构各项职能的顺利实现。

通识教育专门机构成立后，就可以任用一批理解通识教育、长于机构管理、勇于挑战的创新的教育人才，合力形成一个目标明确、结构合理、与时俱进的团体，进行通识教育师资管理工作。对通识教育教师的审核严格把关、聘请校外优秀教师组织教师培训、科学评价教师教学手段等，优化通识教育师资管理，为教师教学创造条件。同时，通识教育专门机构可以研究通识教育师资管理中的特殊问题，如通识教育中教师学科交集少、跨越大，教育经历、背景、观念悬殊，教师需求区别大等具体问题，对这些问题的研究有利于提高高校通识教育师资管理水平，更能够在这一过程中不断调动通识教育教师的积极性，逐渐提高通识教育的地位。

3. 完善通识教育师资管理机制

（1）制定明确的通识教育教师任用标准

当前高校对通识教育教师的任用上把关不严，对教师的通识教育理念和通识教育素养考察不到位。制定明确的通识教育教师任用标准能够提高通识教育课程的"准入门槛"，提高通识教育质量，改变部分高校中通识教育课程的"次等课程"地位。

通识教育教师任用标准的制定是为了对通识教育教师提出合理的要求，从而督促他们努力提高自身的通识素养，在教学中体现出通识教育理念，以达到通识教育的目标。制定这一标准就需要对通识教育教师必须具备的通识素养有所认识。王义遒认为通识教育教师要知识渊博，学贯中西；在专业领域学养有素，硕果累累。并且他用"真知、真信、真行、真情"八个字来判定教师是否能够担当通识教育职责。"真知"指教师自己要有透彻的理解和真知灼见，教学内容才能使学生领会。"真信"是指教师自己必须有坚定的信念与亲身实践，才能使学生相信科学规律；教师自己必须能进行严密的逻辑推演，有笃实的信仰，才能使学生信服相关理论。"真行"

是指教师自己必须品行端正、身体力行，才能给学生以正确的价值观导向。"真情"是指教师必须对教学有真情，对教育负责任。[①] 刘黎明在《论通识型教师的素养》一文中提出了通识型教师的必备素养包括拥有通识教育观念；拥有健全的人格；拥有通识性知识；拥有哲学素养。[②]

结合两位学者的论述，笔者认为各高校可以依据本校实际师资情况，从通识教育理念、通识教育知识、通识教育素养这三个方面出发制定一个合理的通识教育教师任用标准，依据这个标准决定高校教师是否能被任用成为一名合格的通识教育教师，进而提高通识教育课程的"准入门槛"，提高通识教育教学质量。另外，由于通识教育对教师的要求较高，所以高校中真正符合通识教育教师任用标准的教师可能有限，这时外聘其他高校教师或是实行高校间的通识教育联合办学可以解决师资短缺的问题。此外，直接从社会上聘请一些通识型人才也不失为一个很好的解决途径。

（2）加强对通识教育教师的培训

为了建设出一支优秀的通识教育教师队伍，高校可从以下几个方面加强对通识教育教师的培训。

第一，高校可成立通识教育教师教学联合体进行师资培养。因为通识教育课程多是独立开设的一门课程，重复性较低，因此在教学中往往需要教师靠自身去建设。为了促进通识教育教师专业发展并提高通识教育教学质量，高校可以成立教师教学联合体，鼓励承担相近课程教学的教师通过教学会议、学术沙龙等形式加强沟通交流，并共同进行课程开发等工作；在机构内形成优秀通识教育课程的师承制度，教学名师可以培养年轻教师，增加通识教育教师资源和后备力量，从而促进教师的专业发展和成长。

第二，给予教师进修提高的机会，鼓励教师"走出去"，到通识教育开展较有成效的高校中去学习，帮助教师突破自身专业局限，培养教师的通识素养，提升通识教育教学能力。

第三，学校在培养教师的通识素养之外，最重要的是要着力培养其树立正确的通识教育理念，激发其通识教育热情。目前我国普遍存在通识教

① 王义遒. 推进通识教育，催生一种新的教师模式[J]. 北京大学学报（哲学社会科学版），2005（5）：191-197.
② 刘黎明. 论通识型教师的素养[J]. 教育现代化，2015（1）：15-23.

育缺乏优秀教师授课的情况，高校教师普遍认为，专业课程是自己的长项，有自己多年的研究成果，无论在教学内容上还是在教学方法上都能做到驾轻就熟，同时也很容易出成绩。而承担通识课程不仅要花费大量的时间和精力，并且在短时间内教学成果不明显，不能体现自己的教学能力和教学水平，也得不到现行教学考核评价制度的认可。因此，在培训中最重要的是要让教师认识到通识教育的重要性，可通过举办通识教育研讨会、教学经验交流会等形式，使教师明确通识教育的理念，激励其教学动机，解决其教学难题，促进通识教师成长，使他们乐于从事通识教育教学。

第四，可以鼓励大师、名师开设通识教育课程，这样就能为年轻的通识教育教师提供一定的学习、交流机会，如教学指导、教学督导、教学观摩、公开课等。

第五，对通识教育教师进行培训的方式宜灵活多样，可以采取在线视频培训、现场课程培训等方式，还可邀请通识教育领域的资深专家作为培训者，举办讲座、座谈会等，这对于提高培训质量有很大的作用。

第六，还应重视教师对培训的反馈意见，教师对培训的评价反馈是发现培训问题、改革创新的有效途径，要保障评价的全面性、公正性、有效性和对评价的及时反馈。

（3）建立合理的通识教育教师考核评价机制

对教师进行评价考核是师资管理的重要内容之一，借助评价考核可以了解教师工作的开展情况，还可激励教师努力工作，提升技能。当前我国高校对教师实行以量化为主的考核管理，采用数量化的指标体系，如发表论文或出版专著的数量、刊物级别、所获奖励的级别及数量等。而教学工作难以量化，质量也不易评价。如此一来，教师投入的时间和精力就不能得到应有的回报，最终导致高校教师普遍重科研、轻教学，重专业教育、轻通识教育现象的出现。

首先，学校对通识教育教师进行评价考核时要在工作量上有所倾斜。通识教育的教学工作并非人人都可以胜任，通识教育教师教学工作具有相当大的难度，在建立通识教育教师考核评价机制时要增大通识教育教师教学在工作业绩评价中的权重，避免出现教师因任教通识课程而影响其升迁和工资待遇的情况。建立起能够反映通识教育教师教学投入和质量的教师评价考核机制，是高校顺利推行通识教育的前提保证。其次，要根据通识教育理念制定相应的通识教育教师教学质量评价指标，这个指标应包含该教师的教学是否具有明确的通识教育理念、是否能将通识教育理念充分体现于所开设之通识课程中、课程教材及内容是否符合通识教育教学理念和教学目标、教学方法是否能激发学生学习动机等内容。再次，在对通识教育教师进行教学质量评价时可以根据学校实际情况去衡量同行评价、专家评价和学生评教所应占的比分，尽量体现客观公正的原则。最后，考核评价的结果应及时反馈给教师，使其明确认识到自身在通识教育教学中的优缺点，从而有针对性地提高教学能力。高校应该认识到对通识教育教师进行考核评价是一种手段而非目的，考核评价的最终目的应是以评促学，以评促教，以评促管。

（4）完善通识教育教师激励机制

通识教育教师的教育理念、教学能力和教学坏境都直接影响迪识教育人才培养质量。高校要不断完善通识教育教师激励机制，为通识教育教师团体创造一个和谐、公正、竞争的环境，激发通识教育教师对通识教育的热情，不断提升通识教育教师队伍整体素质，从而提高通识教育整体质量。

首先，对通识教育教学效果优秀的教师或在通识教育课程建设中创造性强的教师给予政策倾斜，激励更多的优秀教师加入通识教育的队伍，鼓励更多的教师不断提高通识教育课程质量。其次，要在经济上给予通识教育教师一定的优待。这方面哈佛大学进行了有效的实践，该校鼓励各系及研究所资深教授到大学部开授通识教育课程，提高其薪资待遇。我国高校可借鉴哈佛大学的经验，对教授通识课程的教师的经济待遇给予适当的提高，以鼓励优秀教师从事通识教育教学。另外，对通识教育教师的激励可以采取物质激励和精神激励相结合的手段，不仅为通识教育教师提供经济优待，也可以针对通识课程的教学效果给予相应的精神奖励，如设立优秀通识教育教学奖，并通过进行相应的评选流程保证该奖项的"含金量"，使精神激励不流于形式。当然，高校也可以根据教师的不同需求提供多元的激励方式供教师选择。对于大班授课的通识教育课程，学校有必要配备助教来辅助教师教学，以帮助通识教育教师摆脱课程日常管理的琐事，减轻教师的工作量。最后，对通识教育教师的激励要贯穿于通识教育师资管理工作的全过程，确保在各方面都能调动通识教育教师的积极性。

七、加强教学方式的改进

1. 改善课堂教学

课堂教学是传授通识教育内容的主要途径，但必须结合新的形势突破课堂教学传统做法的束缚，采取一些新的举措，赋予传统学校教育新的时代内涵，实现传统课堂教育方式的现代化转化。

（1）加强经典研读

与传统教育模式中其他课程教学相比，经典研续的优势不在于知识方面的传授而关乎精神方面的培养，以科学求真的态度、理智超然的心态、持之以恒的决心和相应的规范制度加强经典阅读，既可以培养大学生的独立思考能力和批评批判精神、促进人格完善，也可以提高大学生的国际意识、开阔全球视野。纵观世界几大文明古国，都保留有一批影响和规范本民族文化发展方向的原始典籍，这些名著杰作不仅包含了绝对真理，也展示了人类的最高智慧和理性。以我国的国学经典为例，从以"经、史、子、集"为核心的儒家经典到唐诗宋词，从元曲到明清小说无不凝聚着浓厚的文化底蕴及人生哲理。每当中华民族遭遇危机与挑战时，总有一批仁人志士以天下为己任，为民族兴旺奋发图强，这种精神的形成与传承中华民族的国学经典无不相关。因此，一些世界著名高校都非常重视通识教育中经典著作的研读。18 世纪德国大学创立的一种教学方式——Seminar 曾被广泛应用于通识教育中，即通过专题讨论、学术研讨、研究班等形式集合师生共同讨论经典著作，以阐明创造性的研究方法、培养科学精神。对于经典研读的具体实施可采取课堂精读、自学导读、课外记诵等多种形式进行。课堂精读遵循由浅入深的学习规律，开始选择容易理解的文本慢慢深入，并由教师指导学生对经典文本进行逐句解释、理解，标记需要记忆的重点段落。自学导读是教师根据教学计划，给学生布置主要经典阅读书目并给予方法上的指导，学生结合个人兴趣选择相关经典，对照权威注释进行阅读理解。课外记诵是指学生就某一部经典制订学习计划，在一定时间内熟读乃至背诵的学习方法。这种读书法由大学开始，可以持续终生，对大学生一生都能产生深刻久远的影响。在大学阶段加强经典作品研读能给学生有益启发、心智磨炼，引导学生拓展生活视野、提升生命情怀，帮助他们成为一个了解自我、尊重他人、尊重差异的人，是全球化时代深化通识教育的有效途径。

（2）举办学术讲座

"大学思想学术的传播不外乎两种，一是著述文章，一是讲坛传授。"[①]学术讲座是大学生与时代前沿的理论家和实践者思想对话的桥梁，非常有利于开阔学生视野、活跃思想。很早之前，许多西方国家大学就采用了学术讲座的方式，其中德国柏林大学的讲座制成为学术讲座的典范。学术讲座之风在中国也早已有之，最为活跃的当属北大讲坛，开创了北京大学百年来追求学术自由、探索真知的优秀传统，成为北大校园文化的重要组成部分。高校通识教育中要充分发挥学术讲座的功能，必须对学术讲座进行精心策划，努力将其办得制度化、规范化、精品化。要选择具备广博学识和品格高尚的人或在某一领域具有较高的学术造诣、突出业绩的人作为主讲人，以便其严肃的思想、深刻的分析能引起学生共鸣，从而发挥开阔视野、增长知识的作用，在讲座过程中还要重视学术活动的良性互动，提高学生的综合素质能力。学术讲座的内容文理兼顾，既要重视学生科学精神培养，又要重视科学方法训练；既强调科学精神，又要培养学生的社会责任感、伦理道德等多方面素养。总之，学术讲座能够弥补高等教育中大学生文化陶冶过弱、学科视野受限、功利导向过重等缺陷，不仅是高校通识教育的重要形式，也会在促进大学生成长方面发挥更大作用。

（3）组织论坛沙龙

高校还可以通过开办论坛沙龙扩充大学生的知识面，提高大学生的综合素质。与通识教育中其他教育途径相比，论坛沙龙具有多方面的优势。论坛沙龙能够适应大学生个性发展的要求。由于大学生思维活跃、追求创新、对未知充满兴趣，并渴望通过主动参与、交流分享获得认同感，而论坛沙龙是一个自由中兼具严谨，热烈中散发着和谐、随意中透射出精华的平台，是一个符合大学生学习特点和个性发展需求的交流平台，论坛沙龙能够满足大学生掌握多元化知识的意愿。全球化时代，知识信息更新速度加快，

---

① 《大学学术讲演录》丛书编委会. 中国大学学术讲演录 [M]. 桂林：广西师范大学出版社，2003.

大学生需要一种充满活力的开放性载体帮助他们构造新的、全面的知识体系结构，而论坛沙龙则是一个海纳百川、门类齐全的信息聚集地，大学生可以聚集一堂，互相交流，为通识教育目标的实现起到辅助作用。论坛沙龙能够激发大学生创造性思维。培养大学生的创新意识、创新思维和创新能力，不仅是世纪人才竞争的关键，也是全球化时代通识教育的重要内容，而论坛沙龙则是大学生占据主导、讨论具有争议性、前沿性学术问题的场所，讨论的过程中往往因思维活跃、大脑兴奋而闪烁出新的思想火花，成为创造的源头和动力。因此，高校要发挥论坛沙龙在通识教育中的积极作用，可以通过建立规范的网络平台推动网络论坛发展；制定相关规章制度，营造百家争鸣、百花齐放的良好氛围，引导论坛沙龙的健康发展；配合其他非课程的体系建设，发挥在通识教育中的连锁效应。

2. 加强网络教育

在互联网的迅速发展和普及下，网络资源以其快捷、方便的优点在高校备受广大师生的欢迎，以优质教学资源为基础的一种通识教育应运而生。随着教育越来越国际化，包括哈佛大学、耶鲁大学、剑桥大学等世界一流大学都各自在校方官网上免费提供可观赏、下载的通识教育课程，其内容丰富多彩，涵盖人文科学、社会科学和自然科学三大学科门类，其整个教学过程组织严谨，并由各校名师主讲、授课，强调师生互动，注重大学生独立思考能力和批评精神的培养。公共通识教育课程的视频音像资料往往集学术性、互动性、学科性和教育性于一体，既不像欧美影视剧娱乐性过多而学术性不足，也不像专题纪录片沉闷、乏味，深受广大学生的喜爱。因此，利用网络教育是信息化时代中国高校创新通识教育不可或缺的途径之一。

（1）推进音像资料库建设

依托国内外名校网络通识教育资源，搞好音像视频资料库建设。国内外名校在网络上公开的通识教育内容包罗万象，各校不断收集的名校名师讲座、课堂实录纷繁复杂，因此各高校可组织相关科任教师、专家进行视频观看，加强课程内容的筛选和难易程度的甄别，按照学科、主题、内容、难度等不同标准，分门别类地将视频资料整理成目录和主要内容，建成高校通识教育的音像资料语料库，放在共享教学支持平台上进行统一的、动

态的管理，实现整个通识教育资源的网络化和共享化。例如，中国大学精品开放课程（爱课程网）、各研究型重点大学的精品课程，以及哈佛大学、耶鲁大学等世界名校的门户网站上放有大量的通识课程供学生学习。

（2）加强网络课堂建设

融合多媒体资料库与教学管理系统，积极利用网络课堂。在实施通识教育课程教育过程中，教师除可以让学生观看相关配套视频音像资料以外，还可以直接用于组织教学。例如，教师在讲授某一具体理论时可利用音像视频资料库展示相关视频段并进行检索、分析和比较，学生可以随时学习、随时停止播放进行提问，教师也可以随时插入教学指导，形成一种互动的跨文化传播的教学环境。同时，网络平台可以突破课堂教学的时空局限，有助于大学生通过网络平台发布自己的观点、与同学分享学习心得，对自己的学习与教师进行课外交流。

（3）建立网络教学评价专栏

提升通识教育的教学效果，建立网络教学评价专栏是十分有效的途径。网络教学评价具有导向性、客观性特点，对通识教育在网上的通识教学过程能起到及时调控和诊断作用，是推进通识教育的直接动力。在网络平台上学习效果的评价主体由学生自己、教师和其他共同学习者组成，评价主体不同、评价内容也各不相同，灵活的评价方式不仅可以对学生的学习态度、学习能力、互助精神等有一个较为全面的了解，其轻松的评价环境也能够充分调动大学生的积极性、主动性，进一步促进通识教育目标的实现。

3. 丰富社会实践

社会实践是大学生了解国情、体会民间疾苦、深入思考人生、培养社会责任意识的重要途径，其教育意义有时能够超过课堂教学。高校通识教育是以促进大学生全面发展为己任的开放式教育，而不是拘泥于学校围墙内的封闭式教育。因此，通识教育必须结合中国高校自身的实际情况引导大学生融入社会实践。开展社会实践主要包括以下几种形式。其一，调研式社会实践活动。大学生带着某一专题，深入社会实际进行调查研究，一般与所学专业有直接的联系，是理论与实践的有机结合，它的终极表象成果通常为书面材料。其二，助学式社会实践活动。它是一种向社会学习知识，提高社会化程度、增长社会见识的实践活动，是课堂的延伸和补充、对理论的检验与再证。其三，适应式的社会实践活动。它主要让学生接触社会，体验复杂的社会关系，感受世间的喜怒哀乐，确立自己的是非、价值标准，感悟人生真谛。其四，服务式社会实践活动。它的主要特点是知识性的和非功利性。根据目前中国高校社会实践的实施状况来看，调研式、助学式社会实践活动，如大学生毕业前的实习见习、社会调查等在各高校开展都具有较长的历史，经验成熟，而适应式、服务式社会实践，如社区服务、社团活动、自然体验作为社会实践的组成部分，作为帮助学生建立与课堂之外的联系、培养大学生的社会责任意识的重要途径亟待加强。

（1）加强社区服务

社区教育作为高校教育的辅助部分和隐性资源，可以为大学生提供必要的社会实践场所，促进大学生在遵循理论—实践—再理论—再实践成长规律前提下不断升华、丰富自我。首先，有效利用社区文化、人力及物质环境资源等，增加对通识教育理论知识的阐释和应用。在开发社区资源的过程中，以独立的教育理念为指导，立足于大学生及其高校周边社区的特点与发展需求，动员大学生、阅历丰富的社区人士共同参与，力图使通识教育理论在实践中更丰富、更鲜活，激发学生的学习兴趣。例如，社区林业部门发挥自身优势，引领大学生植树栽花，感受工业文明中的生态环境问题，真正树立环保意识和生态意识。与此同时，为了有效利用社区资源辅助教学，高校可以成立社区教育工作领导小组，与社区建立一种长期的伙伴关系，吸收社区中社会阅历丰富、热心教育且关心社区的人参与大学生教育工作，使之协调配合，使社区资源经过学校开发和利用而成为通识教育的教学资源和支持力量。其次，以社区资源为载体，着力提升大学生的实践能力。"我们急切需要一种更新的、更有活力的、给社区和学校双方带来亲和感，使学生服务社会，体验生活、感受责任的改革性举措"，大学生走出学校"围墙"[①]，参与社区的服务实践活动，帮助他们突破教科书的限制，在教育情境、社区环境和师生互动中激发大学生的创新意识、提升创新能力，拓展大学生自我锻炼的空间及适应未来社会生活的能力。最后，通过参与社区社会实践，提高大学生分析问题的能力，树立正确的

① 钟启泉，崔允漷，张华. 为了中华民族的复兴 为了每位学生的发展：《基础教育课程改革纲要（试行）》解读 [M]. 上海：华东师范大学出版社，2001：149.

人生观。社会是个抽象的存在，而社区才是现实的、具体的，大学生只有参与社区活动，才能在真实的社会环境中体验社会生活、正确认识和对待社会生活。以日本为例，"在社区里开展社会志愿者活动，丰富学生的情感体验，让学生参加清扫街区、敬老院服务、社区福利院服务等社会性劳动，以此培养学生的重公益、同情和尊重他人之心"①。否则，长期生活于封闭的"象牙塔"的大学生只能从书本中获得关于一般的、抽象的、笼统的经验，缺乏对真实社区事务基本的参与和亲身感受，阻碍了大学生的社会化进程及正确价值观的养成。由此可见，有效组织和利用社区的人才、物质环境与文化优势，将其纳入通识教育过程中来，在大学生与社区的相互作用中，内化社会所期望的价值观念，促进大学生的全面发展，以适应全球化时代的社会变迁。

（2）丰富社团活动

学生社团活动是一种生活教育，它丰富了大学学生生活，培养学生的个性和特长，提高学生的创造能力，促进青年服务社会，获得道德和艺术发展，学会与人交往的技巧，追求快乐的人生观，等等。倡导学生参加政治协会、历史协会等社团组织，经常组织学生讨论时政问题，使学生更好地理解国家政策、激发他们报效国家的政治热情。号召学生参加社会观察协会，通过社团开展与社会企事业团体的定期交流，指引学生广泛关注社会、了解国情、洞悉民心，培养学生的社会责任心。组织学生参加文艺协会，帮助他们发现自己的兴趣特长、张扬自我个性。

（3）加强自然体验

自然体验是社会实践中最关注学生内心、道德养成的一种教育途径。学校可以投资建立"自然教室"或者组织学生去"自然保护区"，要求学生在户外或者类似户外的设施里住宿，从事野外考察和生活，体验集体生活。通过自然体验加强学生对地区社会的了解、体会劳动的价值，培养学生独立生活的能力和正确的生活态度；通过让学生亲自观察大自然的变化及人类对大自然的利用和改造，帮助学生正确认识人类与自然的关系、大自然的力量；通过自然体验活动，让学生在生活实践中形成刻苦、忍耐、自制、

---

① 王丽荣. 当代中日道德教育比较研究 [M]. 广州：广东人民出版社，2007：186.

自立等刚强之心和积极进取之心。总之，这种便于操作、富有实效的体验性道德教育活动与通识教育精神存有内在的契合，能够培养学生的生存能力、劳动观念、合作精神等。

4. 扩大国际交流

国际交流作为高等教育国际化的重要方式，不仅能有效整合国际教育资源，而且有利于学生识别文化差异、开阔国际视野，是当今世界众多高校通识教育实现国际化人才培养目标的途径之一。随着全球化带来的信息技术全球化，知识的创造和传播方式发生了根本性变化，各国高等教育逐渐呈现国际化趋势，国际交流的学习途径早已为许多发达国家所运用。例如：哈佛大学在 2007 年为了方便本科生到国外学习研究，规定可以用国外 1 学年的学分替代 1 门核心课程必修课；日本则在"全球化时代要求下的高等教育"报告中推出"增加本国学生和青年教师的短期留学、海外实习、实地考察等海外派遣机会"[①] 的措施。相比较而言，中国高等教育的国际交流受各种条件所限相对比较滞后，但随着提高中国大学生的全球化素养的呼声日益高涨，国际交流途径也愈来愈受到中国高校尤其是综合类重点院校的青睐。

（1）加强直接国际交流

直接国际交流方式主要是指海外留学、有指导有管理地到国外进修和学习，以及到国外短训班上的交流。这种直接的国际交流要想在增加学生国际理解方面达到预期的效果，必须与外语学习及其他国际课程相辅相成。因此，在派遣学生海外留学前学校应要求学生选修一门与访学国相关的课程，或阅读大量材料，以便学生在开始海外学习时，就已经对该国的历史、政治、文化有了初步的了解；此外，在条件允许的情况下，尽可能确保学生海外学习的开放性，使学生能融入当地社会。如果学生确实没有能力参与当地大学的常规课程，那么他们至少也应该与当地人居住在一起，并有选择地参与一些本土的课程。当然，这种直接国际交流方式需要强大的财政资助做支撑，根据中国高校的具体实际，也可以采取一些其他的方式开阔学生的视野、提高学生的国际理解能力等。

---

① 杨颉. 大学通识教育课程：借鉴与启示 [M]. 上海：上海交通大学出版社，2009：76.

（2）重视间接国际交流

中国高校可结合自身实际，在开展国际交流的学习过程中，改变只重海外留学、实地考察等国际化直接指标的做法，积极采取从不同角度和不同方式开阔学生国际视野、提升国际竞争力。具体措施：在通识教育过程中引导学生尽可能多地参加一些国内举办的国际交流与实践活动，如去一些跨国公司实习、组织外籍专家来校举办学术讲座等；在教师指导下进行与全球化相关的项目调研活动，针对全球化态势或全球问题实施调查研究、撰写调研报告；参加全球环保活动和节约资源的活动、关注全球环境问题也是题中应有之义；举办国际夏令营活动、以通识教育为平台由学校组织"全球问题大辩论""与世界政要对话"等活动激发学生对全球问题的关切之情及全球化素质的培养。

"他山之石，可以攻玉"（《诗经·小雅》），在全球化的今天，中国高校一方面通过跨国交流帮助学生获取发达国家的经验和技术、提升中国大学生的综合素质，从更长远的发展角度服务于人类福祉。但是，"脱离国家的教育目的去追求国际教育的理想是不可能的，也是不现实的"[1]。国际交流要防止成为西方文化话语的"送话器"，避免沦为西方高校通识教育机械移植或简单模仿的途径和手段，应由通识教育赋予其文化内涵、文化要求，形成教育的中国化主张，"使教育由单纯的文化复制、传递、维护的工具转变为自主的、自觉的文化主体"[2]。肩负起培养具有社会主义理想信念的国际化人才的历史重任，这才是中国高校在通识教育中实施开展国际交流的价值旨归。

① 施晓光. 美国大学思想论纲 [M]. 北京：北京师范大学出版社，2001：197.

② 徐晓林，吕殿学，朱国伟. 文化安全视野下的中国教育"走出去"战略 [J]. 马克思主义研究，2012（1）：115.

参 考 文 献

[1]爱因斯坦（第三卷）[M]. 北京：商务印书馆，1979.

[2]华东师大，杭州大学合编. 现代西方资产阶级教育思想流派论著选[M]. 北京：人民教育出版杜，1980.

[3]戴本博. 外国教育史（上）[M]. 北京：人民教育出版社，1989.

[4][美]比彻姆. 课程理论[M]. 黄明皖，译. 北京：人民教育出版社，1989.

[5]李立国. 亚里士多德的自由教育思想简析[J]. 焦作大学学报，1992（01）.

[6]任钟印主编. 世界教育名著通览[M]. 长沙：湖北教育出版社，1994.

[7]胡建华. 新编高等教育学[M]. 南京:江苏教育出版社，1995.

[8]施良方. 课程理论：课程的基础、原理与问题[M]. 北京：教育科学出版社，1996.

[9]冯契. 人的自由和真善美[M]. 上海：华东师范大学出版社，1996.

[10] [罗马尼亚]S. 拉赛克，G. 维迪努. 从现在到2000年教育内容发展的全球展望[M]. 北京：教育科学出版社. 1996：192.

[11][德]霍克海默. 霍克海默集[M]. 曹卫东编译. 上海：上海远东出版社，1997.

[12]李新生,曹洞颇主编. 艺术教育学[M]. 郑州：河南美术出版社，1997.

[13]崔允漷. 课程与教学[J]. 华东师范大学学报（教育科学版），1997（01）.

[14]张超. 论旅行与教育[J]. 西南民族学院学报，1997（03）.

[15]鲁洁. 通识教育与人格陶冶[J]. 教育研究，1997（04）.

[16]何秀煌. 从通识教育的观点看——文明教育和人性教育的反思[M]. 香

港出版事业有限公司，1998.

[17]李曼丽. 通识教育——种大学教育观[M]. 北京：清华大学出版社，
1999.

[18]吴永军. 课程社会学[M]. 南京：南京师范大学出版社，1999.

[19]谢安邦. 高等教育学[M]. 北京：高等教育出版社，1999.

[20]美国国家研究理事会. 美国国家科学教育标准[M]. 戢守志，等，译.
北京：科学技术文献出版社，1999.

[21]张华. 课程与教学论[M]. 上海：上海教育出版社，2000.

[22]张华，石伟平，马庆发. 课程流派研究[M]. 济南：山东教育出版社，
2000.

[23]王铁军. 现代教育思潮[M]. 南京：南京大学出版社，2000.

[24]陈洁. 国际理解教育研究[D]. 上海：华东师范大学，2000.

[25]刘儒德. 论批判性思维的意义和内涵[J]. 高等师范教育研究，2000
（01）.

[26]黄俊杰. 大学通识教育的理念与实践[M]. 武汉：华中师范大学出版
社，2001.

[27]孙周兴. 我们时代的思想姿态[M]. 北京：东方出版社，2001.

[28] [美]罗伯特·M. 赫钦斯. 美国高等教育[M]. 汪利兵，译. 杭州：浙江
教育出版社，2001.

[29]施晓光. 美国大学思想论纲[M]. 北京：北京师范大学出版社，2001.

[30]李曼丽，杨莉，孙海涛. 我国高等通识教育现状调查分析——以北
大、清华、人大、北师大四所院校为例[J]. 清华大学教育研究，2001
（02）.

[31]季诚钧. 试论大学专业教育与通识教育的关系[J]. 中国高教研究，2002
（03）.

[32]刘少雪，洪作奎. 综合课程：现代大学通识教育之路[J]. 高等教育研
究，2002（05）.

[33]杨颉. 大学通识课程研究——日本通识教育的历史与模式[D]. 上海：
华东师范大学，2003.

[34]陈小鸿. 论人的自由全面发展[M]. 北京：人民出版社年，2004.

[35]冯慧敏. 中国现代大学通识教育[M]. 武汉：武汉大学出版社，2004.

[36]张寿松. 大学通识教育课程论稿[M]. 北京：北京大学出版社，2005.

[37]任长松. 探究式学习——学生知识的自主建构[M]. 北京：教育科学出版，2005.

[38]王义遒. 推进通识教育，催生一种新的教师模式[J]. 北京大学学报（哲学社会科学版），2005（05）.

[39]梁美仪. 香港中文大学的大学通识教育[J]. 国家教育行政学院学报，2005（10）.

[40]彭寿清. 大学通识教育课程设计研究[D]. 重庆：西南大学，2006.

[41]黄俊杰. 全球化时代的大学通识教育[M]. 北京：北京大学出版社，2006.

[42]黄坤锦. 美国大学的通识教育——美国心灵的攀登[M]. 北京：北京大学出版社，2006.

[43]钟启泉. 对话教育国际视野与本土行动[M]. 上海：华东师范大学出版社，2006.

[44]黄坤锦. 大学通识教育的基本理念和课程规划[J]. 北京大学教育评论，2006（03）.

[45]丁念金. 课程论[M]. 福州：福建教育出版社，2007.

[46]宋尚桂,王希标等编著. 大学通识教育的理论与模式[M]. 青岛：中国海洋大学出版社:2007.

[47]龙跃君. 关注联结:复杂性科学视野下大学通识教育课程理论的思考[J]. 高等教育研究，2007（06）.

[48]杨叔子,余东升. 高等学校文化素质教育的今日审视[M]. 北京:高等教育出版社,2008.

[49]冯天瑜编. 中国特色社会主义文化建设研究[M]. 武汉：武汉大学出版社，2008.

[50]周海涛著. 大学课程研究[M]. 北京：中国社会科学出版社. 2008.

[51]屈林岩. 学习理论的发展与学习创新[J]. 高等教育研究，2008（01）.

[52]吕向虹. 论自由教育向通识教育的演变[J]. 闽江学院学报，2008（03）.

[53]李伟．实践范式转换与实践教学改革[M]．北京：教育科学出版社，2009．

[54]庞海芍．通识教育困境与希望[M]．北京：北京理工大学出版社，2009．

[55]杨颉．大学通识教育课程：借鉴与启示[M]．上海：上海交通人学出版社，2009：76．

[56]王璞．捍卫自由教育，造就社会精英[J]．高校教育管理，2009（02）．

[57]崔颖．高校课程体系的构建研究[J]．高教探索，2009（03）．

[58]哈佛委员会．哈佛通识教育红皮书[M]．李曼丽，译．北京：北京大学出版社，2010．

[59]刘宝岐．耶鲁大学人文教育研究[D]．保定：河北大学，2010．

[60]骆郁廷编．当代大学生思想政治教育[M]．北京：中国人民大学出版，2010．

[61]郑永廷、高国希．大学生自主创新理论与方法[M]．北京：人民出版社，2010．

[62]徐建军．大学生网络思想政治教育理论与方法[M]．北京：人民出版社，2010．

[63]王霞．美国研究型大学通识教育反思[M]．杭州：浙江大学出版社，2010．

[64]教育部高等学校社会科学发展研究中心组编．国际化视野下高校德育的创新发展（2010）[M]．北京：高等教育出版社，2011．

[65]徐斯雄，吴叶林．当前高校专业设置的问题审视——基于学术资本主义的视角[J]．教育学报，2011（01）．

[66]李继兵．通识教育论[M]．北京：高等教育出版社．2012．

[67]姜元涛．世界公民教育思想研究[D]．沈阳：辽宁师范大学，2012．

[68]徐晓林、吕殿学、朱国伟．文化安全视野下的中国教育"走出去"战略[J]．马克思主义研究，2012（01）．

[69]刘隽颖．哈佛大学本科生通识教育改革之路评析[J]．大学教育，2013（09）．

[70]崔金贵．大学的卓越灵魂:通识教育、教学改革与管理——哈佛大学

哈佛学院前院长哈瑞·刘易斯教授访谈录[J]. 高校教育管理，2014（04）.

[71]朱镜人. 大学通识教育应当关注学生的理性养成——美国《耶鲁报告》核心理念的分析[J]. 合肥师范学院学报，2014（05）.

[72]刘黎明. 论通识型教师的素养[J]. 教育现代化，2015（01）.

[73]泮伟江. 理工科大学的通识教育——麻省理工大学的经验与启示[J]. 北京航空航天大学学报（社会科学版），2015（05）.

[74]王洪才，解德渤. 中国通识教育20年：进展、困境与出路[J]. 厦门大学学报（哲学社会科学版），2015（06）.

[75]滕珺. 21世纪核心技能：国际认知及本土反思[J]. 教师教育学报，2016（04）.

[76]高皇伟，吴坚. 麻省理工学院通识教育课程模式剖释[J]. 外国教育研究，2016（06）.

[77]汪霞，钱铭. 世界一流大学通识课程研究——以美国大学为例[M]. 南京：南京大学出版社，2017.

[78]马早明. 港澳台科技大学通识教育模式研究[M]. 广州：中山大学出版社，2017.

[79]苏庆伟. 基于国际化素养的通识课程设计研究[D]. 上海：上海师范大学，2017.

[80]蔡瑶. 价值观教育视阈下的美国大学通识教育研究[M]. 北京：人民出版社，2017.

[81]张娜. 三大国际组织核心素养指标框架分析与启示[J]. 教育测量与评价，2017（07）.

[82]武宏志. 营造以批判性思维为中心的课堂思维文化[J]. 工业与信息化教育，2018（05）.

[83]周光礼. 从就业能力到创业能力 大学课程的挑战与应对[J]. 清华大学教育研究，2018（06）.

[84]陆国栋. 治理水课 打造金课[J]. 中国大学教学，2018（09）.

[85]吴朝晖. 为未来而学习：面向21世纪的通识教育[J]. 国内高等教育教学研究动态，2018（21）.